D1755538

**Klaus Voormann**

**»Warum spielst du Imagine nicht
auf dem weißen Klavier, John«**

Klaus Voormann

# »Warum spielst du Imagine nicht auf dem weißen Klavier, John«

### Erinnerungen an die Beatles und viele andere Freunde

HEYNE ‹

Der Wilhelm Heyne Verlag ist ein Verlag der
Ullstein Heyne List GmbH & Co. KG, München

2. Auflage 2003

Copyright © 2003 by Ullstein Heyne List GmbH & Co. KG, München

Satz: Marja Berghold, Feldafing
Repro: Franzis print & media GmbH, München
Druck und Bindung: Offizin Andersen Nexö Leipzig
Printed in Germany

ISBN 3-453-87313-0

www.heyne.de

*To a dear friend
I miss so much*

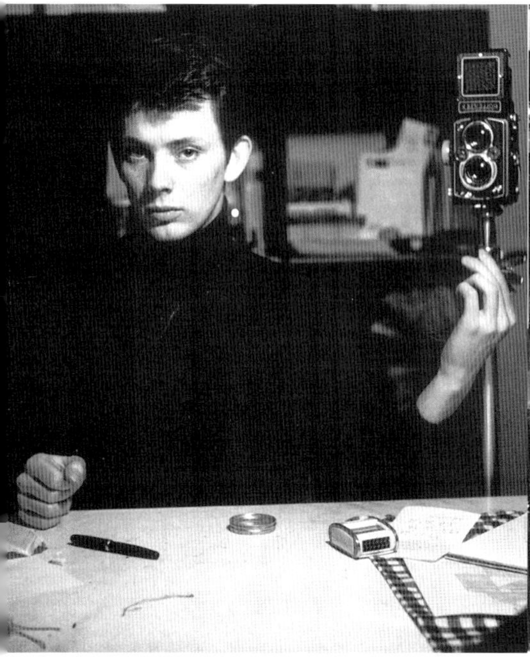

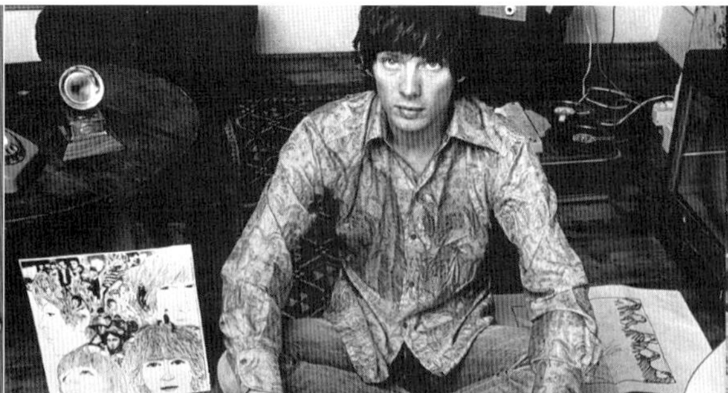

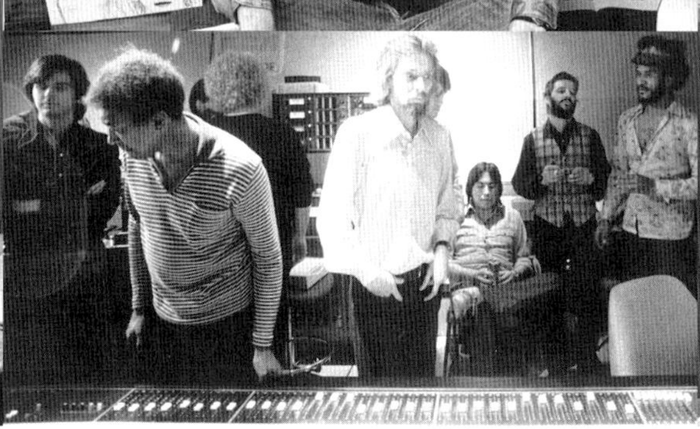

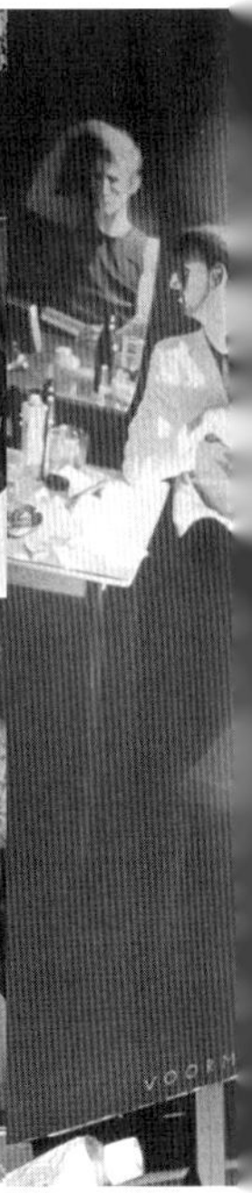
VOORM

# INHALT

| | |
|---|---|
| Prolog | 11 |
| 1. »Jetzt kommt auch noch der Voormann« | 23 |
| 2. »Setz dich oder mach 'ne Düse« | 39 |
| 3. »Frühstück mit John« | 63 |
| 4. Der letzte Sommer der Unschuld | 81 |
| 5. »Hello there, good old Klausi! How about a cup of tea?« | 95 |
| 6. »Klaus, let's go home« | 109 |
| 7. »Der Mann mit den schönsten Beinen« | 119 |
| 8. »Very nice, Mister Voormann, you passed the audition« | 135 |
| 9. »Was ist denn das da unter deiner Nase, George?« | 165 |
| 10. »From here on your own« | 171 |
| 11. »Mein Name ist George Harrison von den Beatles. Könnten Sie mir bitte schnell 30.000 Pfund borgen?« | 179 |
| 12. »A big, neverending happening« | 189 |
| 13. »Für dich, John, allzeit bereit« | 205 |
| 14. » ... you may say I'm a dreamer...« | 215 |
| 15. Verschollen in Friar Park | 223 |
| 16. Concert for Bangla Desh | 233 |
| 17. Elvis meets the Beatles | 243 |
| 18. Sessions, Sessions, Sessions | 251 |
| 19. »Kick him off the road!« | 281 |
| 20. »Play it again, Paul!« | 301 |
| Nachwort | 307 |
| Anhang | 323 |

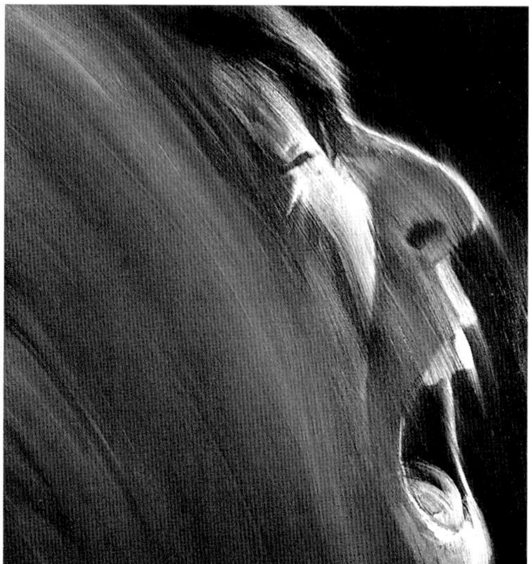

***Klaus Voormann*** ist ein Arschloch!! Als er mich bat, eine Einführung für sein Buch zu schreiben, meinte er zumindest, ich könne das ja sagen. Aber natürlich stimmt das gar nicht.

***Meine Beatles-Kumpels*** und ich trafen ihn, als wir in den finsteren Hamburger Kellerclubs arbeiteten. Seine »Exi«-Freunde (Existenzialisten) und er wehten eines Tages wie eine frische Brise herein. Astrid, Jürgen und Klaus waren so schön und geheimnisvoll mit ihren blitzenden Augen und ihren piekfeinen Klamotten, einfach cool und warmherzig. Genau das brauchte unsere heruntergekommene Band, um aus ihrer modrigen Kellerstimmung herauszukommen.

***Wir wurden Freunde*** und gegenseitige Bewunderer und verbrachten viele glückliche Stunden miteinander. Klaus wurde ein großartiger Bassist und eine Stütze für große Musiker wie Manfred Mann, George Harrison und viele andere. Er ist ein wunderbarer Mensch, ein verrückter Hund, ein leidenschaftlicher Kunst- und Musikliebhaber, ein prächtiger Vater und Ehemann, ein enger Freund und ein totales Arschloch!!

*Love*

*Paul McCartney*

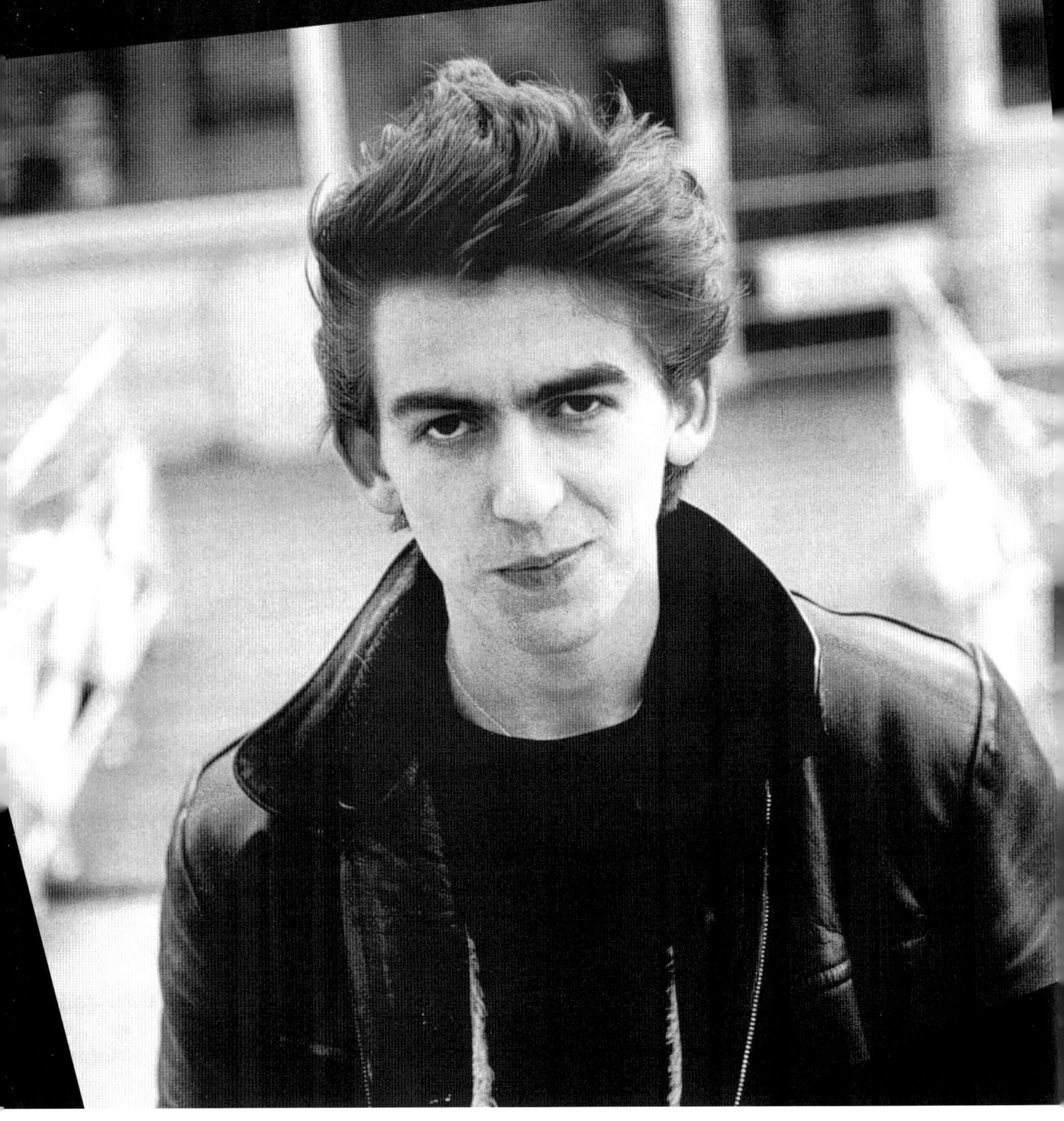

# PROLOG

## Ich befand mich auf den Weg zu George

**Er hatte vor zwei Tagen** plötzlich bei uns zu Hause angerufen. »Wir sind beim Stanglwirt in Tirol, hast du nicht Lust vorbeizukommen?«

Es war wirklich kein Problem, ihn in Tirol zu besuchen, denn der Stanglwirt befindet sich in Going und das war mal gerade zwei Autostunden von unserem damaligen Haus in Holzkirchen entfernt. Also nichts wie hin.

Ich hatte George lange nicht mehr gesehen, lediglich ein paar Telefonate geführt, und das auch erst wieder in regelmäßigen Abständen seit 1991, als er den Kontakt wieder herstellte. Davor war lange Sendepause. Aber das hatte nichts zu bedeuten. Wie das bei Freunden so ist, man hört und sieht ewige Zeiten nichts voneinander, und trotzdem hat man das Gefühl, sich ganz nahe zu sein. So war das auch immer mit George.

Ich empfand zu allen vier Mitgliedern der Beatles seit unserem Kennenlernen in Hamburg ein tiefes Gefühl der Zuneigung und Bewunderung, und ich kann ehrlichen Gewissens behaupten, dass sich dieses Gefühl im Laufe der vielen Jahre, ja sogar Jahrzehnte zu einer mehr oder weniger tiefen Freundschaft entwickelte.

John war für mich immer der sensible Rebell, dessen zynische und manchmal rüpelhafte Art nichts weiter war als eine Tarnkappe seiner verletzten Seele, die sich oftmals in einem verzweifelten Aufschrei der Wahrheit entgegenstellte. John wusste Bescheid. Er glaubte zu wissen, was auf diesem Planeten alles lief und vor allen Dingen nicht lief. Er durchschaute die unmenschlichen Geschäftspraktiken seiner Branche sehr schnell und wehrte sich bis zuletzt als Bitch of Rock 'n' Roll gegen die knallharten und unmenschlichen Mechanismen. Und er war in der Position, sich wehren zu können.

*Paul dagegen verführt nach wie vor mit seinem unverwechselbaren Lausbubencharme, seinem jungenhaften Charisma, das bis zum heutigen Tage nichts von seiner Wirkung eingebüßt hat. Im Gegenteil, wo immer Paul auftaucht, da entsteht so etwas wie Ehrfurcht. Ich habe das in den letzten Jahren immer wieder beobachtet und besonders fiel es mir wieder auf, als ich mit ihm zusammen auf der Bühne der Royal Albert Hall stehen durfte, anlässlich des »Concert for George«. Paul kommt auf die Bühne und stellt alle in den Schatten. Er ist ganz einfach »da«. Total und absolut füllt er jeden Raum. Aber ich glaube, das weiß er auch und genießt es.*

*Ringo, ach Ringo. Er ist für mich nicht nur einer der besten und präzisesten Schlagzeuger, sondern ein unglaublich guter und lieber Mensch, mit einem riesengroßen Herzen, das warm und kräftig schlägt. Wenn ich Ringo sehe, dann möchte ich ihn am liebsten gleich fest an mich drücken. Es gab allerdings auch ein paar Momente, da hätte ich ihn am liebsten so fest gedrückt, dass ihm die Luft wegblieb. Ich denke da an meine erste Ausstellung in Los Angeles, wo er ständig hinter mir herrannte, um lautstark jedem mitzuteilen, dass er meine Bilder für viel zu teuer hält. Das war mir so peinlich. Ringo hatte es bestimmt nicht einfach und fühlte sich nicht selten wie das fünfte Rad am Wagen. Alles drehte sich um Paul und John, ja und dann kam George hinterhergehinkt, und irgendwo gab es dann auch den kleinen, großäugigen Ringo. Er wurde meines Erachtens in vieler Hinsicht unterschätzt. Doch halt, als Schauspieler, da hatte der Gute unter den Beatles die Nase vorn. Und das gönnte ich ihm wirklich von Herzen.*

**Ich muss gestehen,** *zu George empfand ich die tiefste Freundschaft, aber das kam wohl auch daher, dass ich einige Jahre bei ihm in Friar Park wohnte. George war für mich der Philosoph und am Ende seines Lebens war er wirklich ein weiser Mann. Ruhig war er ja immer schon, mit einer kräftigen Portion guten englischen Humors, und zwar von der ganz trockenen Art.*

*Ich bog gerade auf die Salzburger Autobahn kurz vor Irschenberg ein, als das Radio »Here Comes the Sun« spielte. Ich musste schmunzeln. »Yeah Georgie, here comes the sun und Klausi gleich hinterher!«*

*Wie gesagt, nach Jahren der Abstinenz meldete sich George im Herbst*

1991 wieder. Meine Frau Christina war am Telefon, als er sich in deutscher Sprache meldete.

»Kann ick bitta de Klaus spreckn?«

»Klaus ist nicht da, ungefähr in einer Stunde kommt er zurück. Kann ich ihm etwas ausrichten?«

»Ja, sag de Georg ruft nok mal an.« (Er benutzte die deutsche Aussprache für Georg.)

»Weiß er denn, welcher Georg Sie sind?«

»Ja, ja ... ik bin de Georg Harrison. He can call me back.«

Er gab Christina die Telefonnummer des Hamburger Hotels, in dem er sich aufhielt.

Ich habe mich riesig über diese unerwartete Nachricht gefreut und rief ihn gleich an. Er war in Hamburg, um Tom Pettys Konzert zu besuchen, und wollte mich bei der Gelegenheit sehen. Leider klappte es nicht. Aber von da an meldete George sich wieder in regelmäßigen Abständen.

**Georges Anrufe waren meist sehr speziell,** allein wie er sich schon meldete. Er liebte es, in irgendwelche Rollen zu schlüpfen. Ich kann mich noch gut an einen ganz typischen George-Harrison-Anruf erinnern. Es war der Sommer, als dieses schreckliche Zugunglück in Eschede passierte. Meine Familie und ich verbrachten gerade einen geruhsamen Urlaub auf einem urigen Bauernhof in der Nähe von Murnau am Staffelsee. Als wir nach Hause kamen, war unser Anrufbeantworter voll besprochen mit Georges Anrufen. Es dürften wohl mindestens zwölf gewesen sein, auf drei Tage verteilt.

George war auf der einen Seite ein ruhiger und besonnener Mann, der Hektik verabscheute, andererseits aber auch wieder schnell Ängstlichkeit und Überbesorgtheit an den Tag legen konnte. Er hatte beispielsweise über viele Jahre eine immense Flugangst, was zur Folge hatte, dass er über eine gewisse Zeitspanne in kein Flugzeug mehr stieg.

Aber zurück zu seinen Anrufen.

Anruf Nummer eins wie immer im speziellen Georgie-Deutsch.

»Hey, is de Klaus da? Hirr isst Herr Admiral von Hohensteen. Melde mick surück, später ... oder so.«

*Anruf Nummer zwei:* »Ik mökte gern de Klaus spreckn. George's here.«

*Nummer drei am nächsten Tag:* »Klaus I don't know if you are at home. Here's George. Ah ... de guta alte Georg. You know, Mister van Schneider, ah ... Georg Schneiderrr.«

Die nächsten Anrufe waren in ähnlichem Stil, wobei die Stimme immer höher und ungeduldiger wurde.

Am dritten Tag vernahm man Georges Stimme mit gespielt hysterischem Ton. »Klaus!!!! Where are you? I hope you haven't been at the train in Escheder. Klaus bitta melden. I'm worrying so much. Klaus call me ... Help, Hilfe!! Bitta! Call me any time, any day BUT PLEASE CALL ME BACK!«

**Als wir das Band abhörten,** lagen wir beinahe alle am Boden vor Lachen. Wir spulten es immer und immer wieder zurück. Ich habe ihn dann sofort angerufen, wusste ich doch nur zu gut, dass er sich in seine Besorgtheit so hineinsteigern könnte, dass er wahrscheinlich als Nächstes einen Suchtrupp nach mir schicken würde.

Ich wünschte, ich hätte dieses Band nicht gelöscht, was wäre das doch für eine witzige und auch typische Erinnerung an ihn.

Ich näherte mich der österreichischen Grenze. Ich wusste, dass es bis nach Going gerade noch dreißig Minuten Fahrtzeit waren, und fragte mich, warum es George und Olivia ausgerechnet nach Tirol getrieben hatte. Dann fiel mir ihr Freund Gerhard Berger ein, und dass es zwischen Harrison junior und der hübschen Berger-Tochter seit geraumer Zeit romantische Schwingungen gab. Als ich auf den Hotelparkplatz fuhr, sah ich George schon am Fenster im ersten Stock. Er war ja immer schon ein neugieriger Kerl und konnte es offenbar nicht erwarten zu sehen, wie der smarte Klaus denn jetzt als Opa aussehen würde.

Kurz vor Georges Einladung hatte ich in London bei Apple zu tun gehabt, wo ich auch den Geschäftsführer Neil Aspinall traf. Lachend erzählte der mir, wie ihn George kürzlich gelöchert habe, wie ich denn jetzt aussehen würde, ob meine Haare schon grau seien, ob ich fett geworden sei, ob ich noch echte Zähne hätte. George wollte alles wissen.

Ich musste schmunzeln, als George das Fenster aufriss.

»Was maken Se da!«, schrie er mit preußischem Gehabe.

»Aha«, dachte ich, »wieder Admiral von Hohenstein.«

Ich stieg aus dem Auto aus und wollte mich zur Rezeption begeben. »Klaus, geh mal da nach rechts die Treppe rauf. Das ist ein kürzerer Weg, dann musst du nicht extra zum Empfang laufen.« Ich befolgte seinen Rat und fand auch bald die Tür zur Harrison-Unterkunft. Ich klopfte an und von drinnen vernahm ich Georges verstellte Stimme. Diesmal spielte er nicht Admiral von Hohenstein, sondern er war Mrs. Harrison.

»Ja bitte, wer ist denn da?«

»Hier ist Klaus Voormann, ich habe eine Verabredung mit Herrn Harrison.«

»Das geht aber nicht sofort. Erst das Passwort!«, säuselte George alias Mrs. Harrison.

»Formel 1, Gerhard Berger«, antwortete ich, und schon ging die Tür auf. Sekunden später lagen wir uns in den Armen. Er betrachtete mich lange.

»Verdammt noch mal, du siehst gut aus«, sagte er. Und schon folgte die nächste Umarmung. Er fühlte sich etwas rundlicher an, der gute George, und er sah wie ein gutmütiger älterer Herr aus mit seinen Lammfell-Latschen, den grünen Cordhosen, einer Lammfellweste und dem anthrazitfarbenen, schlichten Pulli. Wir gingen in einem der Hotelneubauten einen gebogenen Korridor entlang. Georges Appartement war nicht besonders groß, aber sehr gemütlich. Es bestand aus einem Wohnraum sowie einem Schlafzimmer für Olivia und ihn und einem kleinen Zimmerchen für Dhani. Die Einrichtung bestand aus geschmackvollen Naturholzmöbeln, von einheimischen Schreinern angefertigt, und überall lagen Wolldecken und Kissen. In Dhanis Bude lagen unzählige Grafikutensilien herum sowie viele Skizzen und Zeichnungen, die er mir später auch stolz vorstellte. Der Bursche hat wirklich Talent. Wir setzten uns ins Wohnzimmer und tranken Tee.

»Ich hab gehört, Astrid und du machen ein Buch zusammen mit Brian von Genesis Publications.« Brian Roylance und George waren seit langem gute Freunde, und so war es nicht verwunderlich, dass George über dieses Projekt bereits Bescheid wusste.

»Stimmt, da will ich dir auch gleich etwas zeigen.« Ich holte aus meinem Aktenkoffer das Dia meines jüngsten Werkes. Es zeigte eines der

# Der falsche Beatle in der Zelle

sechs Ölgemälde, die ich seit langem für das geplante Genesis-Buch Hamburg Days angefertigt hatte. Es zeigte den kleinen, siebzehnjährigen Georgie in der Gefängniszelle der Hamburger Davidswache. Auf dem Weg zum Stanglwirt wusste ich noch nicht, dass dieses Motiv mein zeitaufwändigstes Ölbild werden würde. Das lag an der Tatsache, dass ich den falschen Beatle in die Zelle gesteckt hatte. Rechtzeitig, bevor die Bilder in den Druck gingen, wurde der Fehler durch George aufgeklärt, und ich konnte mich noch einmal drei Wochen an die Staffelei klemmen, um den Irrtum zu beheben. Denn als ich ihm ganz ergriffen, aber auch stolz, das Bild zeigte, und »do you remember?« fragte, übermannte auch ihn die Erinnerung.

»Oh, great picture ... but who is it?« George sah mich fragend an.

Mein Gott, dachte ich, habe ich ihn so schlecht getroffen, dass er sich nicht erkennt?

»That's you. Das bist du, weißt du noch? Damals, als sie dich einlochten, den kleinen Georgie, gerade mal siebzehn warst du, einsam und allein hast du da auf deiner Gefängnispritsche gekauert, frierend, fern der Heimat. Was hab ich dich bedauert!«

»Hast du das wirklich? Oh Klaus, finde ich toll. Du bist ein wirklicher Freund ... nur ... ich war nicht im Gefängnis.«

»Was?«

»No, it was Paul!«

»Paul??!« Fast hätte ich losgeheult, weil ich daran denken musste, wie lange ich daran gearbeitet hatte und wie lange es wohl dauern würde, das Bild neu zu malen. Wie mache ich das bloß? Wie macht man aus George einen Paul?

**George kriegte sich vor Lachen** nicht mehr ein, und nach einer Weile erzählt er mir die Geschichte, wie sie wirklich war. Das Gastspiel im Kaiserkeller war beendet, und alle fünf mussten ihr »nobles Quartier« im Bambi-Kino räumen. Das Verhältnis zwischen der Band und Koschmieder, dem Veranstalter, war wohl etwas gestört, was nicht weiter verwunderlich war, wenn man sah, wie menschenunwürdig die Jungs untergebracht waren und er sich ihnen gegenüber verhielt. Kein Wunder, dass sie kein großes Interesse hatten, sich an die vertragliche Vereinbarung zu halten, nach Beendigung des Gastspiels im Kaiserkeller keine weiteren Angebote für eine bestimmte Zeit im Hamburger Raum anzunehmen, und stattdessen einem Engagement im Top Ten zustimmten. Sie hatten also gerade ihre Habseligkeiten zusammengepackt und hinterließen als kleines Rachesouvenir ein an der Flurwand hängendes Kondom, das sie kurz vor Verlassen des Bambi-Kinos dann auch noch anzündeten. Die Idee dazu hatte Paul, der in solch rachelustigen Streichen immer schon spitze war. Na, was kann so ein kleines harmloses brennendes Gummiding aber auch schon anrichten? Bruno Koschmieder sah das alles doch als schwer wiegendes Vergehen an und rief sofort die Polizei. Er muss wohl total hysterisch geklungen haben, so als ob er soeben Opfer eines Attentats geworden wäre. Es war wohl weniger die Angst vor der Lebensbedrohlichkeit eines brennenden Kondoms als vielmehr die Absicht, den Jungs und dem bevorstehenden Top-Ten-Gastspiel in die Suppe zu spucken. Das gelang dem Schweinepriester auch! Die Jungs waren noch keine fünfzig Meter auf der Straße, als ein Polizeiauto heranpreschte und zwei der »gefährlichen Brandstifter« von den Polizisten gleich ins Auto geschubst und ins Gefängnis gesteckt werden. Es waren Paul und Pete, die verhaftet wurden, während George bereits die Nacht davor infolge einer Ausweiskontrolle des Landes verwiesen wurde. Irgendjemand hatte ihn verpfiffen und der Polizei mitgeteilt, dass er noch nicht volljährig war. George war stinksauer, weil er sich auf den neuen Gig im Top Ten riesig gefreut hatte. Aber daraus wurde nichts und zwar für alle. Aber das wusste George damals noch nicht, als Astrid und Stu ihn zum Bahnhof brachten. Mutterseelenallein kehrte der kleine Bub nach Liverpool zurück. Das war nicht einfach für ihn, war er doch bislang immer mit den anderen zusammen, die auf ihn, den Jüngsten der Truppe, aufpassten.

»Für mich war das eine Weltreise. Voll gepackt mit Verstärker, Gitarre, Plastiktüten musste ich mehrmals umsteigen oder stand während der Zugfahrt in irgendeinem schmalen Korridor inmitten besoffener Soldaten. Ich sag dir, Klaus, ich hätte heulen können. Ich glaub, ich hab's sogar getan.«

**George machte eine kurze Pause** und erzählte die Geschichte weiter. John hatte überhaupt nicht gewusst, was los war. Er irrte durch Hamburgs Straßen, um seine Kumpels zu suchen. Er spielte eine Weile mit anderen Musikern und kehrte dann enttäuscht nach Liverpool zurück. Sein Frust war so groß, dass er sich wochenlang bei den Freunden nicht mehr meldete. Es sah für kurze Zeit so aus, als ob eine weitere Zusammenarbeit ausgeschlossen war. Das Ende der Beatles-Story, bevor sie angefangen hat.

»Aber es kam alles ganz anders.« George reichte mir gedankenversunken eine Tasse Tee.

»Weißt du, Klaus, die Menschen denken immer, wie toll die Zeit in Hamburg war. Sie sehen das gerne sehr romantisch. Die Liverpooler Jungs spielen im Rotlichtmilieu die ganze Nacht heiße Musik und rühren die Stadt auf. Ganz so war das nicht. Aber was erzähl ich dir. Du warst ja selbst dabei und weißt, wie beschissen es uns ging. Mann, was hatte ich oft Heimweh.«

Wir unterhielten uns eine ganze Weile über die alte Zeit, als plötzlich die Tür aufging und Olivia das Appartement betrat. Sie war wie immer eine Augenweide für mich. Ich empfand sie als die perfekte Partnerin für George. Sie unterstützte ihn in seinen geschäftlichen Angelegenheiten, betreute ihn während seiner Krankheit, stand ihm zur Seite, wann immer er sie brauchte, und gab ihm aber auch den Freiraum, den er dringend benötigte. Und das alles unauffällig im Hintergrund, ohne sich groß nach vorn zu drängen. Olivia war und ist eine Traumfrau. Ich überreichte nun den beiden die kleinen ayurvedischen Geschenke, die Christina aus ihrem Ayurveda-Center München zusammengestellt hatte. Wir wussten, dass Olivia und George sehr viel von der alten indischen Gesundheitslehre hielten und regelmäßige Kuren absolvierten. In diesem Zusammenhang erzählte er von seinen Krebsbestrahlungen und wie diese Therapie seine Kehle und den ganzen Körper auf unangenehme Weise austrocknet. Er sprach über seine Krankheit und damit verbundenen Therapien in einer Ruhe, als ob er den Wetterbericht erläutern würde.

Plötzlich erhob er sich vom Sofa. »Komm, Klaus, ich zeig dir das Schwimmbad.« Das war auch so eine Eigenart von ihm, er wollte immer etwas zeigen. Nicht, um damit anzugeben und Eindruck zu schinden. Nein, er wollte, dass alle seine Freunde an den Dingen teilhaben, die ihm Freude bereiten. »Wir können auch ein bisschen schwimmen gehen. Ich habe eine Badehose für dich da.«

Wir gingen zu Olivia, um zu fragen, ob sie vielleicht andere Pläne hätte. Und so war es auch. »Dhani hat soeben angerufen. Er ist auf dem Weg hierher. Lass uns runtergehen und mit ihm zusammen eine Kleinigkeit essen.«

Wir gingen in einen separaten Raum und setzten uns dort in eine der vielen Sitzgruppen. Bald kam Dhani hereingestürmt, an der Hand ein hübsches blondes Mädchen. Sie war Gerhard Bergers Tochter.

George blinzelte mich an. »Wir sind übrigens nicht zufällig hier.« George wirkte wie ein richtiger Papa. Wir gingen in einen großen Raum mit kuscheligen Ohrensesseln. Wir bestellten alle eine Kleinigkeit und zu meiner Überraschung entschied sich George für Hühnchen mit Salat. Ich sah ihn verwundert an.

»Ja, Dr. Chopra, mein Ayurveda-Arzt, hat mir geraten, hin und wieder Geflügelfleisch zu essen.«

Ich wusste von Christina, dass die ayurvedische Ernährung auch Fleisch beinhaltete, und selbst bei den ideologischen Richtungen verordnete man Menschen im geschwächten Zustand bestimmte Fleischgerichte. Mir war klar, dass Georges Gesundheitszustand nicht zum Besten stand, und die

*Ruhe und gute Laune, die er ausstrahlte, in erster Linie dazu diente, dass wir uns nicht um ihn sorgen. Während wir aßen, musste ich ständig den kleinen Dhani ansehen. Ich hatte das Gefühl, den kleinen, siebzehnjährigen George aus der Hamburger Zeit vor mir zu haben. Er sah seinem Vater unglaublich ähnlich, obwohl sein Gesicht etwas schmaler wirkte und die Haare dunkler waren. Auch sprach er nicht den Liverpool-Akzent, den sein Vater damals noch schwer auf der Zunge hatte. Dhani wirkte aufgedreht und redete und erzählte ohne Punkt und Komma.*

*George drehte sich zu mir. »Ich liebe meinen kleinen Dhani über alles ... wenn er nur nicht so viel sabbeln würde«, flüsterte er.*

*George wusste, dass ich mit meiner Familie eine Weile in Kitzbühel gelebt hatte, was sich nur wenige Kilometer vom Stanglwirt entfernt befindet. Er wollte das Städtchen gerne sehen, vor allen Dingen das dortige Ayurveda-Gesundheitszentrum, das Christina mit viel Herzblut und Schweiß sowie einer kräftigen Kapitalspritze zwischen 1993 und 1995 aufgebaut hatte. Olivia und George waren seit Jahren mit dem Thema Ayurveda beschäftigt. Neben regelmäßigen Kuren bei Deepak Chopra in Kalifornien hatten sie sogar ihren eigenen Ayurveda-Masseur zeitweise zu Hause. Sie kannten sich damit sehr gut aus und wollten auch aus diesem Grund sehen, was Christina in Kitzbühel aus dem Boden gestampft hatte.*

**George kannte die Story.** *Christinas unseriöse Geschäftspartner hatten sie nicht nur bitterböse abgezockt, sondern ihr auch den Posten als Geschäftsführerin entzogen. Diese Geschichte hatte uns damals schwer zugesetzt. Zum einen wurden höhere Privatdarlehen einfach nicht wie abgemacht zurückbezahlt, zum anderen blieben vereinbarte Honorare aus. Hinzu kam ein Psycho-Mobbing, das Christina über mehrere Jahre ernsthaft erkranken ließ. Ein nachfolgender Langzeit-Rechtsstreit eröffnete uns zusätzlich, dass Christinas damalige Geschäftspartner zeitgleich mit der Auftragsvergabe ein Konkursverfahren für ihr Hotelunternehmen am Hals hatten.*

*»Das will ich mir einmal näher ansehen«, meinte George, »solche Geschäftsgebaren liebe ich ja besonders.«*

*Also fuhren wir mit meinem grünen Multivan los. George und Olivia* saßen hinten auf der Bank und bewunderten die Traumkulisse des Wilden Kaisers.

In Kitzbühel angekommen, wollte George schnurstracks in das Ayurveda-Zentrum.

»Auf zum Tatort«, sagte er. »Brauchen wir was zum Ausräuchern, oder werden wir die bad vibes auch so überstehen?«

Ich zeigte den beiden die Räumlichkeiten und George war sichtlich beeindruckt von den Umbauten. Aus einem Kellerlokal hatte Christina eine Wellness-Oase im Adobe-Stil kreiert.

»Schade«, meinte er, »dass so was durch menschliche Blödheit scheitern muss. Letztlich wird diese Welt sowieso an der Dummheit der Menschen scheitern.«

Bevor wir das Zentrum verließen, kaufte Olivia noch ein paar ayurvedische Tees. Wir bummelten anschließend durch die Altstadt und es war herrlich zu sehen, wie keiner die beiden erkannte. Insgeheim empfand ich so etwas wie Schadenfreude, wusste ich doch nur zu gut, wie promigeil man in diesem Städtchen war. Und jetzt spaziert ein echter Beatle durch die Gassen, und keiner nahm es wahr.

Olivia probierte und kaufte in einem kleinen Lederladen verschiedene Hüte und Jacken. George war von einem Poster an der Wand fasziniert. Es zeigte Hubert von Goisern und die Alpinkatzen. Wobei es George besonders die weibliche Alpinkatze mit der prall gefüllten Dirndlkorsage angetan hatte. Der gute alte George, er hatte sich überhaupt nicht verändert. Frauen liebte er immer schon. Das zeigte sich auch, als wir wieder im Hotel angekommen waren und George den Fernseher einschaltete. Es gab zwei Programme, die ihn regelmäßig fesselten: Autorennen und Modenschauen, wo langbeinige Models stundenlang über Laufstege balancierten. George hatte Geschmack.

Als der Abend anbrach, war es für mich Zeit nach Hause zu fahren. George brachte mich zum Auto und umarmte mich lange. Danach schaute er mir fest in die Augen.

»Klaus, ich weiß, dass es euch durch diese Kitzbühler Ganoven finanziell immer noch nicht gut geht. Wann immer du Hilfe brauchst, ich bin für dich da, immer, hörst du!«, sagte er.

Als ich losfuhr, stand er da und winkte, bis ich um die Ecke bog.

**M**it meinem Bruder Michael
(rechts) im Sommer 1943 vor der
Abfahrt nach Warnemünde

# 1. KAPITEL

## »Jetzt kommt auch noch der Voormann«

**Es ist das erste Mal,** dass ich mich hinsetze, um ein Buch zu schreiben. Mein Buch. Ist es tatsächlich »mein Buch« oder ist es wieder einmal die Geschichte von diesen vier fabelhaften Liverpool Boys, die es auf magische Weise geschafft haben, nicht nur die ganze Welt zu verzaubern, sondern sogar auch ein bisschen zu verändern? Meine Geschichte ist ihre Geschichte, denn ohne die Begegnung damals im Hamburger Rotlichtmilieu, meine Arbeit mit ihnen und vor allen Dingen ohne die Freundschaft zu den einzelnen Mitgliedern der Beatles wäre mein Leben ganz anders verlaufen. Bestimmt nicht so aufregend und so fruchtbar. Mein Lebensweg ist ab einem bestimmten Zeitpunkt mit diesen vieren verknüpft, manchmal sehr intensiv, manchmal etwas weniger, aber die Beatles haben sich bis zum heutigen Tag wie ein roter Faden durch die Jahrzehnte meines Daseins gezogen.

Hey George, Paul, John, Ringo, hey ihr Beatles, dafür danke ich euch.

Nun sitze ich hier an meinem Macintosh Powerbook und versuche so zu schreiben, wie es den Tatsachen entspricht. Ja, wie war das denn nun gleich wieder? Ich versuche mein Gehirn durchzuforsten, die vielen Gedanken vorerst in lose Kapitel einzusortieren. Keine einfache Sache für mich. Und während ich diese Buchstaben tippe, frage ich mich: Ist das wirklich wichtig? Wen interessiert das? Interessiert das überhaupt jemanden, wie ich die Dinge sehe und erlebt habe? Es wurde doch schon so viel über die Beatles geschrieben. Zum einen von den Mitgliedern der Band selbst, aber auch von selbst ernannten Freunden, Journalisten, Mitarbeitern, Groupies, Friseuren,

Chauffeuren, Bodyguards und nicht zu vergessen Verwandten und Freunden dieser Freunde, Journalisten, Mitarbeitern, Groupies, Friseuren, Chauffeuren, Bodyguards. Und jetzt kommt auch noch der Voormann! Ich bekomme täglich Briefe, Faxe, E-Mails aus allen Teilen der Welt mit immer wieder den gleichen Fragen.

Es war George, der mich ermunterte, meine Biographie zu schreiben. Wir saßen in Gerhard Bergers Haus in Tirol, wenige Monate vor Georges Tod. Er war voller Pläne und Ziele, sodass ich gar nicht auf die Idee kam, dass dies unser letztes Beisammensein sein könnte.

**»Wann schreibst du endlich** einmal deine eigene Geschichte? Du hast doch so viel erlebt. Das meiste wird zwar mit uns zu tun haben, aber du gehörst zu den wenigen, die tatsächlich dabei waren, von Anfang an. Bei dir weiß ich auch, dass nicht diese Grütze herauskommt.« (In Wirklichkeit sagte George nicht Grütze, sondern Bullshit.)

George hatte Recht, wie so oft. Und wie schon so oft, gab er mir wieder einmal einen Tritt in den Hintern. Das letzte Mal.

Somit werde ich nach langem Überlegen nun dieses Buch schreiben, das im besten Falle dem einen oder anderen Leser Freude bereiten wird. Ich habe nicht vor, wieder all die Begebenheiten aufzuwärmen, die bereits so oft gedruckt wurden. Ich habe nicht vor, all das zu wiederholen, was schon einhundert Mal wiedergekaut wurde. Ich werde kleine, persönliche Geschichten erzählen, so wie ich sie sehe. Ich werde von Dingen berichten, die mich persönlich betroffen haben, und ich werde Erinnerungen niederschreiben, die für mich wichtig sind und deshalb nie mein Herz verlassen werden. Ich werde nicht nur über meine vier Liverpooler Freunde berichten, sondern auch über die Zusammenarbeit mit so vielen anderen fantastischen, wunderbaren und manchmal auch anstrengenden Kollegen. Viele sind nicht mehr unter uns.

»Some are dead and some are living, in my life, I loved them all.« Da haben Sie's. Schon wieder die Beatles.

Wie sehr ich dich vermisse, Harry (Nilsson). Manche haben sich zurückgezogen. Carly (Simon), du warst immer eine bewundernswerte und ganz spezielle Frau und Künstlerin. Jesse Ed (Davis), warum bist du nicht mehr da? Und Eric (Clapton)? Du bist, wie du immer warst. Mal so, mal so – wie es dir gerade passt. Phil (Spector), was ist nur passiert? Du sollst eine Frau ermordet haben und bist nur auf Kaution draußen. Billy (Preston), als ich dich vor einem halben Jahr zuletzt sah, warst du so lieb wie eh und je. Neil (Aspinall), du arbeitest wie ein Besessener und näherst dich hoffentlich nicht der Reihe der nächsten Herzinfarktanwärter. Gut, ich schreibe nun dieses Buch, und es wird eine Aneinanderreihung kleiner Anekdoten, Gedankensplitter und persönlicher Geschichten werden. Es ist mein Buch, meine Geschichte. Also fangen wir mit dem kleinen Klausi an.

Falsch, Klaussa, so nannte mich meine Großmutter. In Berlin geboren als fünfter Sohn des Herrn Doktor Maximilian Voormann und dessen Frau Ruth. Sie war eine geborene Laupenmühlen, Tochter eines schwerreichen Bankiers und somit eine gute Partie. Mein Vater, der nicht nur Arzt, sondern nebenberuflich auch Macho war, verwaltete den Rest des Vermögens, nicht unbedingt immer zum Vorteil meiner Mutter und der Familie. Ich war also der Spross einer so genannten gutbürgerlichen, wohlsituierten Familie, deren Villa sich in Berlin-Frohnau auf dem Karmeliterberg befand, mit Swimmingpool, Gartenhäuschen, asiatischer Blumentapete und Beethoven zur weihnachtlichen Bescherung. Es wäre trotzdem gelogen, zu behaupten, dass ich in einer harmonischen Familie aufgewachsen wäre. Das lag nicht wenig an meinem Vater, der seine Söhne nebst deren Mutter als »erbgeschädigte Brut« bezeichnete, was ihn dazu veranlasste, die wenigste Zeit mit uns zu verbringen, mit Ausnahme spezieller ritualisierter Anlässe wie Weihnachten, dem Fest der Familie. Müsste ich mich zu meinem Vater mit einem Satz äußern, würde ich sagen: »Er war nie da!« Die Beziehung zu ihm würde ich nicht als eng bezeichnen, während ich meine Mutter und auch meine Brüder von Herzen liebe.

Meine Mutter war sicher sehr prägend für mein späteres Leben. Sie war eine sehr schöne, kluge, aber auch eigene Frau. Sie lehrte uns die schönen Künste und liebte die griechische Sagenwelt. Sie sang mit Sopranstimme zu lieblichem Klavierspiel und hatte lautstarke und unkontrollierbare Gefühlsausbrüche, die nur mein Vater zu beschwichtigen vermochte. Und der war ja nie da. Sie liebte ihre Söhne, doch nicht jeden gleich stark. Und sie war froh, dass sie keine Töchter hatte, denn sie mochte Mädchen nicht besonders. Wahrscheinlich hätte es uns Buben gut getan, eine Schwester in unserer Familienmitte zu haben. Es hätte uns allen den Umgang mit Frauen erleichtert.

**Unsere Erziehung** war einerseits konservativ, andererseits genossen wir ungewöhnliche Freiheiten, was uns in der piekfeinen Umgebung den Ruf einer ungehobelten Bande einbrachte. Auch wenn das Umfeld nobel war, so hatte es meine Mutter doch nicht leicht. Mein Vater verteilte monatlich das Haushaltsgeld, und das war nicht reichlich.

Während des Krieges ereilte auch uns das Schicksal der Evakuierung. Zusammen mit meiner Mutter lebten wir fünf Jungs eine Weile in Lychen in der Uckermark. Mein ältester Bruder Hans war irgendwo in Russland an der Front als Sanitäter, und der jüngste war gerade mal sechs Monate alt. Er kam während eines Luftangriffs in Lychen zur Welt und starb auf unserer Flucht vor den Russen. Er hatte die Ruhr. Meine Mutter hatte zwar ein Medikament dagegen erhalten, aber inmitten der Fluchtwirren konnte ihr niemand die richtige Dosierung nennen. Es gab auch keinen Arzt in der Nähe, der hätte helfen können. Ich sehe sie noch heute deutlich vor mir stehen. Ich lag im Bett und sie hatte dieses wunderschöne geblümte Kleid an. Sie stand am Fußende und sagte mit ihrer dunklen Stimme. »Jetzt bist du wieder der Jüngste, mein kleiner Klaus.«

Das klingt alles sehr traurig, trotzdem war die Zeit der Evakuierung kein traumatisches Erlebnis. Für mich war es irgendwie eine wunderbare Zeit. Als siebenjähriger Bub konnte ich die politische Situation nicht richtig erfassen. Meine Mutter und meine Brüder waren da, wir hatten den ganzen Tag füreinander Zeit, und das machte mich glücklich.

Eigentlich wollte ich immer Musiker werden. Inspiriert durch mein Zuhause, wo dank meiner Mutter die Kunst in vielerlei Hinsicht immer eine große Rolle spielte. Aber zu groß war die Angst meiner Eltern, ihren jüngsten Sohn als brotlosen Künstler in der Gosse zu sehen. So wurde mir der Wunsch, ein Musikstudium zu absolvieren, nicht genehmigt. Wir entschieden uns dann für den Besuch einer Kunstschule. Ich empfand das als guten Kompromiss. Grafik galt bereits zur damaligen Zeit als solides Handwerk. Im Nachhinein muss ich gestehen, dass ich es doch sehr bedaure, meinen Willen nicht durchgesetzt zu haben. Oft wünschte ich, das Komponieren und Arrangieren von Musikstücken professionell erlernt zu haben, um all meine Empfindungen und Ideen musikalisch ausdrücken zu können.

Zuerst besuchte ich eine Grafikschule in Berlin. Ich hatte das Glück, gute Lehrer zu haben. Meine Eltern erkannten sehr schnell, dass dieser Ausbildungsweg richtig für mich war. Kurze Zeit später entschied ich mich, nach Hamburg überzusiedeln, um mich dort bei einer der angesehensten Fachschulen anzumelden. Meine Mutter war nicht sehr begeistert von diesem Schritt. Ich war ihr jüngstes Kind, und ich glaube, wie viele Mütter wollte sie ihr Nesthäkchen so lange wie möglich bei sich behalten. Es tat ihr auch weh zu spüren, wie sehr »ihr kleiner Klaus« in der Ferne litt und

**Mit meiner Mutter Anfang der Sechziger**

sich einsam und allein fühlte. Obwohl meine drei Brüder älter als ich waren, war ich der erste Voormann-Sohn, der von zu Hause wegging, und auch der erste, der sein eigenes Geld verdiente.

**Die erste Zeit in Hamburg** war höllisch für mich. Ich bin heute noch stolz darauf, diesen Schritt gewagt zu haben. Der Weg zur Hamburger Kunstschule wurde von einem Freund meines Vaters, Heinz Kiessling, genannt Heinter, der an dieser Schule Dozent war, geebnet. Bei ihm wohnte ich auch. Abgesehen von der Tatsache, so weit weg von meiner Familie zu sein, machten mir auch Heinters Lehrmethoden zu schaffen. Der Unterricht wurde streng und autoritär geführt, mit knochenharten und zeitintensiven Übungen zu Hause. Nachts blieben nur wenige Stunden Schlaf. Ich arbeitete bis tief in die Nacht hinein. Ich stellte mir den Wecker so früh, dass ich bereits vor dem Hahnenschrei am Arbeitsbrett saß. Irgendwann hat mir die Grafik überhaupt keinen Spaß mehr gemacht, was sich in einer schmerzhaften Gastritis auch körperlich bemerkbar machte. Wäre das so weitergegangen, hätte ich sicher irgendwann das Handtuch geschmissen und wäre wieder nach Berlin zurückgekehrt. Hinzu kam, das Heinter zwar meine Fähigkeiten erkannte, aber auch merkte, dass ich mich vom konventionellen Stil des Zeichnens entfernte. Ich kreierte meinen eigenen Stil. Doch statt Bewunderung und Unterstützung erntete ich nur Eifersucht und mehr Drill und Druck. Ich hatte das Gefühl, dass er immer neue Aufgaben und Wege suchte, mir das Leben so schwer wie möglich zu machen. Er machte auch vor meinem Privatleben nicht Halt, obwohl (oder vielleicht gerade weil) er sich meiner Sensibilität bewusst war.

Die »Meisterschule für Gestaltung« war Ausbildungsstätte vieler talentierter junger Menschen. Nicht wenige machten sogar auf der internationalen Bühne Karriere. Ich denke da beispielsweise an Vera von Lehndorff, genannt Veruschka. Sie wurde als Top-Model weltberühmt und ihr ausdrucksstarkes Gesicht blieb vielen durch den Kultfilm *Blow Up* unvergessen. Es gab wirklich viele interessante und begabte Menschen an der Meisterschule, und ich wünschte mir, einer von ihnen zu werden. Es herrschte eine ganz besondere Atmosphäre dort. Diese kreative Energie erfasste mich schnell.

Eine meiner ersten Begegnungen hatte ich mit Jürgen Vollmer. Ich traf ihn in der Schulmensa. Er war bereits damals ein ungemein offener, sympathischer und hilfsbereiter Mensch. Wir wurden aber erst Freunde, nachdem er die Schule verlassen hatte.

Doch als ich das erste Mal die Schule betrat, hatte ich nur Mädchen vor mir. Man kann wirklich sagen, dass zirka neunzig Prozent der Studenten weiblich waren. Das mag ja nun für die meisten Jungs ganz spannend klingen, für mich dagegen war das anfangs das reinste Spießrutenlaufen. Ich war ein extrem schüchterner Mensch, man könnte es auch verklemmt nennen. Ich verbrachte außerhalb des Unterrichts viel Zeit am Fenster, um einfach nur ins Freie zu starren. Eine Angewohnheit, die ich als Kind schon hatte und mir den Ruf eines sehr verträumten Jungen einbrachte, der seine eigene kleine Welt in Tagträumen erlebte. In Hamburg allerdings hatte dies auch mit einer fortwährenden Müdigkeit zu tun. Nicht weil ich mir die Nächte auf der Piste um die Ohren schlug, sondern weil mir Heinter einheizte und somit wertvolle Stunden meines Schlafes raubte. Obwohl mir der Lehrstil der anderen Lehrer gut gefiel, hatte ich immer noch große Sehnsucht nach Berlin und unserer heimeligen Villa am Karmeliterweg. Ich fühlte mich sehr allein.

**Den Mut, zu all den vielen,** teilweise sehr hübschen Studentinnen Kontakt aufzunehmen, hatte ich nicht. Ich wartete immer darauf, angesprochen zu werden. Und wurde ich mal angesprochen, dann nicht so, wie ich mir das gewünscht hätte. Meistens neckten sie mich. Diese kleinen, kessen Biester. Unterstützt wurde meine Schüchternheit auch noch durch meine vielen Sommersprossen und mein Akneproblem. Ich fand mich hässlich und verstand es nicht, wenn man mich als hübschen Jungen bezeichnete. Das war mir immer sehr peinlich. Unter all den Studentinnen fiel mir ein Mädchen besonders auf. Sie trat immer sehr selbstsicher und dominant auf und nahm ganz gern den Mund etwas voll. Sie

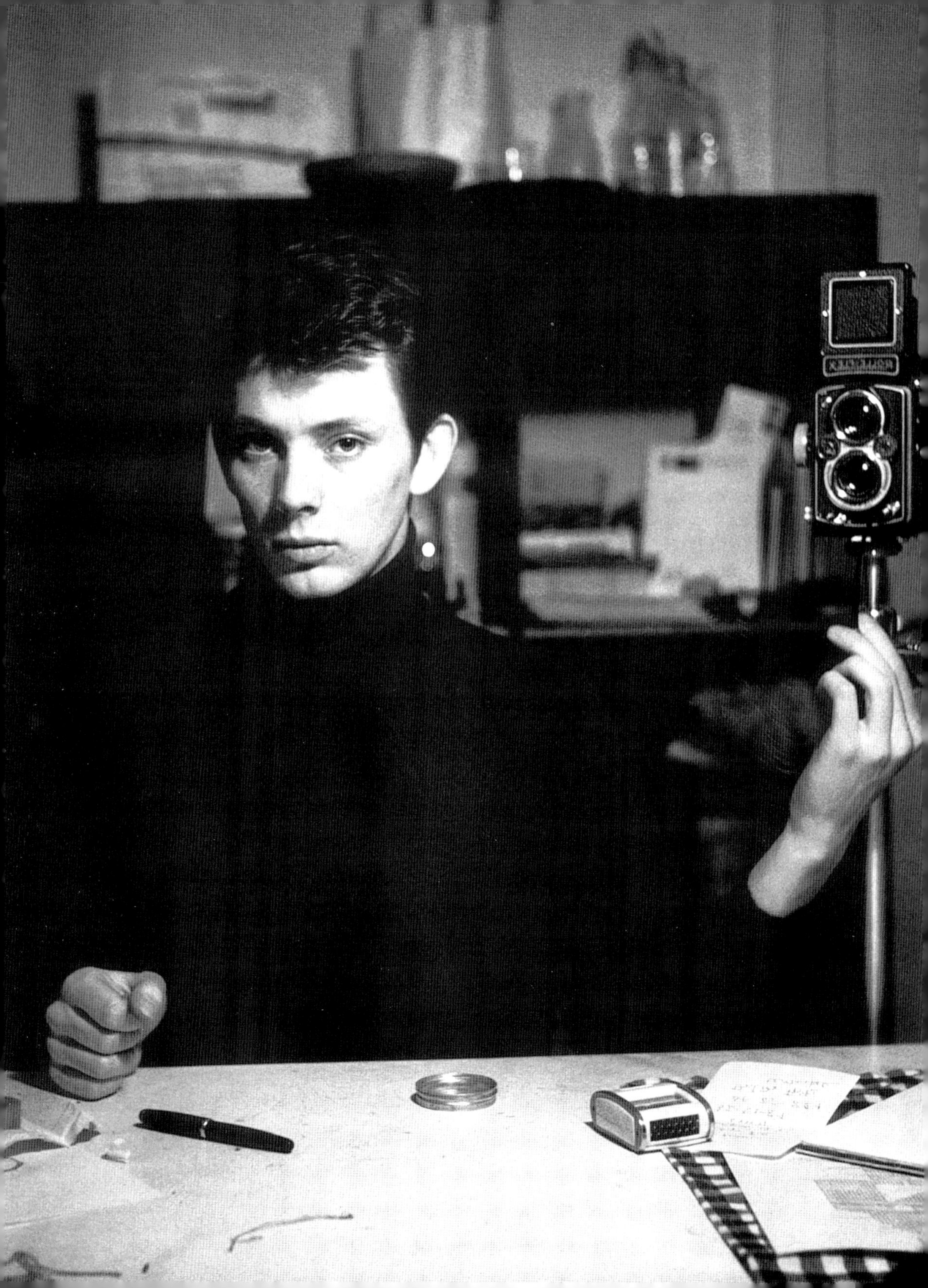

wirkte wie eine verwöhnte und verhätschelte Göre, die sich besonders amüsierte, wenn ihre Freundinnen mich mal wieder als Zielscheibe ihrer kleinen Bosheiten auserkoren hatten. Aber sie war auch hübsch. Ich erinnere mich noch genau, als ich auf der Straße stand und Blätter sammelte. Ich benötigte sie für eine spezielle Fotoarbeit, doch für Astrid, so hieß sie, war dies wieder einmal ein Grund, sich über mich lustig zu machen.

»Na, was haben wir denn da für einen hübschen Straßenfeger?«

**Sie verwirrte mich sehr.** Umso erstaunter war ich, als ich so langsam die »wahre Astrid« kennen lernte. Die warmherzige, großzügige, liebevolle und immer umsorgende Astrid. Das passte gar nicht zu dieser versnobten Stupsnase, die sie gern hoch trug, um ihr arrogantes Image zu unterstreichen, auf das sie so stolz war. Es dauerte nicht lange, da verliebte ich mich in sie. Warum sollte es mir anders ergehen als den vielen anderen Jungs, die sie umschwärmten. Die Beziehung zu ihr hatte auch therapeutische Folgen. Sie ließ anscheinend meinen Körper eine Menge Glückshormone produzieren, die dazu beitrugen, dass auch mein Akneproblem irgendwann Vergangenheit wurde. Wir fingen an, uns zu verabreden, gingen zusammen aus, wie man das halt so macht, wenn man Gefühle füreinander entdeckt hat. Wir waren auch oft bei ihr zu Hause. Ja, und irgendwann bot mir Astrids Mutter ein kleines Zimmer an, eine gemütliche, ausgebaute Dachkammer, direkt über der Wohnung, in der Astrid mit ihren Eltern lebte. Es war ein wundervolles Gefühl, wieder ein richtiges Heim zu haben.

**Die erste Zeit in der Meisterschule** verbrachte ich viel mit Fotografieren, Zeichnen und dem Anfertigen von Skizzen. Der beeindruckendste Lehrer für mich war Reinhart Wolf, der für den Fachbereich Fotografie verantwortlich war. Noch heute bewundere ich diesen charismatischen Menschen aus tiefstem Herzen. Sein ausdrucksstarker Stil, Dinge und Menschen mit der Kamera festzuhalten, ist immer noch wegweisend und Vorbild vieler junger Fotografen. Ich habe damals alles, was er sagte und tat, förmlich in mich aufgesogen. Diese Bewunderung wurde nicht von allen Studenten geteilt. Jürgen Vollmer hatte ein ganz anderes Empfinden. Astrid dagegen teilte meinen Geschmack voll und ganz. Nachdem wir die Schule verlassen hatten, arbeitete ich ebenso wie Astrid und Jürgen eine Weile für Reinhart als Assistent in seinem Fotostudio.

**Während Astrid** sich nie ganz vom Stil des Mentors lösen konnte, entwickelte Jürgen einen sehr persönlichen und lebendigen Fotostil. Jürgens Art zu fotografieren ist so ganz anders, bewundernswert, wie ich finde. Er liebt es, die Stimmung und das Leben der Spontansituation einzufangen, während Reinhart und Astrid eine ästhetische, zeitaufwändige, konstruierte Lösung im Studio anstreben. Jürgen ist ein erfolgreicher Setfotograf in Hollywood geworden. In Reinharts und Astrids Stil ist dieser sophisticated, manchmal surrealistische Ansatz zu finden. Jürgen dagegen hatte immer schon den Rock 'n' Roll vor der Linse. Wenn man Astrids Schwarzweißbilder, die sie mit den Beatles im Studio und auch auf dem Heiligengeistfeld aufnahm, mit John Lennons Rock 'n' Roll-Cover vergleicht, das von Jürgen stammt, dann weiß man, was ich meine.

Reinhart Wolf gehörte damals zu den wenigen freiberuflichen Fotografen, die Werbeaufträge erhielten. Für ihn zu arbeiten war schon etwas Besonderes. Er hatte diese wunderbare Gabe, Menschen etwas zu vermitteln, ohne autoritär zu wirken. Er war ein wirklich selbstbewusster Mann und hatte es nicht nötig, wie mein Heinter, sein Selbstbewusstsein zu stärken, indem er auf andere Druck ausübte. Obwohl er nicht so sehr viel älter war als ich, war er für mich ein Lehrer auf vielen Ebenen. Er hatte neben seinem überdurchschnittlichen Fachwissen etwas sehr Fürsorgliches und Väterliches. Charaktereigenschaften, die ich bei meinem eigenen Vater gänzlich vermisste. Reinhart war immer darauf bedacht, dass wir an seinem Wissen teilhaben. Er konnte sich aufrichtig freuen, wenn wir sein Bemühen erfolgreich in die Tat umsetzen konnten. Wir waren ein richtiges und vor allen Dingen ein gutes Team. Er war homosexuell, akzeptierte

Astrid und ihr Mentor
Reinhart Wolf

aber sehr schnell, dass ich es nicht war, und hatte nie irgendwie versucht, dies zu ändern. Ich hatte zwar lange Zeit dieses mädchenhafte Image und so mancher aus Reinharts Umfeld scharwenzelte gern um mich herum, aber ich musste sie alle enttäuschen.

**Mein sexuelles Interesse** galt immer und ausschließlich Frauen: Sophia Loren und Irene Pappas waren in meinen Träumen, Astrid lag in meinen Armen. Astrid liebte diese Gay-Szene und konnte auch gut mit all den Burschen umgehen. Besonders die, die ähnlich wie sie für Jean Cocteau oder Oscar Wilde schwärmten. Dieses dekadente Flair spiegelte sich deutlich sowohl in Reinharts Fotografie als auch in Astrids wider. Schwarz war die Farbe. So kleideten wir uns auch. Wir werden oftmals in Büchern als Exis, sprich als Existenzialisten beschrieben. Mir ist das etwas peinlich, weil wir, abgesehen von unserem Outfit, das nicht waren. Wir kleideten uns schwarz und bevorzugten dieses intellektuelle Image, aber in politischer Hinsicht waren wir völlig passiv. Jean-Paul Sartre oder Simone de Beauvoir waren allerdings ein Muss. Auf alle Fälle haben wir den Inhalt nie politisch umgesetzt, im Gegensatz zur Pariser Studentenszene der damaligen Zeit. Wir hatten unsere eigene Art, gegen die politische Vergangenheit unserer Gesellschaft zu protestieren, indem wir uns einfach vom Establishment äußerlich distanzierten. Es war vielleicht eine gewisse Müdigkeit. Wir hatten ja den Krieg und die Nazizeit ziemlich bewusst miterlebt, denke ich nur an die Flucht meiner Familie vor den Russen. Man kann solche Bilder nicht vergessen. Damals fühlte ich mich so erbärmlich hilflos und das hatte sich auch sechzehn Jahre später nicht geändert. Deshalb suchte ich eine andere Form des Aufbegehrens. Wir protestierten nicht lautstark und wortgewaltig, sondern in unserem ganz speziellen Stil, der in der Erwachsenenwelt wenig Verständnis fand. »Hey, schaut her. Wir wollen nicht so sein wie ihr!«, wollten wir damit ausdrücken. Wir bevorzugten die düstere, melancholische Ästhetik eines Cocteau und lebten inmitten schwarz bemalter Wände mit schwarzer Samtdekoration. Es war allerdings auch die Mystik, die uns faszinierte. Unser Stil waren die engen, schwarzen Hosen mit den schwarzen Schals und dazu passenden schwarzen Kappen und natürlich schwarzen Stiefeln.

Unsere Clique sonderte sich bald bewusst von den anderen Studenten ab. Wir sahen uns als heimliche Trendführer und wir bestimmten, was gut oder schlecht, akzeptabel oder verwerflich war. Unser Kritik war gnadenlos, wir waren der mystisch-schwarze Gothic-Nabel dieser Welt. Wir waren ja so schick und nebenbei auch ganz schrecklich arrogant. Während die anderen wirklich viel in Büchern stöberten, beschränkte sich mein Lesestoff auf wenige Auserwählte. John Steinbecks *Von Mäusen und Menschen* hat mich sehr beeindruckt. Dass ich wenig gelesen habe, hatte einen ganz bestimmten Grund. Mein Interesse für Literatur war immer da, nur ich hatte von Kindesbeinen an ein Legastheniker-Handicap. Ich musste, und das ist heute noch so, die Worte laut vorlesen, um zu verstehen, was vor mir geschrieben war. Ich habe mich immer schon mehr am Ton als am Papier orientiert. Während man heutzutage auf dieses Problem bereits in den Schulen eingeht, erkannte man es zu meiner Kindheit überhaupt nicht. Im Gegenteil, Beschimpfungen wie »Idiot«, »Faulpelz«, »Schwachkopf« haben sicher nicht wenig zu meinem mangelnden Selbstvertrauen beigetragen. Im Gegensatz zu anderen Menschen konnte ich mich aber dann über die Musik und die bildende Kunst verständigen. Ich habe mich hingesetzt und meine Gefühle als kleine Zeichnungen zu Papier gebracht. Dies war für mich die beste und somit auch ehrlichste Form, mich auszudrücken.

**Die Liebe zu Aubrey Beardsley** wurde bei mir in den frühen Fünfzigerjahren in Berlin geweckt. Es war eine Ausstellung, die ich damals zusammen mit meiner Mutter besuchte. Ich war sehr beeindruckt, erkannte ich doch meine eigene Ausdrucksweise darin wieder.

Doch zurück nach Hamburg. Unsere Clique war eine eingeschworene Truppe, die fast alles zusammen machte und die die vierundzwanzig Stunden eines Tages auch fast ausnahmslos zusammen verbrachte. Wir gingen ins Kino, besuchten Ausstellungen und Clubs und waren eben sehr von der französischen Avantgarde beeinflusst. Wir liebten *Kinder des Olymp* mit dem großartigen Jean-Louis Barrault. Cocteaus *La Belle et la Bête* und *Orfeo* waren ebenfalls Favoriten. Der teuflische Rock 'n' Roll hatte uns noch nicht in seinen Fängen, und Amerika war weit weg.

Wenn ich sehe, dass man heutzutage billiger von Deutschland nach New York als von München nach Hamburg fliegen kann, dann merke ich doch, wie klein die Welt geworden ist im Vergleich zu damals.

Im Gegensatz zum von der amerikanischen Besatzungsmacht geprägten Süddeutschland hatten wir im hohen Norden wenig mitbekommen. Elvis kannten wir natürlich, aber eigentlich haben uns erst die englischen Musikgruppen den Sound aus den USA gebracht. Die erste intensive Begegnung mit amerikanischer Musik hatten Astrid und Jürgen im Frühjahr 1960 in London. Die beiden wollten unbedingt nach England fahren, nachdem sie wundervolle Bilder von diesem Land und vor allen Dingen der Hauptstadt gesehen hatten. In ihren Köpfen hatten sie ganz bestimmte Vorstellungen von England. Die Wirklichkeit lehrte sie dann eher das Fürchten, wie das eben so ist mit zwei jungen Menschen, die viel Fantasie haben, aber nur ein paar Groschen in der Tasche. Schon die Anreise muss Astrid zufolge ein Horror gewesen sein. Sie hatten eine grauenvolle Unterkunft in Earls Court, schlechtes Wetter, noch schlechteres Essen und ganz schlecht gelaunte Menschen um sich. Die einzige Ausnahme war der Besuch einer Dancehall. Was sie da hörten und sahen, lässt Jürgen heute noch wohlige Schauer über den Rücken rieseln. Die beiden kamen aus dem Staunen nicht mehr heraus. Sie müssen für die Anwesenden wie zwei Wesen von einem anderen Planeten ausgesehen haben, mit großen Augen und offenen Mündern. Vor ihnen auf der riesengroßen Tanzfläche eine Menschenmenge, die mit fröhlichen, lebensfrohen Gesichtern zu den heißen und lauten Rhythmen einer Band stampfte. Die Röcke der Mädchen wirbelte um deren strapsbestrumpften Beine. Die jungen Männer schwangen mit Gummibeinen ihre Begleiterinnen durch die Luft, um sie in regelmäßigen Abständen in einem schwindelerregenden Tempo über ihren Rücken wieder zum Boden abrollen zu lassen. Das Ganze schien den Beteiligten derart Spaß zu machen, dass der ganze Saal kochte. Wie unter Hypnose mischten sich Astrid und Jürgen unter die Tänzer, um sich ihren aufgestauten Englandfrust hinauszustampfen. Wenn Astrids Mutter ihre kleine Tochter so gesehen hätte, sie wäre wahrscheinlich aus dem Haarnetz gefallen.

Dies hatte nun überhaupt nichts mit dem starren Mystikkult unserer Hamburger Clique zu tun, es war die pure Energie. Etwas so Aufregendes hatten weder Astrid noch Jürgen vorher erlebt oder gesehen. Obwohl es noch einige Monate dauern sollte, bevor bei ihnen das Rock-'n'-Roll-Fieber wirklich ausbrach, so nahmen sie doch den Virus mit nach Hause.

Ich muss ehrlich gestehen, dass ich mich nicht wohl fühlte, so gestylt herumzulaufen, mit den Rüschchen an den Hemden, immer diese Schals und dann diese nach vorn gekämmten Haare. Ich glaube, ich habe es nur Astrid zuliebe getan.

### Fürsorgliche und liebevolle Menschen

haben nicht selten die Tendenz, ihre Mitmenschen mit dieser Fürsorge und Liebe zu erdrücken. Irgendwann registrierte ich, wie bestimmend Astrid auf mein Leben einwirkte. Ich fühlte mich nicht mehr wie Klaus, sondern wie ein Puppy, und wusste überhaupt nicht mehr, was ich eigentlich wollte. Empfand ich Astrids umsorgende Art am Anfang als wohltuend und angenehm, so fühlte ich mich immer mehr wie in einer Zwangsjacke. Es kam immer öfter zum Streit. Wir sind beide im Sternzeichen Stier geboren, im gleichen Jahr, und unsere Dickköpfe rasselten immer öfter aneinander. Das war lange bevor Stuart Sutcliffe auf der Bildfläche erschien. Freundschaft ja, aber wir funktionierten nicht als Liebespaar. Trotzdem: Im Rückblick betrachtet war diese Zeit, besonders die Zeit mit Astrid, eine Bereicherung für meine Entwicklung, auch wenn ich mich durch sie oft eingeschränkt fühlte. Aber so ist es oft im Leben, dass man im Augenblick des Geschehens die Dinge nicht zu schätzen weiß, sondern erst sehr viel später, wenn die Zeit den Blick klärt.

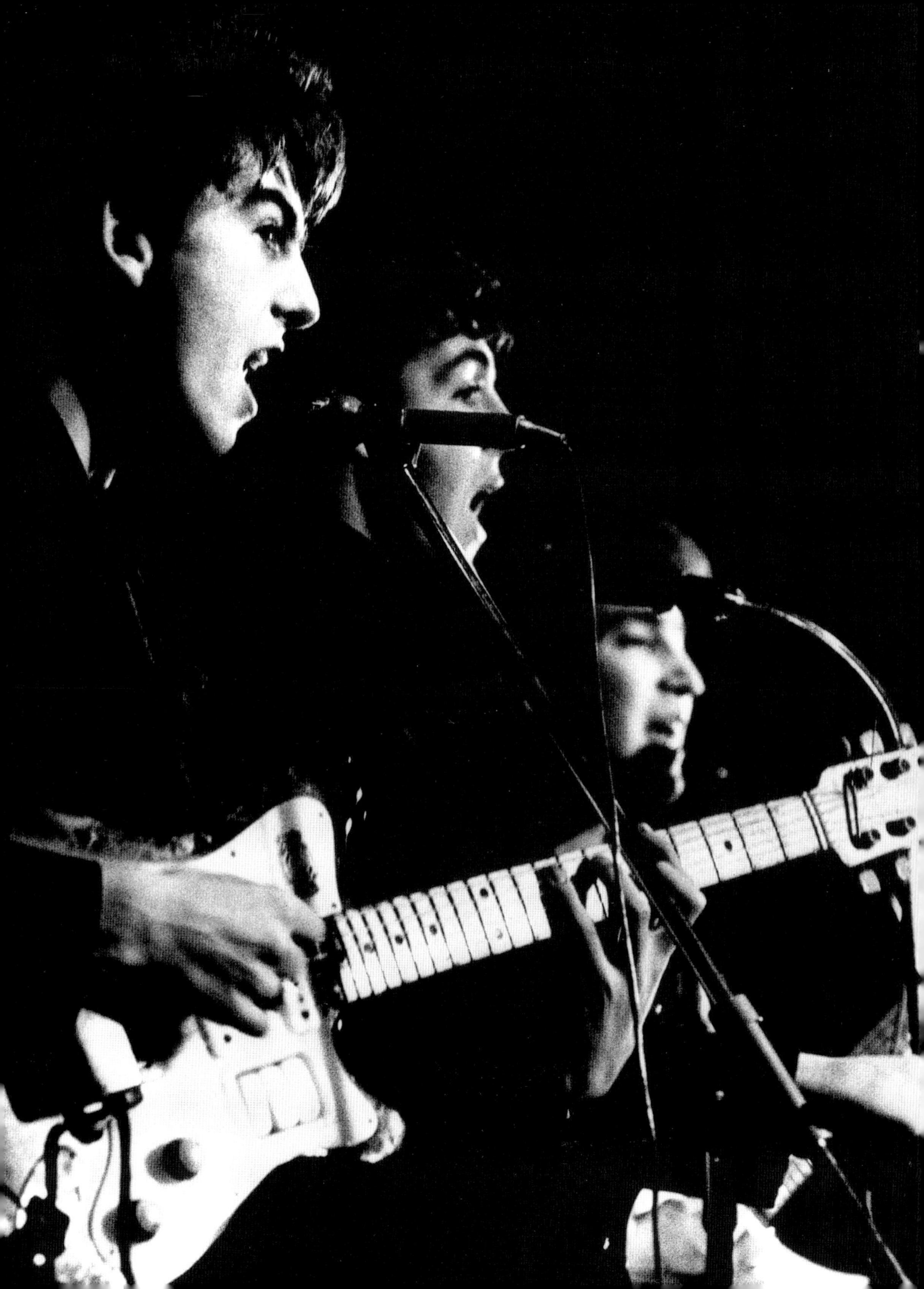

# 2. KAPITEL

## » Setz dich oder mach 'ne Düse «

**Astrid gab meinem Leben** entscheidende Impulse. Die Art, wie sie alles an mich herangetragen hat, hat mich geprägt, in verschiedener Hinsicht.

Wie ich schon erwähnte, hatten wir oft Streit. Oftmals flüchtete ich, um diesen endlosen und aus meiner Sicht unnötigen Diskussionen zu entgehen. So auch an einem Herbstabend im Jahr 1960.

Ich wanderte durch die Straßen mit hochgeschlagenem Kragen. Ich wollte allein sein, um endlich ein Lösung für unsere Beziehungsprobleme zu finden. Es war einer dieser traurig-grauen, vernebelten Tage, passend zu meiner melancholischen Stimmung. Irgendwann landete ich auf der Reeperbahn im berüchtigten Stadtteil St. Pauli. An der Ecke zur Großen Freiheit hielt ich an, um eine Tüte Pommes zu kaufen. Ich beobachtete die typische Szene: düster blickende Türsteher, die Besucher in die jeweiligen Clubs und Etablissements zu locken versuchten, teilweise in recht handgreiflicher und direkter Form. Hier befand sich auch das Hippodrom, wo sonst kleine Esel ihre Runden zogen. Durch die halb geöffnete Tür sah ich, wie sich zwei vollschlanke Frauen mit Schlamm bewarfen. Das Publikum grölte, und der Türsteher versuchte mich hineinzuzerren. Ich schüttelte ihn ab. Das alles gefiel mir irgendwie nicht. Es machte mir sogar Angst. Ich dachte daran, was meine Mutter wohl sagen würde, wenn sie mich an diesem Ort gesehen hätte. Ich war bereits im Begriff, nach Hause zu laufen, als ich wie vom Blitz getroffen stehen blieb. Was war denn das? Es kam von einem der benachbarten Kellerclubs. Musik, wie ich sie nie zuvor gehört hatte. Bei mir zu Hause hatte es nur klassische Musik gegeben. Boogie Woogie war obszön und das Wort Rock 'n' Roll durfte man nicht denken, geschweige denn in den Mund nehmen. In unsere Clique hörten wir nur Jazz: Miles Davis, Modern Jazz Quartet oder Lester Young, um nur einige Musiker zu nennen. Aber das war anders. Es ging mir durch Mark und Bein, und ich fand diesen Sound so ungemein gut, dass ich mir die Sache genauer ansehen wollte. Ich ging also langsam näher. Ich war neugierig und verdammt ängstlich. Ich schlich vorsichtig die Treppe hinab, immer mehr den magischen Tönen entgegen. Ich war an die Atmosphäre der gängigen Jazzclubs gewöhnt. Das Publikum dort war sehr »kultiviert«. Hier war ich darauf gefasst, dass mich der Nächstbeste beim Kragen packen und mir erst einmal eins auf die Schnauze geben könnte. Oder dass man mir meine mickrig bestückte Brieftasche klaute oder mich gleich Hals über Kopf wieder rauswarf. Schon fühlte ich, wie jemand nach meiner Hand grabschte. Ich zog sie erschrocken zurück und blickte auf den Stempel darauf, meine Eintrittskarte. Ich stolperte weiter nach vorn und wurde bald wie alle anderen Besucher von diesem gespenstischen ultravioletten Licht geblendet, dem Schrecken aller Sommersprossen und falschen Zähne. Mittlerweile hatte die Band gewechselt, der Sound war derselbe, erdig, satt, und landete schnell in einer Körpergegend, die sich unweit unterhalb der Gürtellinie befand. Auf der Bühne versuchte das blondeste Skelett auf diesem Erdball ein knochiges, überlanges Bein auf dem Rücken des Gitarristen zu landen, dabei rockte und wippte er, ohne das Mikrostativ aus den Händen zu lassen. Als der Kellner mich aufforderte: »Setz dich oder mach 'ne Düse!«, nahm ich den nächstbesten Sitzplatz, nicht weit von der Bühne entfernt. Mit großen Augen unter meinem frisch gewaschenen Haarmob nippte ich an einem Bier und verfolgte das Geschehen um mich herum.

**Etwas rau das Ganze,** dachte ich, aber nicht ohne Charme, dem ich mich von Anfang an nicht entziehen konnte. Nachdem das blondierte Skelett samt Band von der Bühne verschwunden war, lief eine Weile die Jukebox. Ich war gespannt auf die nächste

Musikgruppe und hoffte, es würde die gleiche Formation sein, deren Sound ich bereits auf der Straße durchs Kellerfenster gehört hatte. Langsam schlurften fünf Personen auf die Bühne und bereiteten sich anscheinend auf ihren Auftritt vor. Sie waren alle gleich gekleidet, schwarzweiß karierte Jacken mit hochgeschlagenem Kragen und enge, graue, billige Flanellhosen. Die hochhackigen spitzen Schnallenschuhe unterstrichen das für mich abenteuerlich anmutende Image. Nur ein schmächtiger Junge mit Sonnenbrille wirkte etwas modischer. Seine Hose war unten nicht eingesäumt und fiel in einem weiten Schlag über die Schuhe. Das wirkte irgendwie cool. Ich verstand zwar kein Wort von dem, was die sich da auf der Bühne erzählten, aber man konnte an ihrem Lachen erkennen, dass sie Spaß hatten! Plötzlich verstummte die Musik aus der Jukebox.

»**For Goodness sake,** I've got the hippy hippy shake!«

Ich wäre beinahe vom Stuhl gefallen. Es ist für mich heute noch unmöglich, in Worten zu beschreiben, was da von der Bühne aufs Publikum geschmettert wurde. Fünf junge Burschen, ja fast noch Kinder, standen auf dieser schäbigen, kleinen Bühne in diesem dunklen Hamburger Kellerloch und spielten wirklichen und wahrhaftigen Rock 'n' Roll, wie ich es nie zuvor gehört hatte: John, Paul, George, Stu und Pete. Ich war sofort infiziert, süchtig, diese Musik war fortan mein Leben.

Den Kaiserkeller in seiner ursprünglichen Form gibt es schon lange nicht mehr. Lediglich ein gleichnamiges Lokal im Erdgeschoss des Gebäudes, direkt an der Ecke Schmuckstraße und Große Freiheit, erinnert an diesen legendären Kellerclub. Doch selbst der neue Kaiserkeller wird von den Beatles-Fans weltweit wie ein Wallfahrtsort aufgesucht. So ist es nicht verwunderlich, dass dort zum Beispiel anlässlich der LP-Veröffentlichung von *1* eine vierundzwanzigstündige Beatles-Party stattfand. Ich persönlich war nie dort, während ich in Gedanken sehr oft im alten Kaiserkeller bin. Vielleicht sieht man alles verklärter, je mehr man sich vom eigentlichen Geschehen entfernt, aber für mich war diese Zeit aufregend, spannend, großartig und das Tor zu einer neuen Lebensspanne. Ich, der Sohn einer großbürgerlichen Arztfamilie, der bis zu diesem Zeitpunkt das Wort Rock 'n' Roll nicht mal richtig buchstabieren konnte, war plötzlich mittendrin in des Teufels Lasterhöhle. Statt Beethoven und Biedermeier-Sofa in der Frohnau-Villa bevorzugte ich nun »Long Tall Sally« auf dem Klappstuhl im düster-verruchten Keller. Dementsprechend veränderte sich auch mein Aussehen. Irgendwie hatte der Kaiserkeller auch etwas Gemütliches. Das lag wohl an seinem Seemannsambiente. Fischernetze baumelten von der Decke und zersägte Boote mit Tischen in der Mitte dienten als Sitzplätze. Dies war noch das Dekor, bevor der Kaiserkeller ein Tanzlokal wurde. Das war mehr so die Hans-Albers- oder Marlene-Dietrich-Kaschemme. Das Zentrum bildeten Bühne und Tanzfläche, zwei Bars befanden sich an den Seiten. Die typische Clubarchitektur eben. Die Boote waren begehrte Sitzplätze. Ich erzählte unserer Clique von meiner Entdeckung, und schon nach unserer ersten gemeinsamen Nacht im Kaiserkeller wurde er unser Stammlokal. Eng aneinander gedrängt saßen wir immer dort. Wenn wir uns unterhalten wollten, mussten wir die Köpfe zusammenstecken, um überhaupt etwas zu verstehen. Heute, glaube ich, läuft alles anders ab, cooler, oder? Damals, ja damals vor mehr als vierzig Jahren, da hatte man sich eine Menge zu erzählen. Die Atmosphäre im Kaiserkeller war lebendig und lebensfroh. Das lag aber auch am gemischten Publikum. Der Club war Treffpunkt vieler Jugendlicher und wurde ja auch als »Tanzpalast für die Jugend« beworben. Er wurde aber auch gern von Vertretern der typischen und teilweise kriminellen Reeperbahn-Szene aufgesucht. Das lag in erster Linie an der tollen Musik und der damit verbundenen Stimmung. Na ja, Teufelszeug eben. Obwohl Hamburg, wie schon erwähnt, nach dem Krieg nicht zur amerikanischen Besatzungszone zählte, wurde es, zumindest ein gewisser Stadtbereich, durch die vielen Gastspiele der englischen Gruppen stark vom amerikanischen Lebensgefühl beeinflusst. Das Repertoire der englischen Bands bestand größtenteils aus Stücken von Chuck Berry, Little Richard, Carl Perkins sowie später den vielen Motown-Künstlern. Aber auch die typischen

Mädchengruppen der frühen Sechzigerjahre, beispielsweise The Shirelles oder The Ronettes, waren ständig in den englischen Charts vertreten und wurden so nach Hamburg gebracht. Die Kaiserkeller-Zeit war sowohl modisch als auch musikalisch das Ende des typischen Fünfziger-Looks. Ab 1962 sollte sich alles drastisch ändern.

**Damals, als alles für mich begann,** hätte ich in meinen kühnsten Träumen nicht geglaubt, dass meine Freunde aus Liverpool diese Wende auslösen würden. Erfolg ja, aber das! Und wenn mir damals jemand erzählt hätte, dass der Einfluss unserer Hamburger Kunstschul-Clique sogar eine nicht unwichtige Rolle spielen würde, hätte ich ihn für bescheuert erklärt. Aber der Rock 'n' Roll hat alles möglich gemacht. Er brachte uns zusammen mit diesen wunderbar verrückten Engländern und er impfte uns alle mit dem Glückshormon Beat. Ich glaube, wir Europäer waren nach den Erlebnissen des Zweiten Weltkriegs besonders empfänglich dafür. Genau diese Leichtigkeit und Unbekümmertheit hatte uns gefehlt.

John schrie sich die Seele aus dem Leib, Paul hüpfte wie ein Gummiball herum, während Pete auf dem Schlagzeug herumhämmerte, und George grinste sein freches, schiefes Buben-Grinsen unter seinem dicken braunen Schopf. Er war unwiderstehlich, und nicht nur für die Mädchen. Nur Stuart passte nicht so recht in dieses rotzfreche, erdige Image. Er wirkte cool und sophisticated mit seiner Sonnenbrille im dunklen Keller und mit den weiten Schlaghosen, den einzigen modischen Hosen im Kaiserkeller. Aber das hatte wieder seinen eigenen erotischen Reiz. Auch er, unwiderstehlich und nicht nur für die Mädchen. Egal ob die Bands spielten oder die Musik aus der Jukebox kam, das Publikum tanzte mit einer Leidenschaft, als ob es jeden Abend um die Weltmeisterschaft ging. Ich erinnere mich besonders an ein Mädchen namens Curry. Sie tanzte besonders leidenschaftlich. Sie trug die typische Beehive-Frisur, aber noch höher als die anderen. Ich hatte immer Angst, sie würde im Fischernetz hängen bleiben, das über ihr von der Decke hing. Wir nannten sie Brummkreisel. Musik und Tanz entsprachen plötzlich einem neuen

Lebensgefühl. Wir waren voller Hoffnung und Lebensfreunde, auch wenn wir uns schwarz kleideten. Wir wollten das Leben spüren. Diese Energie und Fröhlichkeit kam erst auf, nachdem wir die Beatles kennen gelernt hatten. Wenn wir mit ihnen zusammen waren, wurde nur gefeixt und gelacht. Die Jungs hatten ihren Spaß auf der Bühne, und daran sollten alle teilhaben.

Hinter den Kulissen konnte einem aber das Lachen vergehen. Ihre Unterkünfte waren nicht nur menschenunwürdig, sie waren sogar lebensgefährlich. Eine Zeit lang waren sie in den Künstlergarderoben hinter der Bühne untergebracht. Hier mussten sie schlafen. Nicht nur, dass die Räume sich im Keller befanden und somit auch keine Fenster hatten, die Clubtüren wurden auch jeden Morgen von außen abgeschlossen, während die Jungs drinnen blieben. Dies sollte auch verhindern, dass sie auf der Reeperbahn versackten. Ich will gar nicht daran denken, was alles hätte passieren können.

Wenn ich die Berichte und Erzählungen über die frühe Hamburger Zeit der Beatles höre und lese, muss ich nicht selten schmunzeln. Es wird alles sehr verklärt dargestellt, besonders von denen, die gar nicht dabei waren. Aber das ist wohl immer so. Man will nur das Gute oder Aufregende bestehen lassen, die unangenehmen Dinge verdrängt man ganz gern.

**Als die Beatles erstmalig** in Hamburg gastierten, waren sie noch sehr jung. George war gerade mal siebzehn. Man muss sich das einmal vorstellen. So jung und so weit weg von zu Hause. Man vergisst bei dem ganzen Mythos immer, dass es sich nicht um Söhne des englisch-keltischen Götterhimmels handelte, sondern um ganz normale junge Menschen mit ganz normalen

Pauls gezeichnete
Erinnerung an die
Hamburger Verhältnisse

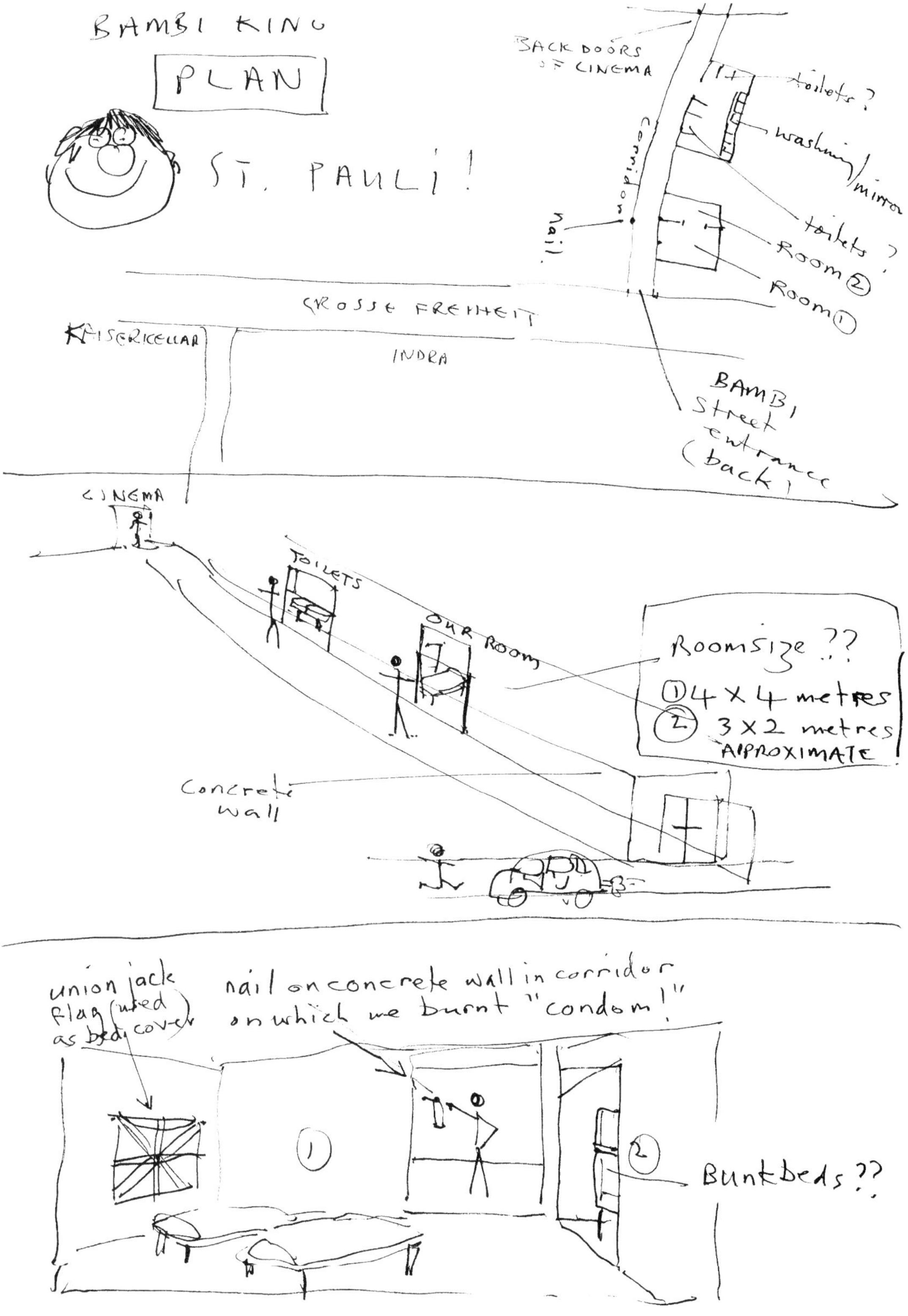
BAMBI KINO
PLAN
ST. PAULI!
BACK DOORS OF CINEMA
toilets?
washing/mirror
corridor
nail
toilets?
Room ②
Room ①
GROSSE FREIHEIT
KAISERKELLAR
INDRA
BAMBI Street entrance (back)
CINEMA
TOILETS
OUR ROOM
Roomsize??
① 4 x 4 metres
② 3 x 2 metres
APPROXIMATE
Concrete wall
union jack flag (used as bed cover)
nail on concrete wall in corridor on which we burnt "condom!"
①
②
Bunkbeds??

Empfindungen und Ängsten. Natürlich hatten sie ihren Spaß, besonders nachdem wir Freunde geworden sind. Aber sie fühlten sich doch oftmals auch sehr einsam und hatten schreckliches Heimweh. Sie arbeiteten jeden Abend in einem von Gewalt, Sex, Alkohol und Drogen geprägten Umfeld. Plötzlich waren Kellner, Prostituierte, Bardamen und Showgirls ihre Kollegen. Das mag für außen stehende Betrachter unheimlich toll und besonders aufregend wirken, aber mal ganz ehrlich: Wer würde sein Kind in eine derartige Umgebung schicken? Und sie waren noch Kinder. Wenn ich meine Illustrationen dieser Zeit betrachte, dann wirkt das auf dem Papier immer noch sehr romantisch und fast niedlich. Aber ist es so romantisch, zu fünft in einem fensterlosen Raum zu hausen, und wenn einer Sex mit einem Mädchen hat, schauen die anderen an die Wand und tun so, als ob sie schlafen? Es gab auch Unterkünfte für Musiker mit vergitterten Fenstern, in denen sie gleich einen Vorgeschmack auf einen jederzeit möglichen Besuch im Gefängnis bekamen. Es war unverantwortlich von den Clubbesitzern, ihre Musiker derart einzulochen. Immerhin haben diese jungen Menschen dafür gesorgt, dass sie ihre Clubs voll bekamen. Es war meiner Meinung nach nackte Ausbeutung.

Man muss unterscheiden zwischen der Arbeit auf der Bühne, dem Spaß und der Freude, die die Beatles dabei hatten, und dem Leben danach. Als Astrid, Jürgen und ich Einblick in diesen Teil ihres Lebens erhielten, waren wir erschüttert. Der für unsere Begriffe exzessive Alkoholkonsum überraschte uns dann auch nicht mehr. Man muss schon aus hartem Holz geschnitzt sein, um derartige Lebensbedingungen über eine längere Zeit ertragen zu können. Es gab ja auch nicht wenige, die aus dieser Tretmühle nicht oder schwer angeschlagen wieder herauskamen.

**Während des Auftritts** waren unsere Freunde energiegeladen und voller Kraft, und sie konnten sich der Bewunderung des gesamten Publikums sicher sein. Tagsüber waren sie matte und schlaffe Gestalten mit blassen Gesichtern, glasigen und blutunterlaufenen Augen. Das Leben spielte sich nachts ab, im Club, auf der

»Boulevard of Broken Strings«,
John nach einer langen Nacht an einem
verregneten Morgen auf der Reeperbahn

Bühne. Für mich war das besonders hart, denn ich fuhr auf zwei Gleisen. Nachts bis in die frühen Morgenstunden mit meinen Freunden bei den Musikern im Club oder in deren Garderobe, und anschließend ging's weiter zum Job. Die Wandlung vom sommersprossigen, schüchternen Kläuschen zur Kreatur der Nacht vollzog sich auch bei mir. Es passierte nicht selten, dass ich am Arbeitsplatz einschlief, was allerdings mein Chef nicht bemerkte. Es war wohl unserem Einfluss und vor allen Dingen Astrids stark ausgeprägtem Bemutterungsinstinkt zu verdanken, dass irgendwann eine Veränderung in den Lebensgewohnheiten der Liverpooler Jungs eintrat. Zusammen mit ihrer Mutter, einer warmherzigen, lieben Frau und außergewöhnlich guten Köchin, die ihrem Töchterlein sowieso keinen Wunsch abschlagen konnte, kümmerte sie sich rührend um die neuen Freunde aus England. Man kann sich gut vorstellen, wie sich unsere englischen Rock 'n' Roller fühlten. Statt Kellerloch und Junk-Food wurden sie in Astrids gemütlicher Wohnung mit Wiener Schnitzel und Fischspezialitäten verwöhnt. Hin und wieder wurden die Jungs auch in die Badewanne gesteckt. Das war für die dann ein Hochgenuss. Bei ihrem ersten Engagement in Hamburg wohnten die Beatles in einem kleinen Zimmer hinter der Leinwand des Bambi-Kinos. Und als Toilette und Waschraum diente ihnen die öffentliche Kinotoilette. Es kam also nicht selten vor, dass der kleine Georgie am Waschbecken stand, um sich die Zähne zu putzen, und plötzlich Kinobesucher hinter ihm aufs Klo gingen oder daneben ins Pissoir pinkelten. Good Morning, kann man da nur sagen.

**Ich denke heute noch mit Wehmut** an diese unvergleichlichen Stunden im Hause Kirchherr. Was habe wir gelacht und herumgealbert. Wir haben viel diskutiert, Musik gehört – Klassik fand ihr Interesse, mit Jazz konnten sie wenig anfangen. Ihr Liverpooler Rock-'n'-Roll-Flair und unsere sophisticated Möchtegern-Exi-Show verschmolzen recht schnell zu einer harmonischen Einheit. Besonders John war von unserer Welt fasziniert. Und Stu lebte in seinem Kopf schon lange in der Boheme und war da gelandet, wo er immer schon sein wollte. Es war sehr schnell zu erkennen, dass er und Astrid sich wunderbar verstanden. Es gab gar keine andere Möglichkeit, sie mussten ein Paar werden.

**Oft wurde ich gefragt,** ob mich das sehr verletzt hat. Ich muss ehrlich gestehen, nein. Ich war weder gekränkt noch empfand ich Eifersucht. Zwischen Astrid und mir kriselte es schon, lange bevor Stu auf der Bildfläche erschien. Eine große Auseinandersetzung mit ihr war ja auch der Grund gewesen, warum ich aus der Wohnung gelaufen war und diese verrückten Engländer überhaupt erst entdeckt hatte. Astrid und ich waren nie das enge und harmonische Paar, als das wir gern dargestellt wurden und werden. Es gab eine Zeit, da war ich in sie verknallt, und ich habe sie immer bewundert. Aber es war nie die Art von Liebe, wie sie sich zwischen Mann und Frau in einer tiefen Beziehung zeigt. Es hatte eher etwas Kindliches und Scheues. Ihre dominante Art war für mich das Falsche. Bei den Beatles hingegen war diese Zuwendung zu diesem Zeitpunkt genau das Richtige. Fern der Heimat, im kalten Hamburg, wurde Astrid bald zur Ersatzmama, und das haben beide Seiten genossen.

Wie schon erwähnt, hing ich nachts in den Clubs herum, um mit den Bands so lange wie möglich zusammen sein zu können. In den frühen Morgenstunden ging es dann für ein paar Stunden nach Hause, um so gegen sieben Uhr zum Job zu fahren. Ich bekam also gar nicht so recht mit, was die einzelnen Musiker während des Tages trieben. Am Wochenende war das anders.

Es war ein Samstag, als die Dinge völlig außer Kontrolle gerieten und ich fürchterlich besoffen und völlig daneben mit John die Reeperbahn unsicher machte.

Ich war relativ früh im Club und genoss wie immer die Musik, die von der Bühne auf uns eindrosch. Die Beatles spielten fantastisch, es war eine Superstimmung, die allerdings John nicht erreichte. Der guckte den ganzen Abend über griesgrämig aus der Wäsche. Kaum waren die letzten Töne des Sets verklungen, stürzte John an den Tisch und grölte nach dem Kellner.

»AAAlii! The same again.« Es dauerte nicht lange, da standen drei Scotch mit Coke vor seiner Nase. Eh ich mich versah, kippte John ein Glas nach den anderem und ich erkannte sehr schnell, dass er betrunken werden wollte.

Es war bereits früh am Morgen und die anderen hatten das Lokal längst verlassen. Ich dagegen blieb. Ich hatte das Gefühl, John in dieser Verfassung nicht allein lassen zu dürfen. Es war unschwer zu erkennen, dass ihn irgendetwas ganz fürchterlich bedrückte. Er wollte nicht allein trinken und suchte Gesellschaft.

**»Come on, Klaus, drink with me.«** Er orderte die nächste Fuhre Drinks, und als Bonus legte er drei Preludin auf den Tisch. Er musste mich nicht groß überreden, denn ich war müde und ziemlich fertig. Also was soll's, dachte ich mir, rein damit.

Es dauerte nicht lange, und wir beide waren voll bis zu den Ohrenspitzen. Ich fragte mich, was wohl vorgefallen war, denn so hatte ich John noch nicht erlebt. Er wirkte nicht nur frustriert, sondern auch aggressiv, lachte zwischendurch höhnisch und murmelte etwas in sich hinein, das verdammt oft das Wörtchen »fuck« beinhaltete. Einerseits war ich sehr neugierig, andererseits war ich wie immer zu schüchtern, ihn zu fragen, was denn passiert sei. Auch war es typisch für John, die Dinge in sich hineinzufressen. Ich dachte mir, wenn er dir was erzählen will, dann wird er schon irgendwann seinen Mund aufmachen. Ich denke, einer der Gründe, warum ich mit den Beatles-Mitgliedern so lange befreundet war und bin, ist der, dass ich immer große Geduld zeigte, keine dummen Fragen stellte und vieles für mich behalten konnte. In dieser speziellen Hamburger Nacht war sicher, dass ich Johns Kompagnon sein würde bis zum bitteren Ende.

Nach einer Weile bezahlten wir die Drinks und stand auf, oder besser gesagt, er versuchte aufzustehen. Bei dem Versuch, ihm zu helfen, merkte ich, dass auch ich meine Schwierigkeit mit dem Gleichgewicht hatte, was zur Folge hatte, dass wir beide erst einmal rücklings aus dem Boot fielen, in dem wir saßen. Wir krabbelten auf allen vieren zur Treppe und schafften den Weg nach oben ins Freie. Das helle Neonlicht der Straße blendete uns. Wir hielten uns aneinander fest und bewunderten den roten Morgenhimmel mit der aufgehenden Sonne.

»**OOOhh, das ist zu hell** für mich!« John hielt sich die Hand vor die Augen. »Lass uns da reingehen«, stammelte er und deutete mit dem Finger auf den Club gegenüber.

Wir torkelten über die Straße und wurden sofort von einem dieser typischen Rausschmeißer in einer dunkelblauen Uniform empfangen.

»Nur hereinspaziert, Herrschaften, die Show beginnt in wenigen Minuten.« Das ließen wir uns nicht zweimal sagen. Eng umschlungen versuchten John und ich, den Weg ins Lokal zu finden. Als John mit einer Hand einen Plastikperlenvorhang zur Seite riss, stolperte ich nach vorn und landete zehn Zentimeter vor den größten Brüsten, die ich je zu Gesicht bekommen hatte. Darauf nun überhaupt nicht vorbereitet, verlor ich endgültig die Balance und fiel auf den Boden. John konnte sich vor Lachen nicht mehr auf den wackeligen Beinen halten und setzte sich neben mich. Da lagen wir nun beide wie Maikäfer, mit den Beinen nach oben und lachten uns halb tot. Wie man sich vorstellen kann, waren zwei Youngster wie wir, die sich laut grölend auf dem Boden kugelten, nicht unbedingt die erwünschte Kundschaft dieses typischen St.-Pauli-Neppladens. Wir waren in einem der vielen Pornoclubs gelandet, und Sex war für die Betreiber eine äußerst ernste Sache. Plötzlich fühlte ich eine starke Hand, die mich am Kragen hochzog, zum Ausgang schleppte und durch die Luft auf die Straße warf. Wie ein Wunder war die Landung auf dem Boden ziemlich sanft und sehr weich, zumindest empfand ich das so. Direkt hinter mir hörte ich einen dumpfen Aufprall und Augenblicke später Johns Lachen, das mich sofort wieder ansteckte. John versuchte mir prustend zu erklären, wie komisch ich aussehen würde, und wie fürchterlich hässlich das Mädchen war, auf dem ich liegen würde. Deshalb also die weiche Landung. Es war kein Wunder, sondern der fette Hintern einer hässlichen Prostituierten. In diesem Moment drehten wir völlig durch. Egal ob Johns zerrissene Hose, seine blutige Nase oder die Prostituierte, die sich als Schlummer-Else vorstellte, alles war zu komisch, um wahr zu sein. Nachdem Schlummer-Else beleidigt abgerauscht war und wir uns langsam beruhigt hatten, meinte John: »Komm, du fliegende Untertasse, lass uns einen netteren Laden suchen.« Keine zwei Minuten später fanden wir uns in einer anderen Bar wieder. Es war eine dieser Frühkneipen, wo man billige Drinks bekam. Besonders begehrt: »Lütt un Lütt«. Das war ein kleines Bier mit Schnaps und beides musste zusammen getrunken werden. Direkt neben uns befand sich eine kleine Gruppe, die genauso neben der Kappe war wie wir beide.

**Ich denke, um diese Tageszeit** war es sowieso schwer, einigermaßen nüchterne Gestalten anzutreffen. Plötzlich nahm einer der Betrunkenen das halb leere Glas seines Freundes, öffnete den Hosenschlitz und pinkelte das Glas voll. Während der Rest der Truppe laut grölte und sich lachend auf die Schenkel schlugen, fanden John und ich das merkwürdigerweise überhaupt nicht komisch. Uns wurde plötzlich übel. Wir rannten beide gleichzeitig zur Herrentoilette, um uns unisono zu übergeben. Jeder in seine Kloschüssel selbstverständlich. Wir wuschen unsere Gesichter über einem Waschbecken und verließen die Kneipe.

Mittlerweile schien die Sonne warm und wir überquerten die Straße, um, vorbei an der Davidswache und der Holsten-Brauerei, zum Hafen und dann in Richtung Landungsbrücken zu schlendern, wo bereits geschäftiges Treiben herrschte. Sonntagmorgen war Fischmarkt. Bereits von der Ferne hörten wir die Händler schreien.

»Zehn für eine Mark ... und noch ein' und noch ein'!«

Wir waren inmitten der Menge, die sich wie eine Prozession durch die schmalen Gassen zwischen den Ständen und Buden bewegte. John hatte plötzlich Appetit auf eine Banane, die er einfach einem Obsthändler klaute. Weil er Probleme hatte, sie zum Mund zu führen, schmiss er sie einfach in die Luft, wohl in der Hoffnung, sie würde irgendjemandem auf den Kopf fallen.

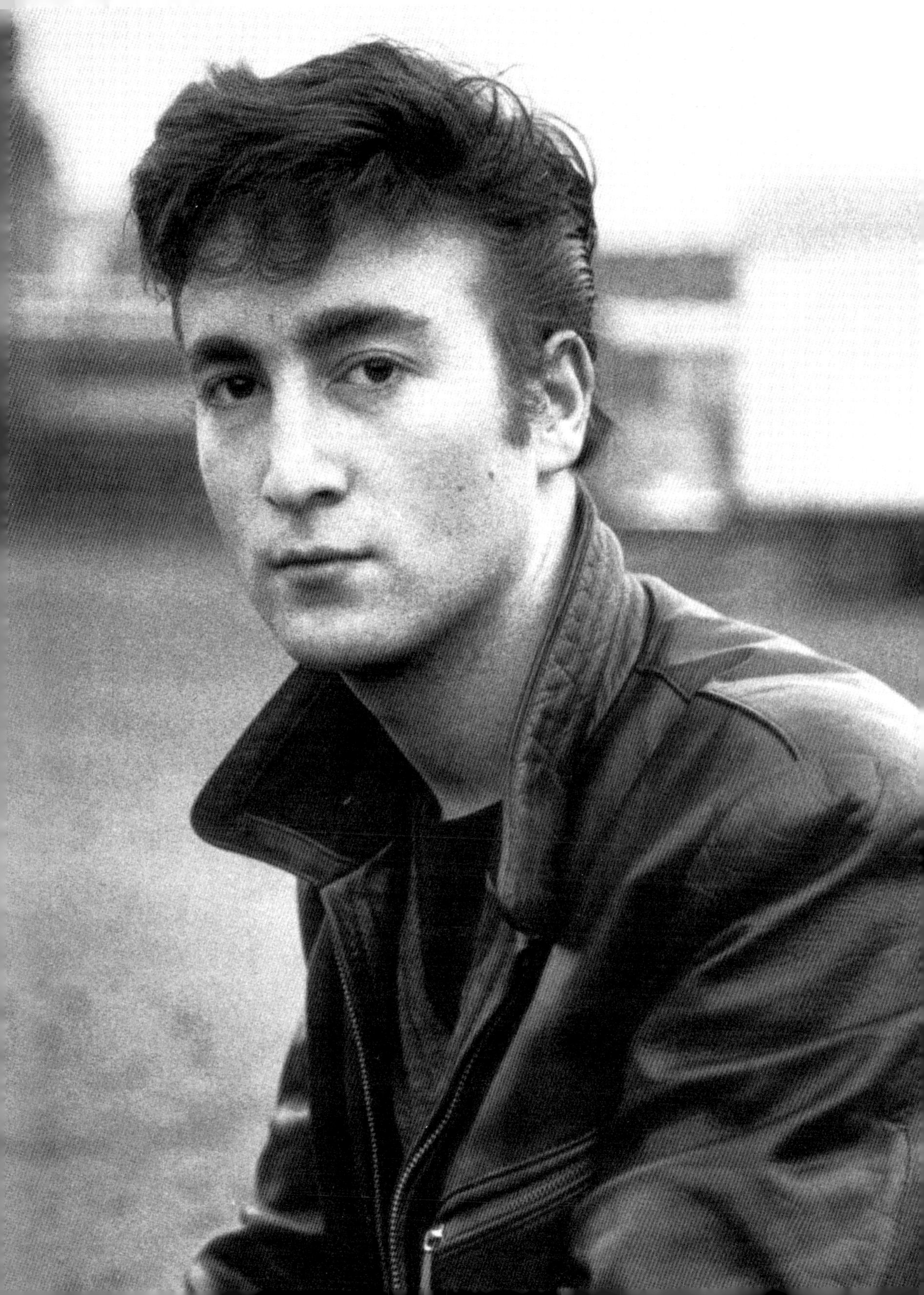

Wir folgten schweigend dem Menschenstrom, ließen uns treiben und sprachen kein Wort. Es lag wohl auch ein bisschen daran, dass die Zungen immer noch nicht so richtig Worte formulieren wollten oder konnten. Was für eine schräge Mischung an Menschen es doch war, die sich an so einem frühen Sonntagmorgen auf dem Fischmarkt einfand, Matrosen, Touristen, Betrunkene, die mit ihren Bierflaschen in der Hand schmutzige Lieder sangen, Liebespärchen, Prostituierte, Familien in ihrer besten Sonntagskleidung, junge Menschen, einfach alles. John und ich wurden endlich müde. Wir setzten uns auf eine Treppe und genossen die milden Sonnenstrahlen, die unsere Gesichter wärmten. Mit geschlossenen Augen lauschten wir der Geräuschekulisse und fühlten uns gut.

**Von da an waren John und ich** gute Freunde. Ich wusste genau, wir würden noch viele spannende Stunden zusammen erleben.

Im Laufe der Jahre entwickelte sich zu allen vier Beatles-Mitgliedern eine schöne und auch tiefe Beziehung. Die Verbindung zu John war besonders intensiv, was sicher auch durch die Zusammenarbeit gefördert wurde. Er wurde oft als Rebell beschrieben, als ein Mensch, der gern provozierte und sich mit Sarkasmus wehrte. In der Tat genoss er dieses Image, aber es war auch eine Fassade. John war ein hochsensibler, leicht verletzbarer Mensch, der das Leben mit weit geöffneten Augen in jeder Situation kritisch betrachtete. Seine Intelligenz ließ es nicht zu, Ungerechtigkeiten einfach so hinzunehmen. Man konnte sich mit ihm stundenlang über den Sinn oder auch Unsinn des Daseins unterhalten. Trotzdem konnte er auch sehr introvertiert sein, besonders gegenüber Menschen, die er nicht so gut kannte. Dann hörte er stumm zu und sagte nur das Notwendigste, das aber nicht selten mit einem messerscharfen oder ironischen Unterton. Dafür war John bekannt und gefürchtet. Er war nie der Mr Nice Guy. Er buhlte nie um Aufmerksamkeit oder Anerkennung. John war wirklich außergewöhnlich klug und scharfsinnig. Für einen Menschen wie ihn ist es besonders schwer, sich inmitten von dummen, gewalttätigen, einfältigen und verrückten Köpfen zu bewegen, auch wenn zu diesen Köpfen gute Herzen gehörten. Es tut mir Leid, sagen zu müssen, dass ein nicht kleiner Teil der Musikerkollegen anderer Bands so charakterisiert werden konnte. Definitiv eine frustrierende Situation für John.

**Seine Reaktionen waren** manchmal schwer zu verstehen. Zum Beispiel empörten sich viele darüber, dass er sich scheinbar über Behinderte lustig machte. Aber es war sein Sinn für das Groteske, der ihn so reagieren ließ. Es irritierte und amüsierte ihn. Und seine Reaktion konnte dann für andere verletzend sein. Böse gemeint war das aber nie. Es ist wahrscheinlich schwer nachzuvollziehen, aber sein Sarkasmus, seine Ironie, seine Angriffslust waren Ausdruck seiner aufschreienden Seele. Seine Hilflosigkeit veranlasste ihn zu diesen scheinbaren Ausrutschern. Je berühmter John wurde, umso mehr verschwand dieses ohnmächtige Gefühl in ihm, und er wandelte sich vom sarkastischen Rebell zum Friedensbotschafter, der es tatsächlich schaffte, etwas in die seiner Meinung nach notwendige Richtung zu bewegen. Aber das haben weder er noch wir, seine Freunde in Hamburg, voraussehen können. In Hamburg versuchte er noch, seine Probleme mit Aggression und Gewalt zu betäuben, um dann in den frühen Morgenstunden mit Scotch und Pillen alles sanfter erscheinen zu lassen. Wenn er sich verletzt fühlte, konnte es schon passieren, dass er die Garderobe umschmiss oder eine Lederjacke zerfetzte.

Für den jungen John war der Verlust seines Freundes Stuart eine Katastrophe. Der plötzlich Tod des Menschen, den er über alles bewunderte, warf ihn für eine Weile vollständig aus der Bahn, zog ihm buchstäblich den Boden unter den Füßen weg.

Einen Tag nachdem Stuart starb, kamen John, Paul, George und Pete am Hamburger Flughafen für ihr neues Gastspiel an. Sie erfuhren von uns noch am Flughafen von dem Geschehen. Während die anderen tief betroffen reagierten, weigerte sich John, die Nachricht zu akzeptieren. Er schaute uns in die Augen, und dann konnte man erkennen, wie es plötzlich klick machte, und John fing an zu lachen und hörte nicht mehr auf. Wir waren entsetzt. Jeder hat seine Art, Tragödien zu verdauen, und dies war Johns Weg. Er war der Meinung, dass der schnelle Tod seines Freundes eine tiefe Ungerechtigkeit war, und deshalb war er nicht bereit, dies anzunehmen. In der folgenden Zeit erschien John als besonders tough. Es war unser kleiner George, der seinem älteren Freund und Kollegen Stärke und Trost gab. Es gibt ein Foto, das Astrid von George und John machte. Sie hat es in Stuarts Studio aufgenommen. Dieses Bild sagt eine Menge aus. Es zeigt im Vordergrund einen verloren wirkenden John, hinter ihm der achtzehnjährige George, der wie ein ruhiger Pol seinen traurigen Freund beschützt. Die Situation war auch schrecklich. Die Jungs waren verzweifelt. Bereits zwei Tage später sollten sie zur Eröffnung des Star-Club auf der Bühne stehen und wie immer die Menschen begeistern. Und das wochenlang. Aber die Beatles schlugen sich tapfer.

**John zog eine erstaunliche Show ab,** jeden Tag. Er leistete Übermenschliches und zog die restlichen Bandmitglieder mit. Er sang nicht, sondern brüllte wie ein verwundetes Tier. Er machte am laufenden Band Witze. Es war eine ganz außergewöhnliche Trauerbewältigung, die man Abend für Abend im Star-Club sehen und hören konnte. John war nicht zu stoppen. Er beförderte sich selbst zum Pausenclown, zum Reeperbahn-Hofnarren. Er unternahm alles, um vor jeglicher Erinnerung an den toten Freund bewahrt zu werden. Während die anderen Bands spielten, wanderte er als Klofrau verkleidet über den Bühnenrand wie ein Mannequin auf und ab oder er polierte wie eine Putzfrau die Verstärkeranlage und das Mikrofon, wischte mit einem großen Putztuch den Sänger von oben bis unten ab, während der versuchte zu singen. Oder er erschien plötzlich als Bauarbeiter im Scheinwerferlicht. Mit vier Meter langen Holzlatten, die er hinter sich her schleppte, schmiss er Mikros, Stative oder Hocker um und zerdepperte slapstickartig alles, was nicht niet- und nagelfest war. Einmal ging er auf die Bühne mit einer Klobrille um den Hals. Manfred Weissleder, der Clubbesitzer, fand das alles nach einer Weile nicht mehr so komisch, obwohl das Publikum sich köstlich amüsierte. Er beobachtete das abendliche Treiben regelmäßig von seinem Balkonplatz aus, und wenn die Dinge drohten außer Kontrolle zu geraten, gab er seinem Personal die Order, den hässlichen gelben Bühnenvorhang umgehend zu schließen. Das geschah zu dieser Zeit sehr oft.

**Ich erinnere mich** an einen dieser Abende. Es begann wie immer. Die Beatles brachten den Saal zu Kochen. Inmitten der tanzenden Menge stand ein attraktives Mädchen, das zwar verführerische Blicke aus den kohlumrandeten Augen umherwarf, sich aber ansonsten bemühte, besonders cool zu wirken. Mit langsamen Bewegungen steuerte sie auf die Bühne zu, um sich ganz lasziv vor John, der am Mikro stand, an den Bühnenrand zu lehnen. John hatte sie sofort bemerkt und leckte sich langsam und demonstrativ die Lippen. Er starrte sie unentwegt an, und ich wusste, oh, oh, jetzt passiert gleich etwas. Er löste den Gitarrengurt, legte das Instrument beiseite und schlich sich von hinten an das Mädchen heran. Er kniete sich hinter sie hin, um mit gierig aufgerissenen Augen über deren Schulter in den Ausschnitt zu lugen. Ein boshaftes Grinsen kündigte nichts Gutes an. John setzte sich hinter das Mädchen auf die Bühne, seine Beine baumelten links und rechts neben ihrem Oberkörper. Und plötzlich geschah es. Ein spitzer Schrei, der sogar Pauls »Besame mucho« übertönte. John hatte mit beiden Händen die vollen Brüste in seinen Händen, während er die Schöne mit seinen Beinen wie ein Klammeraffe umschlang. Es war ein Anblick zum Schreien. Das Mädchen schrie, weniger geschockt als erfreut. Mund und Augen waren weit aufgerissen, aber da war dieses geheimnisvolle Strahlen, als wollte sie sagen: »O John, mehr, mehr, mehr!« Ich rechnete damit, dass sich der Vorhang schließen würde, aber ruckartig löste John die innige Umarmung, sprang auf, um rechtzeitig an Georges Mikro in den für die Beatles typischen Dreisatzgesang einzustimmen.

Manfred Weissleder war ein großes Rätsel für mich. Als er zur Reeperbahn kam, war er Elektriker, fing dann irgendwann einen Job als Türsteher an und arbeitete sich durch harte Arbeit nach oben. 1962 hatte er mindestens zwölf Etablissements im Hamburger Rotlichtdistrikt, darunter Striptease-Clubs und Softporno-Kinos. Er war sogar Produzent einiger kleiner Schmuddelfilmchen. Er ging nie ohne Pistole aus dem Haus, und ich könnte mir gut vorstellen, dass er sogar eine Waffe unter seinem Kopfkissen hatte. Er wurde in der Szene nicht nur respektiert, sondern auch gefürchtet. Er benahm sich wie ein beinharter Geschäftsmann, hatte aber auch ein Herz aus Gold. Ich wunderte mich immer darüber, wie ein netter Mann wie Manfred die harten Reeperbahn-Gesetze überleben konnte. Ich bin nicht der beste Rechner, aber wenn ich mir die Liste der Bands und Künstler anschaue, die alle im Star-Club auftraten, frage ich mich, ob das Clubgeschäft so viel brachte. Es trat fast alles auf, was damals in der Rock-'n'-Roll-Szene Rang und Namen hatte: Fats Domino, Little Richard, Jerry Lee Lewis, Ray Charles sogar mit Big Band. Der Eintritt war nicht sehr hoch und die Drinks nicht zu teuer. Viel konnte da nicht übrig bleiben. Manfred sah zwar nicht so aus, aber er war durch und durch ein echter Rock 'n' Roller. Er liebte die Musik leidenschaftlich. Er hatte doch tatsächlich das echte Bedürfnis, für diese verlorenen Kids etwas Gutes zu tun. Die Musiker liebten ihn alle. Und ich muss sagen, er kümmerte sich auch in fast rührender Weise um sie. Er war wie ein Papa zu ihnen, hatte auch ein Ohr für ihre persönlichen Sorgen, arrangierte hin und wieder kleine Partys für sie. Einigen ging es in Hamburg besser als zu Hause in England.

Auch für die Beatles war die Zeit der morgendlichen Wäsche in Kinotoiletten vorbei. Geschlafen wurde nicht mehr in fensterlosen, kleinen Boxen hinter verschlossenen Clubtüren, sondern in Quartieren gegenüber vom Star-Club, gleich über dem Colibri. Die Einrichtung war sehr einfach und sie schliefen immer noch in Stockbetten, aber es war sauber. Es hingen sogar ein paar Bilder an der Wand, sie hatten richtige Lampen und vor allen Dingen Tageslicht. Trotzdem sahen ihre Zimmer immer wie Ställe aus. Das lag aber nicht an Manfred, sondern an den Bewohnern. Es gehörte eben auch zum Image eines richtigen Rockers. Das hat sich, glaube ich, bis heute nicht geändert: Bierflaschen verstreut zwischen zerknitterten Klamotten, halb ausgepackten Koffern, Zeitschriften und überquellenden Aschenbechern. Als ich meine Freunde in ihrer Bude über dem Colibri besuchte, öffnete ich die Tür und vor mir tat sich ein Bild auf, dass mit dem Wort Unordnung noch milde beschrieben sein dürfte: Socken lagen auf angebissenen Salamisandwiches, Zigarettenstummel in halb vollen Biergläsern, daneben lippenstiftverschmierte Kaffeetassen. Ein paar ungeputzte Schuhe lagen auf einem Kopfkissen, eine Männerunterhose war um den Lampenschirm drapiert und ein Mädchenslip wie eine Trophäe an die Wand genagelt. Im Zimmer hielten sich drei bis vier Personen auf, eine davon war John.

Als ich eintrat, saß er gerade auf seinem Bett. Er hatte nur weiße Unterhosen und Socken an, auf der Nase seine Brille. Er war vertieft in die Fertigstellung einer Zeichnung. Er nickte mir zu.

**»Komm her, was hältst du davon?«** Ich blickte auf das Papier und konnte Jesus mit der Dornenkrone erkennen. Bei näherem Hinschauen stockte mir der Atem. Dieser Christus war nicht nur nackt, sondern hatten einen Pimmel, der ihm fast bis zu den Knien herunterhing. Während John genüsslich mit einer kleinen Nagelschere seinen Jesus ausschnitt und diesen auf ein von ihm vorbereitetes Kreuz aus Pappe klebte, fragte er mich wieder: »Ay, nun sag schon, wie findest du mein Kunstwerk?« Er grinste sein gefährlich boshaftes Grinsen.

»Well, great, ah, yeah, great?«

John amüsierte sich über meine Verlegenheit. Er machte oft seine Späßchen mit mir. Er drückte mir ein weißes Hemd in die Hand.

»Komm, hilf mir diese Klamotten anzuziehen. Nein, anders herum«, bat er mich.

Er schlüpfte so in das Kleidungsstück, dass die Knopfleiste sich auf seinem Rücken befand. Dann zog er ein schwarzes Sakko über, aller-

60

**John predigt zu den Passanten auf der Großen Freiheit**

dings auch wieder verkehrt herum. Wir schauten uns alle fragend an. Er begab sich ins Badezimmer, um sich seine Haare anzufeuchten und einen strengen Mittelscheitel zu kämmen. Er sah total bescheuert aus. Plötzlich hörten wir ihn unverständliche Worte monoton murmeln. Lediglich die Worte »Jesus Christ« waren immer wieder zu erkennen. Er kam langsam und aufrecht aus dem Badezimmer, vor sich trug er in der einen Hand das gebastelte Kruzifix mit der obszönen Zeichnung, in der anderen hielt er eine brennende Kerze. Er schritt auf das geöffnete Fenster zu, durch das Straßenlärm ins Zimmer hereindrang, vermischt mit Musik von der anderen Seite. John kniete auf einen Koffer, den er sich bereits vor das Fenster gestellt hatte. Er streckte beide Arme aus und predigte laut zu den vorbeischlendernden Passanten unter seinem Fenster. Die Kerze stellte er auf das Fensterbrett und mit der freien Hand gab er den Segen. Und nur für diesen Zweck hatte er auch seine Brille aufgesetzt, ohne die er blind wie eine Fledermaus war. Er wollte sich die Reaktion der Passanten nicht entgehen lassen. Dies war alles nun wesentlich mehr als nur ein kleiner Bubenstreich. Irgendeiner von uns versuchte ein gequältes Lachen, aber der Rest verfolgte peinlich berührt Johns Aktion. Was vielen als pure Blasphemie erscheinen mag, war wieder Johns sehr eigene Art, gegen das Establishment und gegen die Vertreter einer Kirche zu protestieren, die Johns Meinung nach »seinen« Jesus seit fast zwei Jahrtausenden als Frontfigur für korrupte Machenschaften missbrauchten. Es war sein Protest gegen Machtgier und Verlogenheit, obwohl er selbst es damals und in diesem Moment wohl kaum so hätte erklären können.

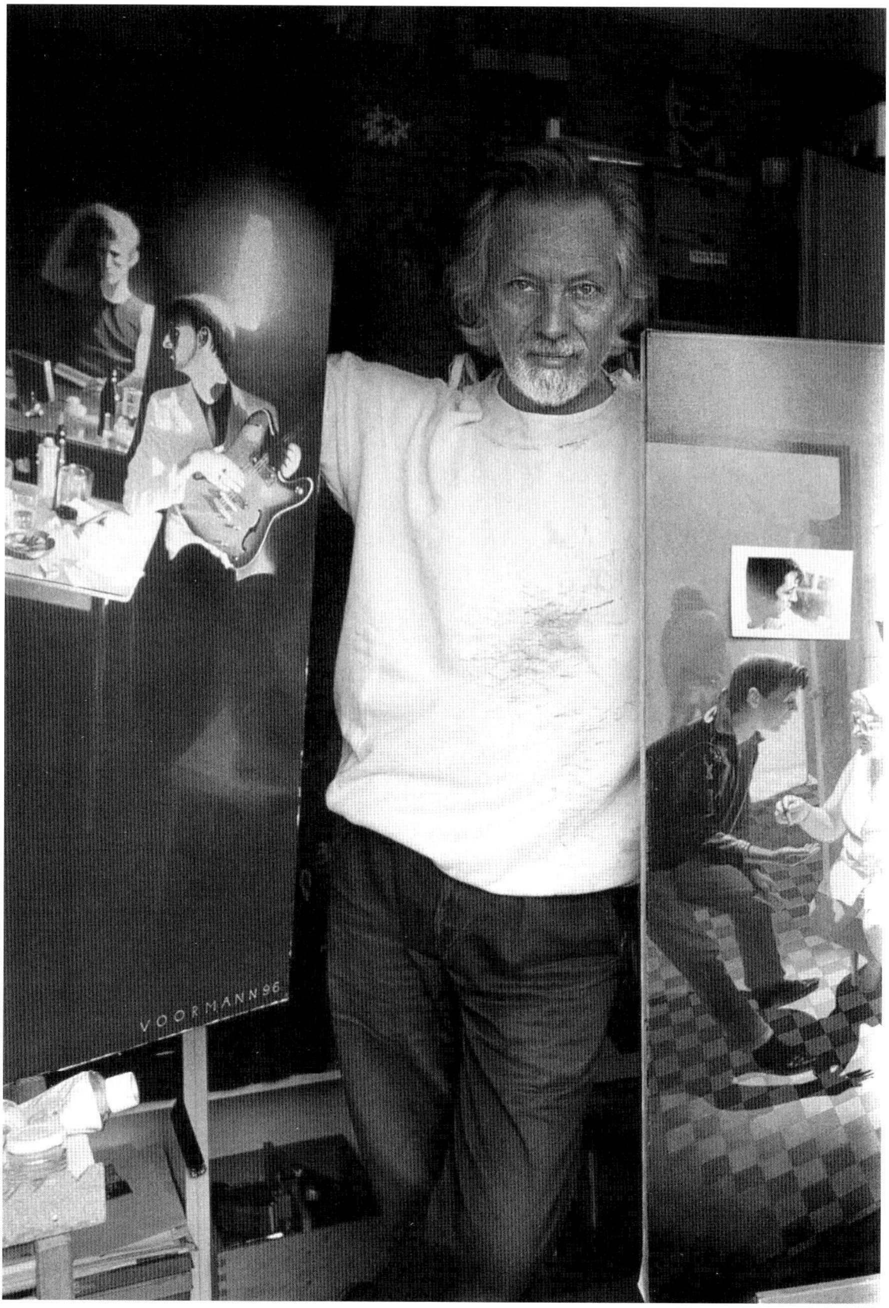
VOORMANN 96

# 3. KAPITEL

## » Frühstück mit John «

**Wie die Verwechslung** von George und Paul im Prolog zeigt, ist das mit der Erinnerung so eine Sache. Sie kann einem grobe Streiche spielen – besonders, wenn sie über vierzig Jahre Zeit dazu hat. Erinnerungen möglichst authentisch mitzuteilen, was dieses Buch versucht, ist eine weitere Schwierigkeit, und manchmal ist es einfacher, sich ein Bild zu machen, als nur zu erzählen. Mit den fotorealistischen Bildern habe ich genau das versucht: Anekdoten und Geschichten so zu illustrieren, dass sie einen lebendigen Eindruck der Geschehnisse vermitteln. Wie aufwändig diese Form der Erinnerung ist, möchte ich in diesem Kapitel erläutern.

Anlass für die Idee dieser Bilder war das Buch-Projekt *Hamburg Days*, ein exklusiver, sehr teurer Bildband in kleiner Auflage für den englischen Verlag Genesis Publications. In ihm sollte die Hamburger Zeit der Beatles aus Sicht von Astrid Kirchherr und mir geschildert werden.

Ich habe nie zuvor eine solche Technik benutzt, es war für mich absolutes Neuland und alles ganz fürchterlich aufregend. Ich wusste genau, wie das Endergebnis aussehen müsste, ich hatte die Motive genau vor mir und konnte an nichts anderes mehr denken. Ich habe sogar geträumt davon und war wie besessen, diese Bilder in meinem Kopf so schnell wie möglich umzusetzen. Es war wie »schwanger sein«, und ich wusste auch, dass erst die »Geburt« der Bilder mir wieder Ruhe in meinem Hirn verschaffen würde. Das Ergebnis musste sehr gut werden.

Aber wie sollte ich das alles umsetzen, ich konnte ja schlecht auf meine alten Tage ein Studium an der Akademie der Bildenden Künste beginnen. Also machte ich mich auf die Suche nach den renommierten, in Deutschland ansässigen Illustratoren und Spezialisten für Fotorealismus wie Helnwein, Renato Casaro, Alfons Kiefer und Gerhard Richter. Ich habe sie fast alle aufgesucht (bis auf Gerhard Richter, den ich ganz besonders verehre. Aber ich wagte es nicht, bittstellend an seine Tür zu klopfen), manche sogar mehrmals, und sie waren alle bereitwillig und äußerst kooperativ. Sie zeigten mir ihre Techniken, Materialien und gaben mir Tipps. Allen voran Alfons Kiefer, mit dem ich dann ja auch zusammen die Cover-Illustration der *Beatles Anthology* machte. Monate habe ich damit verbracht, mit Menschen zu sprechen, mir Schauplätze anzuschauen, ausfindig zu machen, ich habe Tage und Nächte lang Bücher studiert, angefangen bei den alten Meistern wie Rembrandt oder Goya bis hin zu Vertretern unseres Jahrhunderts, besonders Edward Hopper. Die Atmosphäre von *Nighthawks*, mit dem Typen an der Bar, die ganze Stimmung, die da rüberkommt, einfach toll!

Es war eine Art Crashkurs in Sachen Fotorealismus, den ich absolvierte. O Gott, das hat Spaß gemacht, diesen tollen und begabten Menschen über die Schulter gucken zu dürfen! Gleichzeitig quälten mich Zweifel, jemals das hinzubekommen, was in meinem Kopf rumspukte.

**Dann folgte die lange Phase** des Experimentierens, die Techniken und Materialien auszutesten, zu sehen, ob die Farbe schnell oder langsam trocknet, wie die Leinwand reagiert. Ich fing an, die verschiedensten Möglichkeiten auszuprobieren, mit Acryl, Öl, Kreiden, Aquarell. Ich habe in meinem ganzen Leben nicht so viel geflucht wie an einem einzigen Tag in jener Zeit. Mein Ziel war es ja nicht, Helnwein oder Casaro zu kopieren, sondern ich hatte auch den Ehrgeiz, meinen eigenen Stil zu entwickeln. Meine ersten Versuche beschäftigten sich bereits mit Detailarbeit meiner geplanten Motive. Zum Beispiel einem Frühstückstisch. Der Erstversuch hatte allerdings dann nichts mit dem »Frühstücks-Chaoszustand« zu tun, in dem sich Johns Kopf damals tatsächlich befand. Aber bei dem

Experiment ging es lediglich um technische Erfahrungen. Wie bringe ich das Metall des Frühstücksmesser zum Glänzen. Wie bringe ich den Tisch zum »Strahlen«, und so weiter. Diese Experimentierphase dauerte sicherlich ein Jahr. Danach beschloss ich, das Ganze in Öl auf die Leinwand zu bringen. Ich kam damit am besten zurecht (zumindest glaubte ich das damals). Meine Familie und ich sind in der Zwischenzeit dreimal(!) umgezogen.

Wir lebten gerade in Kitzbühel, als ich sagte: GO! Das war Ende 1993. Endlich war ich bereit zu starten, Leinwand und Pinsel warteten begierig. Aber zuerst mussten alle Motive (sechs Bilder waren geplant) nachgestellt und fotografiert werden, und das konnte nicht irgendwo und nicht von irgendwem gemacht werden. Es gab Phasen, da hatte ich große Bedenken, ob dies alles wirklich noch so nachgestellt werden könnte, dass es für mich brauchbar war. Auf der anderen Seite wollte ich aber so schnell wie möglich loslegen, und ich überlegte, ob es vielleicht bei der einen oder anderen Idee sogar ohne vorherigen Fototermin gehen würde. Paul in der Gefängniszelle ist so ein Motiv.

Bei der Durchsicht meiner Notizen für eventuelle Motive stieß ich immer wieder auf eine Geschichte, die uns alle damals doch sehr aufgeregt und mitgenommen hatte. Es war die Sache, als die Jungs mitten auf der Straße von der Hamburger Polizei verhaftet worden sind. Wie ich schon im Prolog erwähnte, war ich immer der Meinung, dass es der liebe kleine Georgie war, den die Polizei für eine Nacht in eine Gefängniszelle platzierte. Was hatte ich damals mit ihm gelitten. Ich habe das Bild 1995 gemalt, als wir nach dem vierten Umzug wieder in Bayern lebten. Als George und ich uns im Winter 1998 nach langer Zeit in Tirol trafen, wurde ich eines Besseren belehrt. Es war Paul, der auf der Gefängnispritsche zu sitzen hatte!

**Für dieses Bild** war keine Fotosession nötig. Ich besorgte mir Fotomaterial vom Hamburger Gefängnis und hier waren Ulf Krüger und Kai Uwe, ein Freund von ihm, sehr hilfreich. Er knipste sogar einige Bilder selbst. Dann baute ich ein kleines Modell, nach-

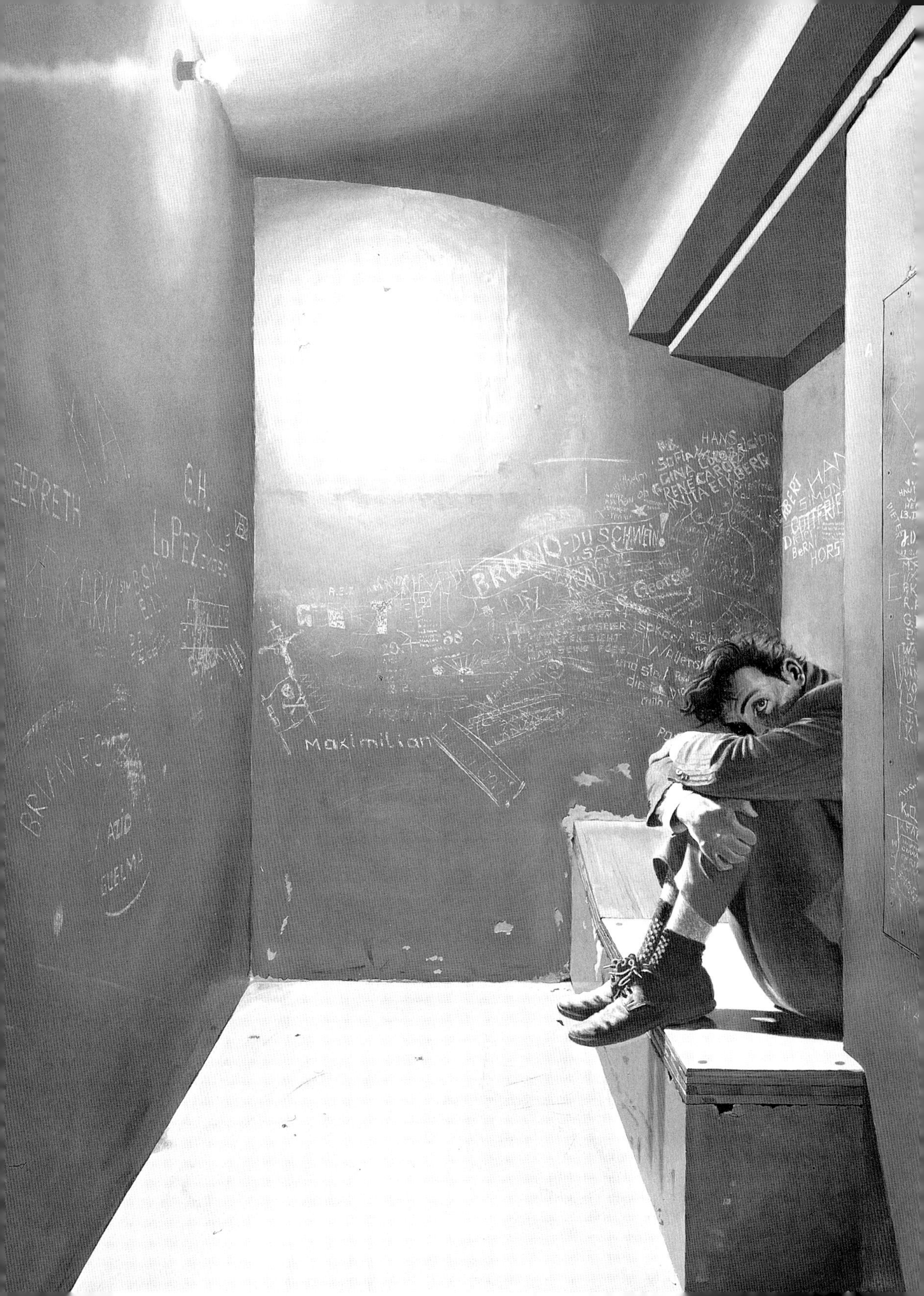
HANS
BRUNO-DU SCHWEIN!
George
Maximilian
C.H.
LoPEZ

dem ich mir genaue Skizzen angefertigt hatte, um den Lichteinfall nachstellen zu können, die reinste Fummelarbeit, aber ich wollte ja wirklich alles so originalgetreu wie möglich nachpinseln. Und dann ging es los, die erste Version mit George und die endgültige und richtige Fassung mit Paul. Um aber die anderen Bilder verwirklichen zu können, musste unbedingt eine Fotosession organisiert und alles professionell abgelichtet werden.

Ich hatte das verdammte Glück, dass der Schwiegersohn unseres Hausbesitzers in Kitzbühel ein bekannter Fotograf war. Toni Ramsl ist seine Name. Er ist nicht nur außerordentlich gut, sondern auch noch ein ganz lieber und hilfsbereiter Bursche und, was hinzukam, ein Fan dieser Epoche, sodass mein Vorhaben kaum einer großen Erklärung bedurfte. Er verstand sofort, was ich wollte. Toni engagierte sich ungemein und opferte zwei Tage seiner teuer bezahlten Zeit, um für das Projekt zur Verfügung zu stehen. Das war natürlich nicht viel Zeit für ein derartiges Vorhaben, und so waren eine Menge Vorarbeiten zu leisten, um herauszubekommen, wie die Session dann ablaufen sollte, wer wo zu sitzen, zu stehen hatte, von welcher Seite das Licht kommen müsste, wo sich die einzelnen Accessoires und Details zu befinden hätten und und und …

**Für Frühstück mit John** wollte ich vorab ausprobieren, wie der Kopf am besten im Teller lag. Dazu brauchte ich jemanden, der seinen Kopf freiwillig auf einen Teller, wenn möglich in ein Spiegelei, legen würde. Wie es der Zufall so wollte, war Christina, meine Frau, gerade dabei, Frühstück vorzubereiten, als ich sie bat, doch mal für mich ihren Kopf auf den Teller zu legen. Eine äußerst unbequeme Haltung, wie sie mir sagte. Und nun begann die langwierige Suche nach Location, Statisten, Mobiliar, Details vom Aschenbecher bis hin zu den richtigen Klamotten.

Eines war nach kurzer Zeit klar: The Rocking Fifties sind ziemlich spurlos an den Tiroler Alpen vorbeigezogen. Das Einzige, was in der Region aufzutreiben war, war ein rosaroter Petticoat. Wir beschlossen, die ganze Aktion nach München zu verlegen. Mittlerweile hatte sich mein Schwager Harry bereit erklärt, für das Recherchieren und Organisieren zur Verfügung zu stehen. Als ehemaliger Musiker kannte er das Top Ten und die Zeit sehr gut. Wenn ich daran denke, dass Toni und Harry als Honorar lediglich Spaß an der Freude verlangten, fühle ich mich noch heute (fast) beschämt. Harry und ein gemeinsamer Freund, Jerry Bürger, ein ganz spezieller Szenekenner dieser Zeit, halfen mir sehr, und so konnte ich mich auch mehr auf das Skizzieren konzentrieren. Das erleichterte nicht nur die Fotosession, vor allen Dingen dienten die Skizzen als Vorgabe für die eigentlichen Ölbilder. Da gibt es dann eine Menge Motivumsetzungen, die gar nicht zum Tragen kamen, zum Beispiel die Treppenperspektive für die *Top-Ten-Klo-Impression*.

Nachdem Harry und Jerry mitwirkten, ging es dann plötzlich sehr schnell. Ich bekam täglich Anrufe von Harry.

»Hey, ich habe ganz tolle Typen als Statisten.«

»Du, Klaus, ich habe Tische und Stühle, die sind fast identisch mit dem Mobiliar von damals.«

»Klaus, da ist ein Mädel, das sieht aus wie Astrids Zwillingsschwester!«

**Am meisten Probleme** verursachte die Location, denn eine gewisse räumliche Ähnlichkeit sollte schon gegeben sein, und ich benötigte wichtige Vorgaben wie etwa eine Bühne, und die wiederum in bestimmter Höhe, denn ein Motiv war ja: John, sitzend auf der Bühne und mit den Beinen ein vollbusiges Mädchen umschlingend, das auf der Tanzfläche stand. Ich habe Tage damit verbracht, nur Räume anzusehen.

Endlich fanden wir das Richtige! Der Raum gehörte (wie passend) der katholischen Kirche. Harry bot sich an, vieles allein vorzubereiten, zumindest was das Set betraf. Als ich mit Toni in München eintraf, waren somit alle Beteiligten bereits da.

Ich werde meinen ersten Eindruck nie vergessen. Ich öffnete die Tür und vor mir sah ich … das Top Ten! Schwere Rauchschwaden, eine Gruppe junger Musiker saß auf der Bühne und improvisierte

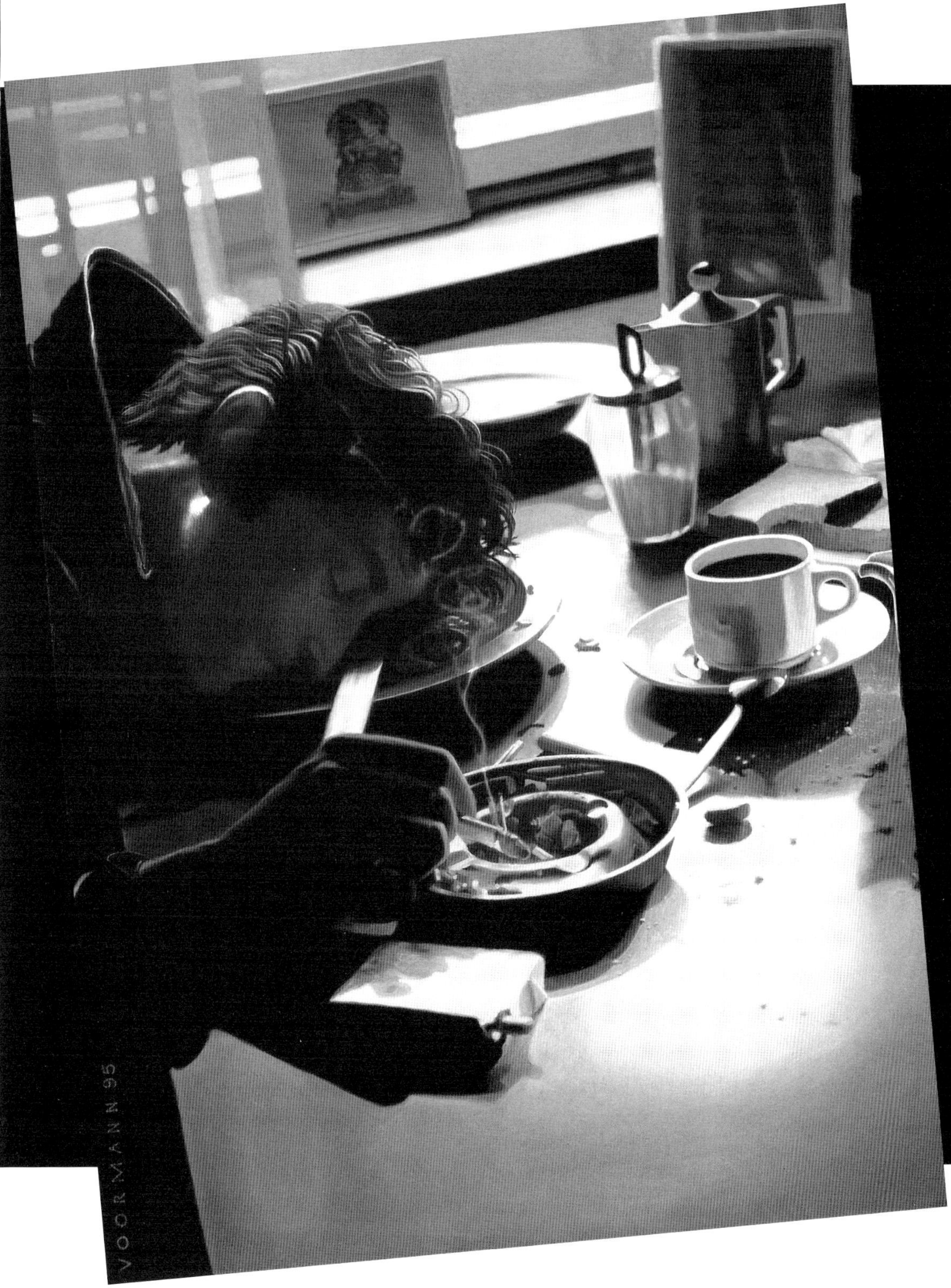
VOORMANN 95

einen Blues, lautes Reden, Lachen, und plötzlich kam eine Gestalt auf mich zu, ein junger Bursche in schwarzen Jeans und Lederjacke, schätzungsweise einundzwanzig Jahre alt. Ich erschrak. Ich konnte nicht fassen, wen ich da auf mich zukommen sah. JOHN!! Vor mir stand John. Zumindest sah der Typ, der auf mich zukam, genauso aus. Er hielt links und rechts jeweils eine original Rickenbacker-Gitarre in der Hand.

»Shall I take the blonde or the black one?« Ich hatte das Gefühl, um vierunddreißig Jahre zurückversetzt worden zu sein, die ganze Atmosphäre wie damals, die Gesichter, die Musik. Ich guckte an mir herab, ob ich nicht auch noch den Schal entdecken würde, den Astrid mir damals oft umgebunden hatte. Als der junge Mensch direkt vor mir stand, registrierte ich dann doch, dass es sich nicht um den leibhaftigen John handelte. Dessen Englisch hatte nicht so bayerisch geklungen.

**Diese Fotosession** war ein absoluter Glücksfall. Es wurde professionell gearbeitet, ohne dass jemals die gute Stimmung verloren ging. Und die Truppe selbst, ja sie war eigentlich genauso skurril wie das Top-Ten-Publikum von damals, ganz wunderbare Menschen.

Da war zum Beispiel Petra Perle. Sie spielte sowohl die Bardame als auch das Girl, dem John von der Bühne herab an die Titten griff. Das Motiv kam dann allerdings doch nicht in die engere Wahl, aber vielleicht mache ich es irgendwann noch einmal. Petra ist bekannt als Münchner Szene-Unikum. Sie stylt sich nur im original Fünfziger-Outfit und ist Begründerin der »Rosaroten Hausfrauen Partei«, deren Slogan »Hausfrauen ins Parlament« den Wählern der letzten Bundestagswahl noch in Erinnerung ist. Und dann Harry, der, fern von seinem rockenden Bassistenimage der früheren Jahre, wie ein preußischer General durch die Menge dröhnte: »Wenn ich um mehr Ruhe bitten dürfte, mehr Disziplin, meine Damen und Herren, mehr Disziplin!« Das war natürlich damals, zu unserer Zeit, im Top Ten etwas anders. »Hey Baby, shake your money maker!«

Das Engagement aller Beteiligten war unheimlich groß, es war, als ob sie alle selbst noch ein kleines Stück von damals erspüren wollten. Sie waren nicht nur Statisten, sie waren die Person, die sie darstellten.

**Trotzdem konnte nicht alles** so umgesetzt werden, wie ich es in meiner Vision sah. Dabei denke ich vor allen Dingen an das Licht der Top-Ten-Club-Szene. Ich meine dieses gleißende, durchscheinende und alles überstrahlende Tageslicht, das jeden Raum und Ort unwirklich und fast überirdisch erscheinen lässt. Das mit Scheinwerfern und künstlichem Licht nachzustellen ist kaum möglich, schon gar nicht innerhalb so kurzer Zeit. Aber ich hatte dies ja alles in meinem Kopf und habe versucht, es dann auf Leinwand mit Öl und Pinsel zu verwirklichen. Das war harte und verbissene Arbeit, aber plötzlich strahlte es von der Leinwand, und ich kam beinahe in Versuchung, beim Malen die Sonnenbrille aufzusetzen. So wirklich war es, seht euch die Bilder genau an, ich glaube, ihr könnt erkennen, was ich meine!

Im Nachhinein betrachtet, war meine Arbeit an diesen Bildern die bislang zeitaufwändigste und arbeitsintensivste. Ich habe vieles dazugelernt, vieles in den Bildern von mir gegeben und vieles durch diese Bilder noch einmal nachempfunden. Die »Hamburg Days«, meine »Hamburg Days«, sie sind tief in mein Herz eingegraben! Zu erzählen, wie es damals denn nun wirklich war, würde ein eigenes vollständiges Buch füllen. Und eine ganze Menge ist ja bekannt, warum soll ich das alles wiederholen. Jeder der Beteiligten hatte oder hat seine eigenen Erinnerungen und Anekdoten, die ihm wichtig sind.

**Die Eindrücke, die am stärksten** in meinem Gedächtnis hängen geblieben sind, habe ich versucht in meinen Bildern festzuhalten. Zum Beispiel die Zeit in den frühen Morgenstunden im Top Ten, wenn der Club fast leer war bis auf Kellner, Barmaid, vielleicht einen Besoffenen, der über dem Tresen hängen geblieben ist, und uns: Astrid, Jürgen, die Musiker. Manchmal war noch der eine oder andere Freund dabei. Diese übernächtigte und oftmals auch aufgedrehte Atmosphäre, das ist doch bis heute als ein besonders intensives Gefühl in mir kleben geblieben.

Ich sehe deutlich zwei Bilder vor mir. Zuerst die Jungs auf der Bühne, noch vor sich hin klimpernd, improvisierend, einfach um sich abzureagieren und den hochgepeitschten Adrenalinpegel etwas zu senken. Man saß einfach da, hörte zu, döste vielleicht auch vor sich hin, dieses ruhige und gute Gefühl von Zusammengehörigkeit und wirklicher Freundschaft.

**Und dann öffnet plötzlich jemand** die breite Tür und ... WOOMPF! ... das Tageslicht schmettert herein und versucht sich den Weg durch die dicken Rauchschwaden zu bahnen, verwandelt alles in Nüchternheit und Blässe. Was sich Minuten vorher noch eng umschlungen und fern vom Hier und Jetzt befand, endete plötzlich und geblendet. Da sah manch Sechzehnjährige ganz schön alt aus. Zeit zu gehen!

Es war auch eine dieser Morgensessions, die dazu verlockte, mich vor die Bühne zu setzen, Stuarts Bass in die Hand zu nehmen und ein paar Akkorde mitzuzupfen. Ich hatte davor niemals in einer Band gespielt ... Okay, ich konnte ganz gut Klavier spielen und hatte auch etwas Ahnung von Harmonielehre, aber mehr als ein paar Akkorde, die ich hin und wieder auf einer Akustikgitarre vor mich hin zupfte, hatte ich nicht drauf. Ich war auch viel zu schüchtern, um überhaupt eine Band zu fragen, mitspielen zu dürfen. Aber an diesem Abend oder besser gesagt Morgen packte mich die Lust. Es war das erste Mal, dass ich eine Bassgitarre in meinen Händen hielt ... ein unbeschreibliches Gefühl ... wie eine Vision ... und ich war mir ganz deutlich bewusst, ich will nur noch das machen, auf der Bühne stehen, Bass spielen. Ich wollte Musik machen. Man sieht eine dunkle Gestalt vor der Bühne mit einem Instrument in der Hand sitzen. Das bin ich.

**Von da an begann** sich mein Leben zu verändern. Es wird oft geschrieben, dass unsere Clique starken Einfluss auf die Band ausgeübt hätte. Manchmal hört es sich fast so an, als ob die »armen Liverpooler Jungs« durch uns die Zivilisation kennen gelernt hätten, so wie Tarzan, als er aus dem Dschungel kam. Das mag vielleicht auf das Outfit zutreffen, aber ich dagegen muss sagen, dass ihr Einfluss wesentlich stärker auf uns wirkte.

Ich, der aus angesehenem, gutbürgerlichem Hause kam, in dem es verpönt war, das Wort Rock 'n' Roll auch nur zu denken, war fasziniert von der Natürlichkeit und der Echtheit dieser englischen Musiker. Ich liebte dieses Erdige und Satte und durchaus auch Sinnliche. Ich schätzte ihre aufrichtige, weltoffene Art und diesen kraftvollen Optimismus. Vielleicht wäre es treffender zu sagen, dass nicht wir das Leben der Beatles nachhaltig und wesentlich beeinflusst haben, sondern umgekehrt. Zumindest kann ich das für meine Person behaupten.

**Wir verbrachten sehr viel Zeit** in den Clubs. Ich gehörte nie so zu den Hauptakteuren, ich entschied mich für die stille, beobachtende Rolle. Aufzufallen war mir unangenehm. Astrids langer Schal hatte da oft gute Dienste geleistet, man konnte so gut das Gesicht verbergen. Ich fand es immer schon faszinierend, was sich an Nebenschauplätzen abspielte. Öffentliche Toiletten sind so ein Beispiel. Clubtoiletten dienen nicht nur der Erleichterung, sondern auch der Kommunikation jeglicher Art, was ja oftmals auch eine Art Erleichterung sein kann. Für Letzteres waren besonders die Klofrauen empfänglich, meist ältere Frauen, die immer das Richtige parat hatten: tröstenden Zuspruch, mütterlichen Rat oder einfach nur ein offenes Ohr, wenn einer was auf dem Herzen hatte. Sie hörten gern zu und wussten immer den neuesten Tratsch. Wenn

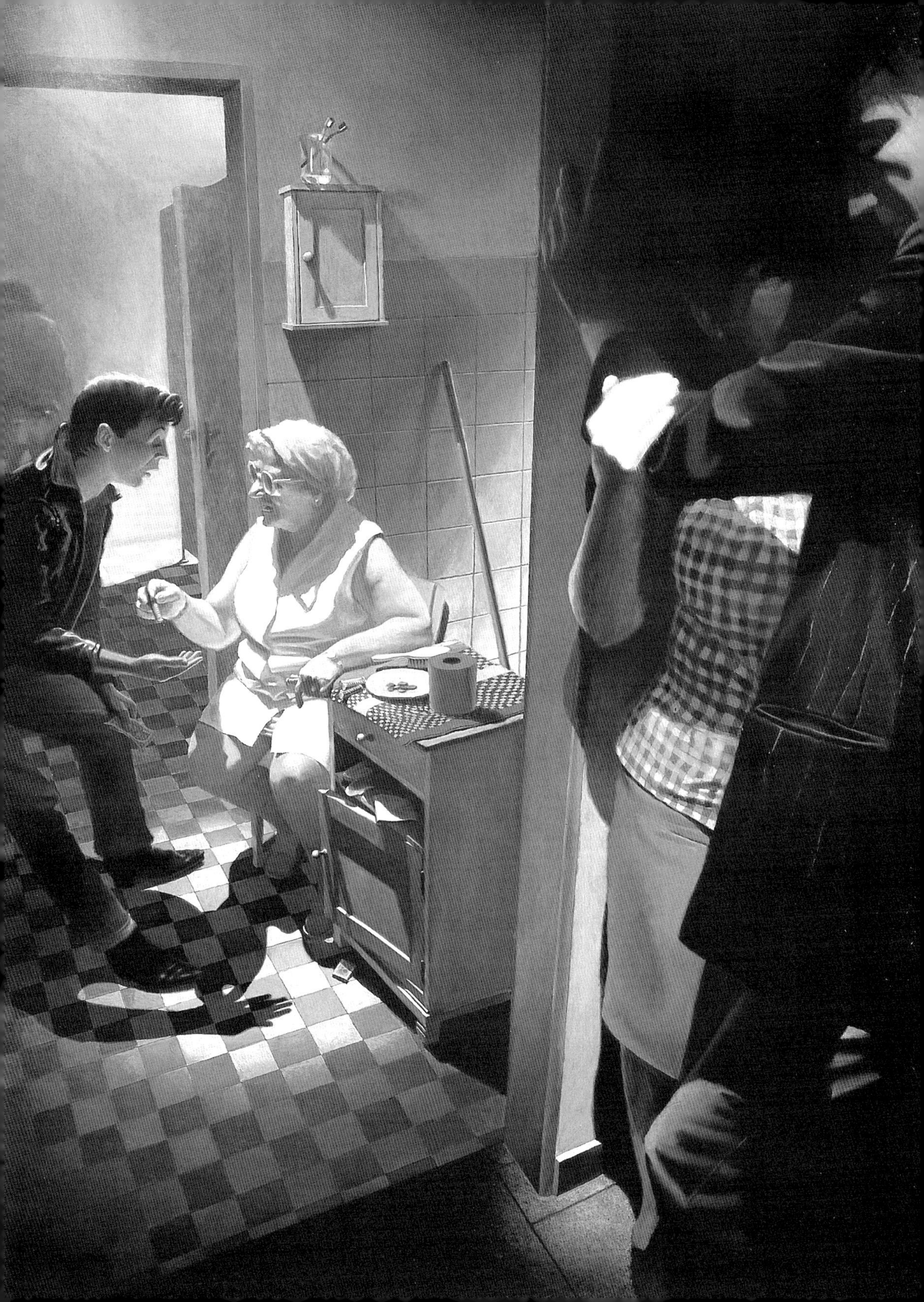

jemand Liebeskummer hatte, war auch sofort ein Taschentuch parat. In der Schublade hatten sie alles, was man so zum Leben benötigte: Kondome, Schnäuztücher, Klopapier und ein gutes Pillensortiment. Uppers, Downers, was immer auch angesagt war.

**Das war nicht anders** im Top Ten, dafür war dann Muttchen zuständig. Sie saß da, gutmütig und lächelnd, zwischen knutschenden Liebespaaren und pinkelnden Besoffenen. Paul war ihr ausgesprochener Liebling, das konnte keiner übersehen. Wenn er vorbeikam, freute sie sich besonders. Da gab es zum Präludin dann auch noch ein besonders liebes Wort. Sie tätschelte seinen Arm, während er sie anstrahlte, als säße Brigitte Bardot vor ihm: »Alles klar, Muttchen?«

Was für eine Frage. Wenn Paul bei ihr war, war bei Muttchen immer alles klar. Er durfte sogar mit seiner Freundin für mehrere Wochen auf ihrem Hausboot wohnen. Das war schon eine ganz besondere Ehre. Paul war aber auch ein unwiderstehlicher Charmeur, damals schon. Er hatte einfach diesen lausbubenhaften, fröhlichen Dreh raus. Und wenn er lächelte und seine Grübchen mit den Augen um die Wette strahlten, da wurden fast alle schwach, bis auf wenige, wie John.

»Schau ihn dir nur wieder an. Nicht auszuhalten, dieses Gesülze.«

Nachdem wir die Beatles kennen gelernt hatten, stellten sie uns nach und nach all den anderen Bands vor, und es dauerte gar nicht lange, da gehörten wir dazu. So wie es üblich war, dass sich alle in den Pausen oder auch nach dem Gig zu uns an den Tisch setzten. Es war ganz selbstverständlich, dass wir uns auch in deren Garderobe aufhielten. Da war immer was los … ein Kommen und Gehen. Manchmal stand auch Bruno Koschmieder, der Inhaber des Kaiserkellers, an der Tür, mit seinem typisch verkniffenen Gesicht, um zu überprüfen, ob denn auch alles in Ordnung sei, was immer er auch darunter verstand.

Clubgarderoben sind meist hässliche, kleine, dunkle, ungemütliche Räume, und trotzdem ist da dieses Gemisch aus Lampenfieber, Erregung und all den verschiedenen typischen spannungsgeladenen

Emotionen, die jeden Bühnenauftritt begleiten, der Geruch von Haarspray, leeren Bierflaschen, Schweiß und vollen Aschenbechern: Es hat für den Außenstehenden und Nichtmusiker immer etwas Aufregendes und Kribbelndes. Man verschmilzt buchstäblich mit den Aktiven, den Musikern und Sängern, und ist plötzlich ein Teil davon. Du nimmst eine Gitarre in die Hand, und plötzlich hast du dieses »Ich bin ein Spitzentyp«-Gefühl. Das muss etwas mit Magie zu tun haben.

Ich erinnere mich noch genau an einen dieser kleinen, unscheinbaren Fans, die immer zuhauf die Garderoben belagerten. Er war ziemlich klein und wirkte enorm verklemmt, sah ein bisschen aus wie Woody Allen, nur statt roten Haaren waren seine fast schwarz und ganz kurz geschnitten. Er hing oft in der Garderobe herum. Keiner wusste so richtig, woher er kam, was er wollte, was er machte. Das spielte auch keine Rolle. Ich glaube, er nannte sich Herty oder so ähnlich. Er hielt sich meist ruhig im Hintergrund, sprach kaum, noch weniger als ich. Manchmal beobachtete ich ihn, wenn er Johnny Guitars Gitarre nahm. Es war ein merkwürdiges, kleines Instrument, ich weiß bis heute nicht, was es für ein Gitarrentyp war. Egal, sie hatte einen teuflisch guten Sound, ja, teuflisch ist das richtige Wort. Jonny spielte auch wie ein Teufel. Und da sind wir wieder bei diesen merkwürdig magischen Vorgängen. Immer wenn dieser Herty heimlich Johnnys Gitarre in die Hand nahm, veränderte sich sein Gesichtsausdruck. Sein Blick wurde selbstsicher, fast überheblich, sobald die Finger über den Gitarrenhals glitten.

**Irgendein Groupie** sagte mal zu mir: »Gitarristen sind die geilsten Musiker. Der Gitarrenhals ist ihr verlängerter Penis. Für mich muss der Typ gar nicht gut aussehen oder besonders klug sein. Er muss nur eine Gitarre in der Hand halten und natürlich auch spielen können, dann krieg ich schon ein nasses Höschen.«

Diese kleinen schmutzigen Musikergarderoben sind kleine magische Inseln. Man kann sie entweder total ablehnen, und dann geht man auch nie wieder hin, oder man ist dieser anrüchigen Atmosphäre verfallen. So erging es auch uns. Ich hatte immer das Gefühl, Teil

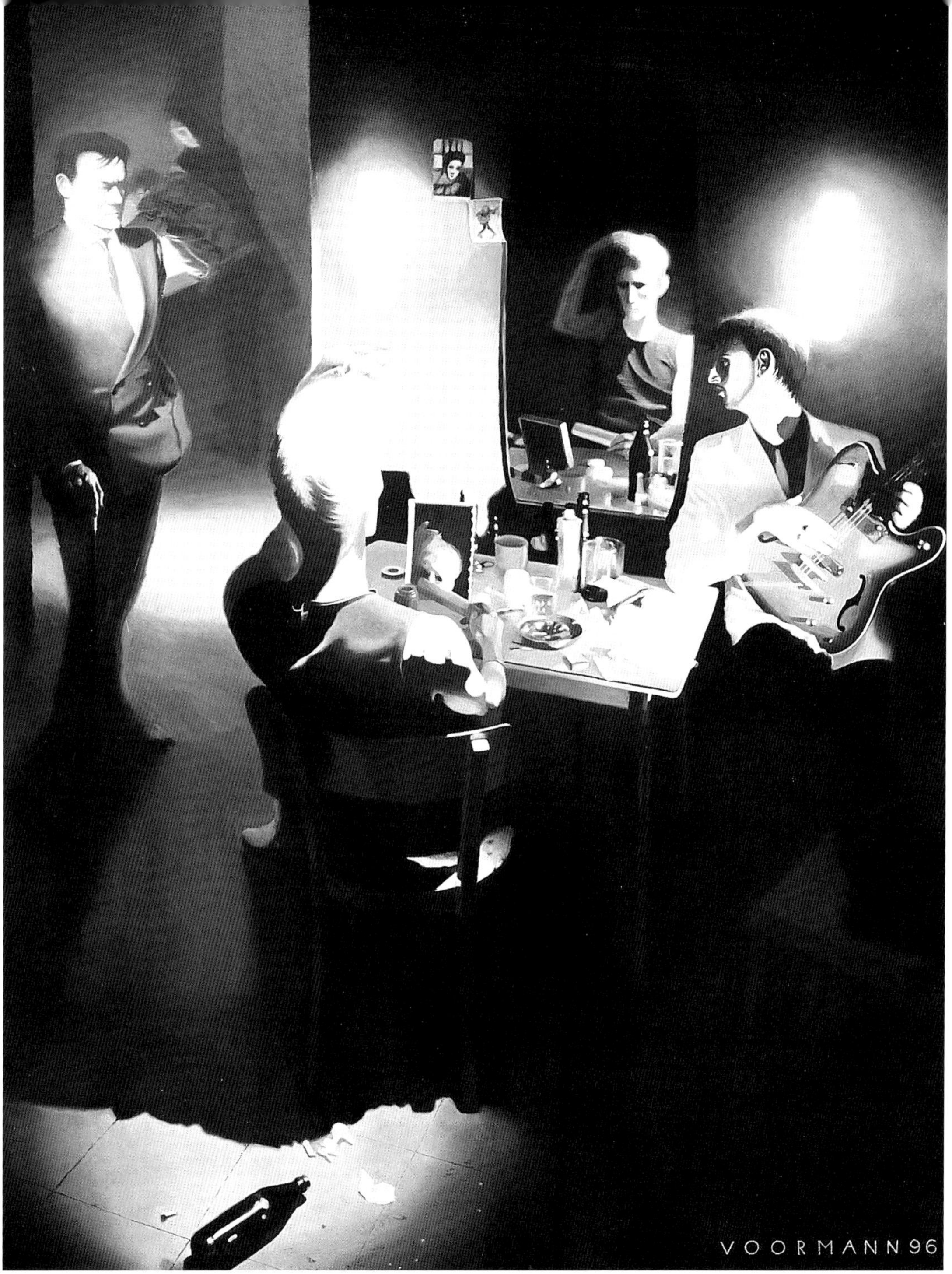
VOORMANN 96

einer Verschwörung zu werden. Diese kleine schmutzige Garderobe gegen den Rest der Welt. Garderoben sind Sammelplatz skurriler und schriller Typen. Ein Marktplatz verklemmter und deutlicher Eitelkeiten, hochgeputschter Emotionen und unberechenbarer Gefühlsausbrüche.

**Ich sehe noch ganz deutlich** Rory Storm vor mir, wie er, sage und schreibe, eine volle Stunde an seiner Frisur herumfingerte. Wobei Frisur eigentlich gar nicht der richtige Ausdruck ist. Es war ein Kunstwerk aus hellblonden, zugekleisterten Haaren, ein Turmgebilde, das Rorys akrobatischen Rock-'n'-Roll-Verrenkungen in jeder Phase standhielt. Also, Rory fingerte an seinen Haaren herum. Ringo saß daneben, klimperte auf der Gitarre, und jedes Mal wenn Rory fragte »Do I look o.k.?«, guckte Ringo mit Cockerspaniel-Blick langsam hoch, erst zu Rory, dann in den Spiegel.

»Yeah, great Rory, you're looking great, really great!« Dann klimperte er wieder weiter und Rory begann von neuem, an seinem blonden Haarturm herumzustylen, der von Mal zu Mal höher wurde. Das wiederholte sich innerhalb dieser Stunde ungefähr zwölfmal. Das war nicht nur an diesem Abend so. Es war ein Ritual, an dem auch nur Ringo teilhaben konnte.

Rory hatte Probleme, zu sprechen, und stotterte viel. Er hatte eine schwere Kindheit hinter sich, wie so viele dieser Liverpooler Kellerkinder. Der Rock 'n' Roll war wie eine Therapie für sie alle. Bei Rory war das ganz deutlich jeden Abend zu sehen. Privat brachte er kaum einen Satz vollständig heraus, stand er dagegen auf der Bühne, floss ihm der Text problemlos über seine Lippen. Dann war er in seinem Element und fühlte sich sicher ... but you can't go through life, singing all the time. Poor Rory, er sah gut aus, hatte auf der Bühne Charisma und viele bewunderten ihn, aber mit dem Privatmenschen Rory hatten wir alle Mitleid, wir fühlten, *he was not quite in tune with himself*. Keiner konnte damals sein schreckliches Ende ahnen: Er nahm sich das Leben.

George (verdeckt) und ich unter südlicher Sonne

# 4. KAPITEL

## Der letzte Sommer der Unschuld

**Rockmusiker werden gern** und zu Recht mit Sex und Drogen in Verbindung gebracht. Exzessives Leben erhöht die Suchtgefahr. Andererseits würde die Tatsache, dass es in dem Geschäft auch viele brave und nüchterne Kolleginnen und Kollegen gibt und gab, so manchen Fan wohl enttäuschen. Wer nicht exzessiv lebt, kann auch kein richtiger Rockmusiker sein. Stimmt natürlich nicht. Auch ich war nie ein Heiliger, allerdings auch kein Drogenfreund. Die harten Sachen kamen für mich nie in Frage. Ich hatte einfach zu viel Angst davor, die Kontrolle über mich zu verlieren, und so beschissen fand ich das Leben nun auch wieder nicht, dass ich mich unbedingt täglich zudröhnen musste.

In der Hamburger Zeit begann es ganz harmlos mit Alka-Seltzer zum Frühstück, dann Preludin zum Durchhalten, später war der Joint über viele Jahre selbstverständlich, auch LSD wurde ausprobiert, aber zumindest von mir schnell wieder gelassen.

Das war bei vielen meiner Freunde anders. Und die Beatles machten keine Ausnahme, das ist kein Geheimnis.

Meistens sind es dann unangenehme Erfahrungen und Trips, die einen dazu bringen, einen Sicherheitsabstand zu einer bestimmten Droge einzuhalten. Diesen Abstand hielt ich zu Alkohol nach einem Erlebnis, das ich auf Teneriffa hatte.

Meine Eltern besaßen ein Grundstück auf einer kanarischen Insel. Sie hatten 1962 damit begonnen, ein kleines Haus darauf zu bauen. Es stand auf einem Hügel, genannt »Montanetta«, nahe der Stadt Puerto de la Cruz im romantischen Orotava-Tal. Man hatte einen überwältigenden Blick über das gesamte Tal bis hin zum Atlantik. Das

Haus befand sich noch im Rohbau, aber man konnte es, wenn man bescheiden war, bewohnen.

**Nachdem ich ohne Job** nach Berlin zurückgekehrt war, bat mein Vater mich, bei der Fertigstellung des Hauses zu helfen und die Fortschritte am Bau zu kontrollieren. Er selbst hatte damals noch eine gut gehende Arztpraxis in Berlin und hatte keine Zeit, dem Bauleiter samt Mannschaft persönlich auf die Finger zu gucken. Also übernahm ich die Aufgabe. Darüber hinaus gab er mir den Auftrag, das Haus einzurichten, also Möbel, Lampen, die gesamte Einrichtung auszusuchen, was mir großen Spaß bereitete. Ich liebte diesen kargen und trotzdem heimeligen spanischen Landhausstil. Ich fühlte mich dort sofort wohl, auch wenn es an komfortablen Details wie Strom vorerst noch mangelte. Für die Arbeit wurde ich von meinem Vater mit einem kleinen Austin-Healey-Sportwagen belohnt, mit dem ich die Insel auskundschaftete.

Ursprünglich sollte Astrid mich begleiten und mir beim Einrichten helfen. Sie hatte schon immer ein besonders geschmackvolles Händchen für derartige Dinge. Leider konnte sie nicht gleich mitkommen, versprach aber, mir nachzureisen. So traf ich mit ihr die Abmachung, mir so lange die Haare nicht mehr zu schneiden, bis sie bei mir in Teneriffa wäre. Hätte ich gewusst, wie lange es dauern würde, bis sie käme, wäre ich auf diesen Deal nie eingegangen.

1963 erkannte man einen anständigen jungen Mann immer noch an seinem adretten Kurzhaarschnitt, besonders im konservativen Spanien und erst recht auf einer Insel wie Teneriffa mit eigenen Gesetzen und Verhaltensweisen. Mit Entsetzen wurde meine immer länger werdende Haarpracht, die bis zu Astrids Eintreffen Schulterlänge erreichte, von den Insulanern kommentiert und betrachtet.

Trotzdem fand ich schnell Freunde auf der Insel. Nicht weit von unserem Haus wohnte ein deutsches Ehepaar, Alfred und Maria, das mit meinem Vater gut bekannt war. Weil sie wussten, dass meine Kücheneinrichtung aus einem Campingkocher bestand, und weil Alfred meinem Vater versprochen hatte, sich um mich zu kümmern,

**Ich mit langen Haaren, meinem Flitzer und unbekanntem Hund**

luden sie mich oft zum Essen ein. Maria war zwar wesentlich älter als ich, aber durchaus attraktiv: blond und auf mollige Art sexy, für den, der darauf stand. Mein Typ war sie nicht, aber ich merkte gleich, dass ihr Interesse nicht nur darin bestand, meinen Hunger nach Paella und gebratenem Fisch zu stillen. Ihre Nähe machte mich unruhig, was vor allem an ihrem aufdringlichen Duftgemisch von Chanel N° 5, kanarischem Wein und Knoblauch lag. Überhaupt trank sie wie viele wohlsituierte Inseldamen gern und viel Rotwein. Vielleicht half ihr das über unerfüllte Träume hinweg, denn das traumhafte Inselleben kann schnell eintönig und frustrierend werden.

**An diesem Abend fragten sie** mich wieder einmal, ob ich nicht zum Essen kommen wollte. Für ihn ein Weg, sein Versprechen einzuhalten, für sie eine neue Chance, sich an mich ranzumachen. Dabei helfen sollte ihr der schwarze Stier »Fundador«, ein Brandy mit heimtückischer Wirkung. Statt Kaninchen und Schafskäse gab es diesmal ein traditionelles Gericht, das man in den einfachen Hafenkneipen gern ahnungslosen Touristen servierte. Es besteht vor allen Dingen aus zwei Arten von Schoten: süßen und extrem scharfen, die in einer großen Pfanne gebraten werden. Aus ihr essen dann alle mit den Fingern. Es schmeckt köstlich. Der Haken dabei ist nur, dass man zwangsläufig hin und wieder eine scharfe Schote erwischt, die jedem das Wasser in die Augen treibt. Weil man die Schoten in der Pfanne nicht mehr unterscheiden kann, bleibt einem dann vor Überraschung und Schärfe die Luft weg. Es entwickelte sich fast zu einem Männersport, die Schote unter Tränen zu schlucken und dann weiter in der Pfanne zu fingern, bis die nächste kam. Es hatte etwas von russischem Roulette.

Maria hatte die merkwürdige Idee, an diesem Abend das Essen mit einem Spiel zu verbinden. Nennen wir es »Schotendrehen«. Jeder, der auf eine scharfe Schote biss, musste ein Kleidungsstück loswerden. Es wurde viel gelacht und viel Brandy getrunken. Innerhalb kürzester Zeit wurde unsere kleine Runde immer lauter und schweißgebadeter. Erst flog Alfreds Krawatte in die Ecke, dann Marias Bolero. Ich hatte Glück. Nachdem wir die Pfanne gelehrt hatten und ich immer noch fast vollständig angezogen war, erhöhte Maria den Einsatz. »Komm, lass uns Flaschendrehen spielen.« Marias Stimme überschlug sich fast. Ihr Mann Alfred lag auf seinem Stuhl und konnte nur noch mit Mühe die Augen offen halten. Flaschendrehen, mir schwante Übles. Maria rückte immer näher, ihre Hände waren bald überall. »Komm schon, Klaus, zieh endlich dein Hemd aus.« Alfred saß bereits ohne da und sein weißer Wabbelbauch wirkte nicht unbedingt animierend. Also trank ich noch was, während Maria sich in ihrem schwarzen Spitzenbüstenhalter an mich drängte. Irgendwann riss bei mir gnädigerweise der Film.

**Als ich aufwachte** lag ich nackt auf dem Sofa im Wohnzimmer. Aus dem ersten Stock drangen Gepolter und Marias Schreie. »Du verdammte Hure!«, hörte ich Alfred schreien, und kurze Zeit später stürmte er die Treppe runter, packte mich und warf mich aus dem Haus. Er öffnete noch einmal die Tür, um mir meine Klamotten einzeln nachzuwerfen. Danach war es mäuschenstill, bis auf die Vögel, die um mich herum im Frühmorgenlicht spöttisch zwitscherten. Ich zog schnell Hemd und Hose an und schlich dann wie ein geprügelter Hund davon. Mein Kopf dröhnte, und ich sehnte mich nach einer erfrischenden Dusche. Auf dem Weg zu meinem Haus überquerte ich felsiges Gelände, durch das ein kleiner Bach floss. Ich legte mich samt Kleidung in das eiskalte Wasser.

**Mit den Beatles verbindet** man ganz bestimmte Orte. An erster Stelle steht natürlich Liverpool, gefolgt von Hamburg und London. Wenn ich an die Jungs denke, denke ich auch an Teneriffa. Die Insel symbolisiert für mich die letzten Tage ihrer Unschuld. Auf Teneriffa verlebten die Beatles zum letzten Mal in ihrem Leben unbeschwerte Tage als ganz normale junge Menschen, ohne Menschenauflauf und Gekreische. Nach diesem Frühling 1963 war nichts mehr wie zuvor.

Es war Anfang April. Meine Freunde hatten mit ihrer Single »Please Please Me« die Charts gestürmt und ihre erste LP fertig gestellt, als ich einen Brief von Paul erhielt.

*»Dear Klaus, Hello – I wrote to Astrid for your address and she sent me the envelope – I think she's angry with us, but then again she may not be. We thought that – as we're going for a holiday on the 28th April we would all come and see dear old Klaus in Tenerife, because we need the sun to*

*keep us healthy ... We're doing fine here in England, our record is doing great (no. 3!!) and we've just recorded an L.P. We'll bring it when we come. Do you mind if we come up to your house for a bit? And we can see dear old Klaus again after many years. Anyway we're all looking forward to coming to Tenerife and if you write back, I'll be able to send you the time and days when we'll be there. Ta-Ta- goodbye etc. ... Paul«*

**Es waren zwei linierte Seiten,** auf denen Paul mir mit Füllfederhalter mitteilte, dass er, George und Ringo Urlaub bei mir in Teneriffa machen wollten. John zog es vor, mit Brian Epstein nach Barcelona zu reisen. Ich war ganz aus dem Häuschen und schrieb Paul sofort zurück. Genau das brauchte ich nach dem Horror-Flaschendrehen mit Alfred und Maria. Paul kündigte schließlich ihre Ankunft für den 28. April an. Kurz zuvor kam auch Astrid endlich. Die Maschine, mit der sie kam, hatte Verspätung. Als sie mich am Flughafen mit meiner Mähne sah, dachte sie zuerst, ich hätte mir zum Spaß eine Perücke aufgesetzt. Das Erste, was sie deshalb natürlich machte, war das, was sie immer gemacht hatte, als wir noch zusammen in Hamburg waren: Sie schnitt mir die Haare. Danach bereiteten wir die Zimmer für unsere englischen Freunde vor, und Astrid richtete alles sehr gemütlich und liebevoll ein. Darin war sie immer schon eine Weltmeisterin.

Astrid und ich begaben uns an besagtem Tag zum Flughafen bei La Laguna. Wir waren sehr aufgeregt und fuhren viel zu früh los, um auch ja pünktlich dort zu sein. Nervös, ungeduldig und voller Vorfreude liefen wir im Flughafen auf und ab. Aber die Maschine kam nicht wie angekündigt. Keiner wusste, was los ist, und man hörte die unterschiedlichsten Versionen. Wir machten uns große Sorgen. Der Gedanke, es könnte ihnen etwas zugestoßen sein, quälte uns. Irgendwann erzählte jemand etwas von einem Unfall und meinte, die Passagiere der verspäteten Maschine würden sich derzeit in Gibraltar befinden. Es wurde Abend, es wurde Nacht, und wir standen immer noch da. Ein Flughafenangestellter bat uns, das Gebäude zu verlassen. Wir waren wie vor den Kopf gestoßen. Es blieb uns nichts anderes übrig, als wieder nach Hause zu fahren. Aber dort angekommen, konnten wir nicht schlafen. Wir waren zu aufgewühlt. Nach ein paar Gläsern Rotwein legten wir uns dann doch hin. Mitten in der Nacht hörten wir Motorengeräusche. Plötzlich klopfte jemand an die Tür. Erschrocken rannte ich aus meinem Zimmer, auf das Schlimmste vorbereitet: Polizei, die uns eine traurige Nachricht überbringt oder so etwas Ähnliches. Ich riss die Tür auf und vor mir standen grinsend und feixend George, Paul und Ringo! Wir fielen uns in die Arme, lachten und johlten und tanzten durchs ganze Haus. Weil wir immer noch ohne Strom waren, hatte Astrid überall Kerzen platziert, die sie jetzt anzündete und die die Räume in ein sanftes, romantisches Licht tauchten. Nur schade, dass John nicht da war. Ich öffnete ein paar Flaschen Wein, und dann erzählten die Jungs von ihrem abenteuerlichen Rundflug, der sie mit stundenlanger Verspätung dann doch noch heil nach Teneriffa gebracht hatte.

**Die Wiedersehensfreude** war wirklich riesengroß. Wir hatten uns lange nicht gesehen und eine Menge war passiert. Keiner von uns hätte damals in Hamburg jemals an einen solchen Erfolg der Beatles geglaubt. Und dabei ahnten wir ja nicht, wohin das alles noch führen würde. Paul, George und Ringo waren vollkommen überdreht und schnatterten alle durcheinander. George zog aus seiner Tasche eine Platte und legte sie auf den Tisch.

»Und? Wie findet ihr unsere Scheibe?« Astrid und ich wussten nicht, wie wir sie finden sollten, schließlich hatten wir sie noch nicht gehört. Als Paul das hörte, rief er: »Was? Hey, das ist die Single, die im Moment Nummer 2 ist und nächste Woche Nummer 1!« Sie waren so aufgeregt und konnten ihren Erfolg selbst noch gar nicht so richtig fassen. Und ich weiß noch, wie ich dachte, dass man ihnen schon in dieser frühen Phase ihrer Karriere den Tour- und Erfolgsstress ansah. Die Monate zuvor hatten sie ausschließlich auf der Überholspur des Lebens zugebracht. Man hatte ihnen kaum Zeit zum Luftholen gelassen. Sie wirkten trotz aller Euphorie müde und mitgenommen, waren offensichtlich urlaubsreif. Reif für die Insel. Auch Astrid war besorgt. Sie war noch so jung, aber sie hatte immer schon diese mütterliche und fürsorgliche Ader. Und so, wie sie ihre Jungs ansah, wusste man gleich, dass sie alles unternehmen würde, die drei innerhalb der nächsten Tage richtig aufzupäppeln.

So saßen wir stundenlang im Kerzenschein zusammen und tauschten Erinnerungen und Geschichten aus. Als dann keiner mehr so richtig die Augen offen halten konnte, kam George zu mir und flüsterte: »Gehört dieser kleine schnuckelige Sportwagen da draußen dir?«

»Ja, das ist meiner. Sieht gut aus, was?«

»Meinst du, ich könnte noch mal schnell so eine ganz kleine Spritztour machen, bevor ich schlafen gehe?«

Ich wusste, dass George verrückt nach Autos und speziell nach Sportwagen war. Jahre später sollte er einmal im Rennwagen von Sterling Moss ein Benefizrennen fahren. Ich wusste aber auch, dass George ein besonders guter Fahrer war, dem man sogar um fünf Uhr morgens nach zwei Flaschen Wein noch sein Auto anvertrauen konnte. Ich konnte ihm die Bitte nicht abschlagen, sondern begleitete ihn auch. Und so fuhren wir beide im offenen Sportwagen dem Sonnenaufgang entgegen. Wir sprachen kein Wort, sondern lauschten nur dem Motorgeräusch meines kleinen Austins, der, so kam es mir zumindest vor, so ganz anders klang als sonst. Ich glaube, der Motor summte sogar »Please Please Me« auf Spanisch. Später rollten wir wieder leise auf das Haus zu. Er schaltete sogar die Scheinwerfer aus, um weder die Nachbarn noch unsere schlafenden Freunde zu stören. Typisch Georgie.

**Ich kannte ihn** als einen der rücksichtsvollsten Menschen überhaupt. Später sollte sich George intensiv mit der indischen Yogalehre befassen, die weit über die in unserem westlichen Kulturkreis bekannten Körper- und Atemübungen hinausgeht. Heute glaube ich, dass George schon damals die Fundamente dieser Lehren in sich trug. Ihre Übungen und Meditationstechniken dienen letztlich nur dazu, den Menschen auf den richtigen Weg zu führen. Sie sind lediglich Hilfsmittel, um achtsamer und bewahrender mit sich selbst und seiner Umgebung umzugehen und so Weisheit zu erfahren. George hatte schon sehr früh Zugang zu diesen Dingen. Man merkte es an diesen kleinen Gesten und Achtsamkeiten.

Nach unserer Spritztour fiel er glücklich ins Bett, und Minuten später hörte ich ihn bereits leise schnarchen.

Am Morgen krabbelte einer nach dem anderen aus den Federn, um dann mit zusammengekniffenen Augen das Panorama zu bewundern.

»Das sieht ja aus wie in einem Elvis-Film«, krächzte Ringo. Der Blick war für die drei, die außer ihrer Zeit in Hamburg nie aus England herausgekommen waren, wirklich überwältigend.

Ich sehe sie vor mir, als wäre es gestern gewesen: in ihr Bettzeug eingewickelt und mit offenem Mund in der Morgensonne stehend. Ihre Gesichter hatten einen verzückten und gleichzeitig kindlich erstaunten Ausdruck, als wollten sie sagen: »Was passiert hier mit uns, wo sind wir, und was kommt als Nächstes?«

**Für Astrid und mich** waren sie ja immer noch die lieben Liverpooler Jungs. Es gab keine Barrieren zwischen den Menschen John, Paul, George und Ringo und den großen Stars, zu denen sie werden sollten. Ich bin überzeugt, dass das die Qualität unserer Freundschaft in all den Jahren ausgemacht hat. Wir haben die vier in all ihren Phasen in nächster Nähe begleitet, angefangen mit dem Urschrei des Rock 'n' Roll als Liverpooler Kellerkinder über die glamouröse, exzessive, wahnsinnige Beatlemania bis hin zu ihrem Leben als gereifte, vom Schicksal oftmals schwer geprüfte und in mancher Hinsicht sogar weise Menschen. Was immer auch passierte, unsere persönliche Beziehung hat sich nie verändert, und das macht diese Freundschaft so einmalig.

Nach dem Frühstück bummelten wir durch Puerto de la Cruz. George wollte ein paar Klamotten kaufen, und so führte ich die Gruppe in ein kleines Geschäft. Hinter der Ladentheke stand ein hübsches, blauäugiges junges Mädchen, so ganz Georges Typ. Er stol-

**George am Steuer meines kleinen Sportwagens, Paul darf mitfahren**

zierte ständig an ihr vorbei, um ihre Aufmerksamkeit zu erregen. Wir beobachteten seine Flirtversuche und machten Witze. Nachdem George und das Mädchen Augenkontakt hergestellt hatten, wagte er, sie anzusprechen. Und da fing das Problem an: Er konnte kein Spanisch und sie kein Wort Englisch. George versuchte mit Händen und Füßen zu erklären, wer er war. Doch ihre Antwort bestand nur aus einem bezaubernden, ratlosen Lächeln. In seiner Not zog George die Beatles-Platte aus seiner Tasche und zeigte auf sein Gesicht.

»Mio, Georgio. I'm one of the Beatles.«

Sie kicherte nur.

»Los Beatles, that's me. I'm one of them.« George beugte sich über die Ladentheke, hielt ihr die Platte noch näher hin und sprach eindringlich auf das Mädchen ein. Die anderen hatten inzwischen feixend den Laden verlassen.

Sie schaute mich Hilfe suchend an. »¿Beatles? ¿Qué?« Sie wusste nicht, wer die Beatles waren, hatte nie von ihnen gehört und zuckte immer wieder mit den Schultern.

»Was, man kennt uns hier gar nicht?«, sagte George. »Auf welchem Planeten sind wir denn hier gelandet?«

Resigniert zog er mit mir von dannen und winkte mit wehmütigem Blick an der Tür noch einmal zurück. Die anderen warteten um die Ecke. George musste sich noch den ganzen Tag dumme Sprüche von ihnen gefallen lassen.

**Wir bummelten weiter,** kauften Souvenirs, spielten Torero und Stier, und an einem Strand erbeuteten sie auch spanische Hüte, die sie sich sofort aufsetzten. Ringo stellte sich George entgegen, machte einen Ausfallschritt.

»Ich bin Zorro, komm her, du kleiner Gitarrenschrammler, und stell dich, wenn du es wagst!«, rief er. Und dann lieferten sich die beiden auf offener Straße ein Degenduell. Wir gingen hinunter zum kleinen Hafen, badeten unsere Füße, blickten aufs Meer.

Am Abend saßen wir auf der Plaza, tranken Café con leche und beobachteten das Treiben auf dem Marktplatz, lauschten den Gitarrenklängen aus der kleinen Bar nebenan und atmeten den salzigen Duft des Meeres.

Auf der 1974 erschienenen Platte *Walls and Bridges* sang John Lennon »You don't know what you've got, untill you lose it«, man weiß die Dinge nicht zu schätzen, bis man sie verliert. In diesem Sinne glaube ich nicht, dass George, Paul und Ringo das Besondere dieses Moments bewusst war: dass niemand nach Autogrammen fragte, niemand versuchte, sie anzufassen, niemand sie überhaupt beachtete. Im Gegenteil. Wie George zuvor in dem Laden schienen sie anfangs irritiert darüber, dass man sie nicht kannte. Aber tatsächlich sollte es das letzte Mal in ihrem Leben sein, dass sie etwas so Normales tun konnten, wie ungestört einen Kaffee an einem öffentlichen Ort zu trinken. Es war das letzte Mal, dass jemand »¿Beatles? ¿Qué?« sagte. Und sie konnten nicht ahnen, wie sehr sie es später vermissen sollten, sich frei zu bewegen und spontan das tun zu können, wozu sie gerade Lust hatten, ohne dass irgendein Journalist daraus eine womöglich falsche Story bastelte. Das Rad ließ sich nicht zurückdrehen. Keine Frage, die Beatles wollten den Ruhm, aber im April 1963 hatten sie keine Vorstellung davon, wie hoch der Preis dafür sein würde. Siebzehn Jahre später bezahlte John mit seinem Leben. Siebenundzwanzig Jahre später drang ein verrückter Fan in Georges Haus ein und versuchte, ihn zu erstechen.

Auf Teneriffa tankten die Jungs nur Energie, um danach frisch und munter wieder in den Vermarktungsstrudel springen zu können. Die Welt wartete auf sie und sie waren bereit dafür.

**Wir fuhren über das Land** und natürlich auch ans Meer, wo sie zum ersten Mal schwarzen Sand sahen. Wie Kinder knieten sie am Strand und ließen ihn durch die Finger rieseln. Wir tobten durch die Wellen oder wir lagen einfach in der Sonne.

Am Abend hatten wir dann die Bescherung. Unsere drei Freunde hatten die Sonne unterschätzt und waren krebsrot. George hatte sogar einen Sonnenstich und musste sich mehrmals übergeben. So hielten wir uns die nächsten Tage vorwiegend im Haus auf, tranken Wein, erzählten viele Geschichten und genossen es einfach zusammen zu sein.

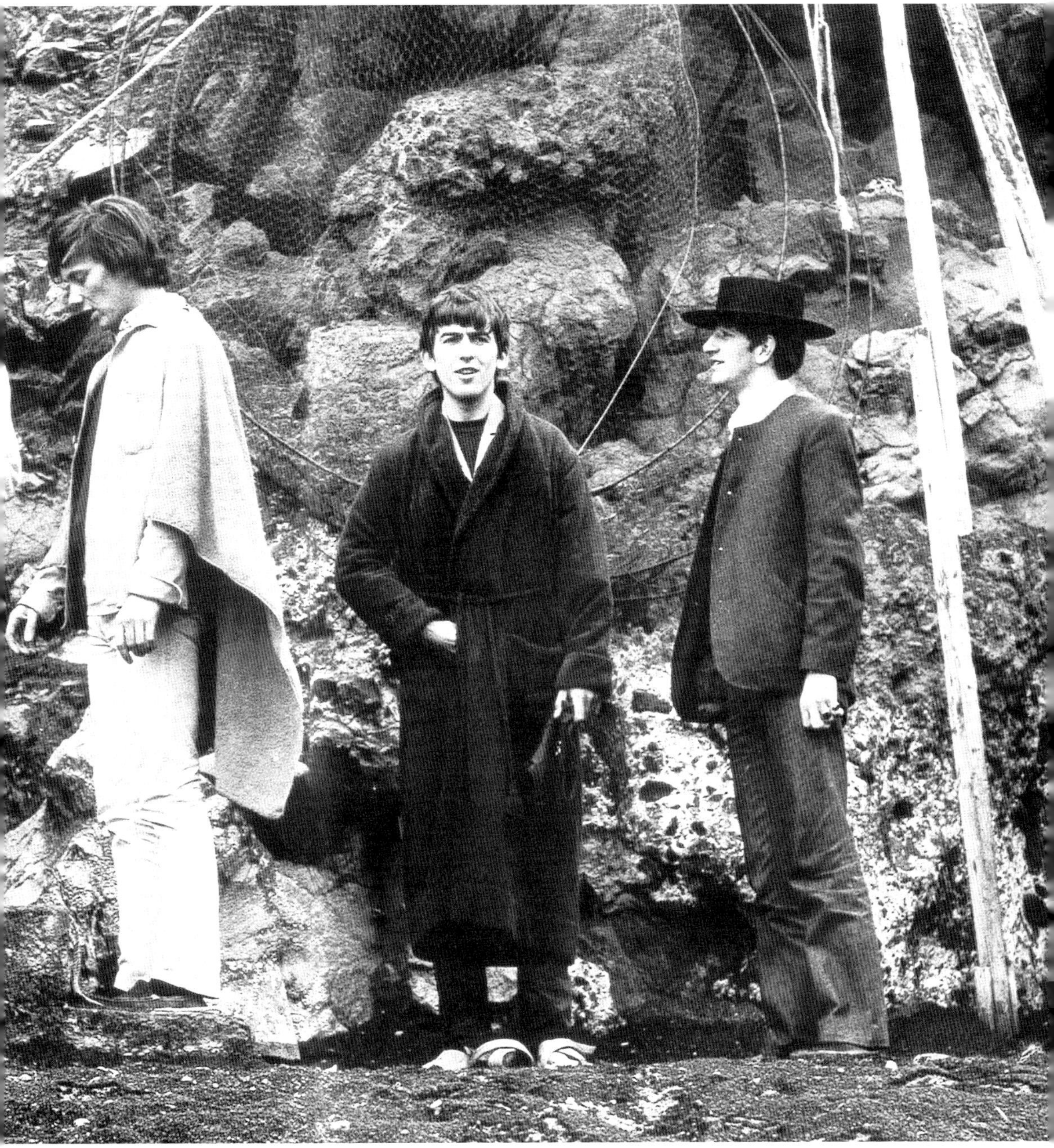

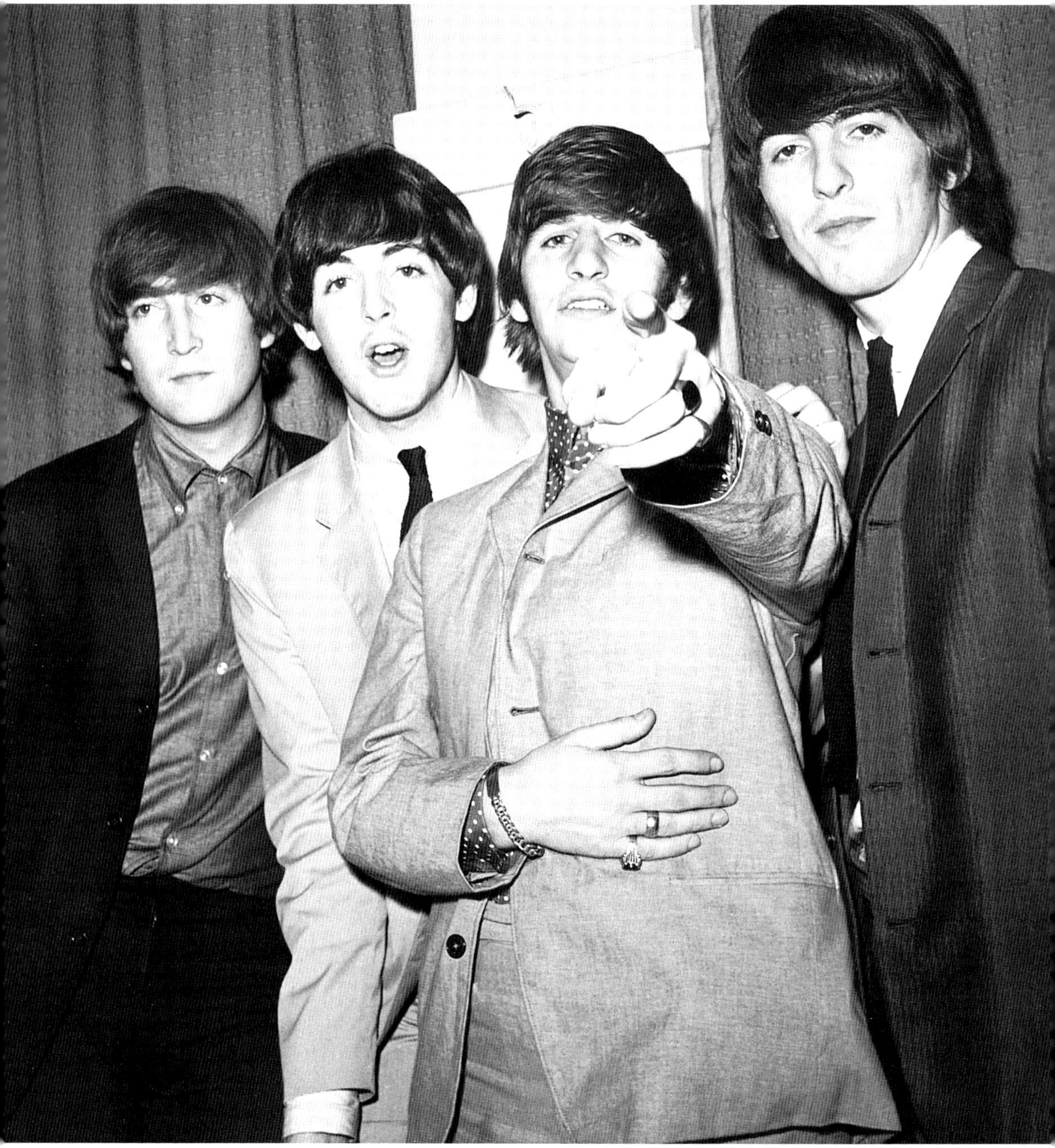

# 5. KAPITEL

## » Hello there, good old Klausi ! How about a cup of tea?«

**Auch nachdem die Beatles** die Hamburger Szene verlassen hatten, oder besser gesagt verlassen mussten, war unsere Clique ständig in den Clubs von St. Pauli anzutreffen. Der Rock-'n'-Roll-Virus hatte uns infiziert, und wir wollten auch nicht mehr von ihm geheilt werden. Wir waren süchtig nach diesen Rhythmen und hofften auf ein weiteres Musikwunder aus England. Aber die Beatles hatten keine gleichwertigen Nachfolger. Wir kannten sie alle, das ganze englische Bandsortiment: The Undertakers, King Size Taylor and the Dominoes, Cliff Bennett and the Rebel Rousers, Alex Harvey und viele mehr. So nach und nach gab es sogar ein paar deutsche Formationen, die in unseren Augen allerdings den englischen Kollegen und schon gar nicht den Beatles das Wasser reichen konnten.

In mir breitete sich allmählich eine tiefe und bohrende Sehnsucht aus. Ich wollte nach England. Englisch sprechende Menschen mit englischem Humor um mich haben. Irgendwann schrieb ich George von meinem Wunsch, in England zu leben und zu arbeiten.

»Komm doch zu uns!«, schrieb er zurück. »Wir haben eine große Wohnung in London, und da ist auch noch Platz für dich.«

Da zögerte ich keine Sekunde und nahm das Angebot an. Ich stellte ein Portfolio mit meinen besten Arbeiten zusammen, um in London bei einschlägigen Grafikbüros meine Runde zu drehen.

Zuvor musste ich aber noch für meinen Vater nach Teneriffa, um die Fertigstellung unseres Hauses dort zu beaufsichtigen. Als ich nach neun Monaten die kanarische Insel verließ, machte ich noch einen

Abstecher nach Madrid, wo ich bei einem Bummel durch die schmalen Gassen der Altstadt einen Gitarrenbauer entdeckte. Spanische Instrumente hatten mich immer schon fasziniert. Ich musste nicht lange überlegen und kaufte mir eine dieser schönen, handgearbeiteten Akustikgitarren.

Mit der in eine Wolldecke eingewickelten Gitarre, meinem neuen TK40-Tonbandgerät, Stuarts Bassgitarre und ein paar Habseligkeiten machte ich mich im Herbst 1963 auf den Weg nach London. Es ist mir bis heute schleierhaft, wie ich das alles transportiert habe, und vor allen Dingen, wie ich das Zeug durch den Zoll bekam.

**George hatte mit mir vereinbart,** dass ihr Chauffeur Bill Corbett mich am Bahnhof abholen würde. Und da stand er dann auch. Ein großer, grauhaariger, typisch englischer Gentleman im Trenchcoat. Er hatte Handschuhe an und ein Schild in der Hand, worauf »Voorman« stand, mit einem n. Das ist bei vielen englischen Kontakten bis heute so geblieben.

Er kam auf mich zu.

»Hallo, ich bin Bill, und der Ausrüstung nach musst du Klaus sein?«

Er sprach nicht gerade das beste Oxford-Englisch, seine Aussprache klang schon eher nach Cockney. »Hattest du einen guten Flug? Moment, ich helfe mit dem Gepäck.« Er stakste direkt auf eine große, schwarze Limousine zu. Ich sah schon von weitem dieses kleine, tanzende Figürchen auf der Kühlerhaube: ein Austin Princess also. Nachdem wir mein Gepäck im Kofferraum verstaut hatten, setzte ich mich auf den Beifahrersitz, was Bill sichtlich erfreute. Seine Fahrgäste zogen es meist vor, auf den Rücksitzen Platz zu nehmen, was eine Unterhaltung erschwerte. Bill redete viel und gern, und ich hatte große Probleme, alles zu verstehen.

»Die Boys sind im EMI-Studio, um neue Stücke aufzunehmen. Sie haben mich gebeten, dich direkt ins Studio zu bringen.«

Ich war ziemlich aufgeregt bei der Aussicht, ein professionelles Tonstudio von innen zu sehen. Außerdem waren meine Freunde mittlerweile sehr populär, während ich für einen Job erst einige Agenturen würde abgrasen müssen. Ich machte mir keine Illusion und wusste, dass dies kein leichtes Unterfangen werden würde. Auch weil die Deutschen zu dieser Zeit nicht sonderlich beliebt bei den Engländern waren. War ich wirklich bei allen Beatles-mitgliedern willkommen, oder würde ich sie schon bald nerven, wenn ich ihr Badezimmer, ihre Küche, ihr Wohnzimmer mit ihnen teilte? Wie verhielt man sich in einem Tonstudio? Durfte man sprechen, musste man still in der Ecke sitzen? Ich neigte schon damals dazu, mir zu viele unnötige Gedanken zu machen.

»Wir sind da, Klaus.« Bill zeigte auf ein großes Gebäude, das man allerdings vor lauter jungen Mädchen kaum sehen konnte. In meiner Erinnerung waren es hunderte. Als die wartende Menge die schwarze Limousine sah, fingen alle an zu kreischen und uns zu umzingeln. Es waren meine ersten Begegnungen mit dem Phänomen, das als Beatlemania um die Welt gehen sollte.

»O Gott«, dachte ich, »was soll das denn jetzt werden?«

»**Halt dich fest**«, sagte Bill routiniert, »jetzt wird's ein bisschen haarig.« Er trat auf das Gaspedal und steuerte direkt auf die Menge zu. Mir blieb fast das Herz stehen, aber im letzten Moment teilte sich die Menge, nur ein paar wenige saßen kurz auf der Kühlerhaube, um dann seitlich abzurutschen. Die Hände streckten sich nach uns aus, die jungen Gesichter bestanden nur noch aus weit geöffneten Mündern, wie kleine Vögelchen, die gefüttert werden wollen. Sie hielten ihre Köpfe an die Fensterscheiben gepresst, um zu erkennen, wer sich im Inneren des Wagens befand. Als sie keinen der Beatles erkennen konnten, war der Spuk schnell vorbei, und Bill konnte seinen Fuß auch wieder vom Gaspedal nehmen, um das Auto in aller Ruhe durch das von Polizei bewachte Tor des EMI-Gebäudes zu steuern.

Als ich ausstieg, hörte ich hinter mir Stimmen.

»Wer ist das denn?«

»Keine Ahnung.« Ein dickes Mädchen mit langen Zöpfen rief laut: »Hey, wer bis du denn?«

Das alles war mir peinlich! Was sollte ich denn bloß sagen. »Nobody«, rief ich zurück, verschwand ganz schnell im Gebäude und dachte, dass ich hier eigentlich wirklich nichts zu suchen hatte. Ich war nicht neidisch auf den Erfolg meiner Freunde, ich war nicht beeindruckt, ich war vielmehr verwirrt.

**Das EMI-Studio in der Abbey Road** sieht von außen so aus wie eine typische, schöne, aber schlichte Stadtvilla. Bill sagte ein Wort zum Pförtner und schon winkte er uns durch. Das Gebäudeinnere wirkte sehr nüchtern. Eine Mischung aus Krankenhaus und Militärkaserne mit Neonröhrenlicht. Der einzige Einrichtungsgegenstand war ein Ölgemälde mit einem mir bekannten Motiv: ein Hund, der vor einem Grammophon saß. Darunter stand geschrieben: »His Master's Voice«. Es war das Logo von EMI. Wir gingen einen schmalen Korridor entlang, einige Stufen abwärts, bis wir vor einer schweren Tür standen. Ein rotes Licht signalisierte »Silence«.

Bill flüsterte plötzlich, als ob wir in einer Kirche stehen würden. »Die Jungs nehmen gerade auf. Wir müssen warten.« Er stand eine ganze Weile still da. Plötzlich drehte er sich zu mir.

»Wird nicht lange dauern.« Er räusperte sich und senkte wieder ehrfurchtsvoll den Kopf, wie im Gebet vertieft.

Bill war ein sehr lieber Mensch, und wie ich später bemerkte, so etwas wie ein Mama-Papa-Ersatz für die Beatles. Er nannte sie nur »meine Jungs« und kümmerte sich um alles.

Nach einer Weile erlosch das Zeichen, und Bill öffnete die Tür. Vor mir befand sich ein großer, hoher und sehr heller Raum. Am anderen Ende erkannte ich George.

**»It's Klaus«, rief er,** nahm seine Gitarre ab und lief auf mich zu, um mich fest zu umarmen. Ringo rutschte vom Schlagzeughocker und begrüßte mich mit einer wohltuenden Herzlichkeit.

»Schau dir mal meine Gretsch-Sammlung an.« George hielt sich nicht lange mit Begrüßungsfloskeln auf. Er schien genauso aufgeregt wie ich und zeigte auf eine ganze Gitarrengalerie an der Wand. »Ich habe sie alle geschenkt bekommen. Schau dir mal diese hier an. Vergoldet, hast du so was schon mal gesehen. Hier, nimm sie mal in die Hand.« George lachte über das ganze Gesicht. »Schon verrückt, oder? Vor ein paar Jahren, als ich keinen Penny in meiner Tasche hatte, hätte ich alles dafür gegeben, nur eine davon zu besitzen. Verstehst du das?« Sein Gesicht strahlte. Dann zeigte er auf einen Raum, zu dem eine Treppe hinaufführte und der wie ein Aquarium aussah. »Komm, lass uns nach oben gehen und den anderen Hallo sagen.« Wir kletterten die Treppe hoch und betraten einen Raum, voll mit Maschinen, Knöpfen, Lautsprechern.

»**Come in, Klaus!**«, rief Paul. Aus einer Ecke klang Johns Stimme. »Well hello there, good old Klausi from Germany! How about a cup of tea?«

Tee! Wenn ich daran denke, was mir zehn Jahre später alles in den Studios angeboten wurde ... Aber damals hielt man es noch richtig traditionell englisch.

»It's Klaus!«, rief George

George stellte mich einem gut aussehenden, sehr schlanken Bilderbuch-Gentleman vor. Es war George Martin, Arrangeur und Hebamme aller Beatles-Songs. Er begrüßte mich sehr höflich. Da war ich nun im berühmten EMI-Studio und ich muss gestehen, ich fühlte mich gleich wie zu Hause.

**Nachdem die Begrüßungszeremonie** vorbei war, setzte ich mich auf einen Hocker in die Ecke und beobachtete das Geschehen im Studio. Ich kannte die Stimmen der Jungs ja nur von Live Gigs oder wenn wir zusammen für irgendeine kleine Session

Green Street 57, die erste Beatles-WG in London

in Astrids Wohnzimmer gewesen waren. Als ich nun den Sound über die Lautsprecherboxen im Studio hörte, war es doch anders, gewaltiger und noch beeindruckender. Es wurden Veränderungen diskutiert, Vorschläge unterbreitet, Ideen ausgearbeitet, und alles in ruhigem, fröhlichem, humorvollem Ton. Keiner wurde laut, keiner versuchte den anderen zu übertrumpfen. Sie waren ein perfektes Team. Es war wunderbar, einfach nur dabei zu sein und zu lauschen, zu beobachten. Und irgendwie war ich richtig stolz auf meine vier Kumpels, stolz darauf, ihr Freund sein zu dürfen.

Nach kurzer Zeit gingen die vier in den Aufnahmeraum zurück. Ringo setzte sich hinter sein Schlagzeug, der Rest schnallte sich die Instrumente um. George Martin drückte den Sprechknopf.

»Band ab. Take three.«

Ich hörte John einzählen.

»One, two, three ... If I fell in love with you, would you promise to be true ...«

Ein überschwängliches Glücksgefühl kroch vom Bauch aus durch meinen ganzen Körper. Das klang verdammt gut! Ich weiß noch genau, wie mein Onkel zu mir sagte, kurz nachdem »If I Fell« über die Radiostationen seinen Weg machte: »Endlich mal etwas, das man annähernd als Musik bezeichnen kann.«

»Come on Klaus, let's go!«, sagte Bill nach dem Take zu mir. Er nahm mich beim Arm, zog mich vom Hocker und bugsierte mich zur Tür hinaus. Die Crew winkte mir noch zu.

»See you at Green Street!«, rief George mir hinterher.

**Green Street, der erste Wohnsitz** der Beatles in London und ab da eine Zeit lang auch meiner. Unterwegs hielt Bill an, um Fish and Chips zu organisieren, damit ich endlich etwas in den Magen bekam.

Es war kein Problem, zum Wagen zu kommen, und die Fans vor den Toren zum Studio ließen uns ungestört durch. Ein kleiner Junge schrie: »Bye bye Klaus!« Keine Ahnung, woher die plötzlich meinen Namen kannten.

Wir fuhren durch die City mitten durch den Londoner Hauptverkehr. Aber keine Hektik, alles ging schön gemächlich und höflich voran. Ja, ich war in England. Was für ein Unterschied zu Deutschland. Ich war gespannt wie ein Regenschirm auf die Dinge, die hier in London auf mich warteten.

Als wir nach einer Weile in die Green Street einbogen, sagte Bill ganz ruhig: »Well, here we are. Und auf ein Neues!« Und schon trat er wieder aufs Gaspedal und fuhr direkt auf eine diesmal größere Fanmenge zu. Die Szenen glichen sich. Als die Jungs und Mädchen nach anfänglichem Kreischen merkten, dass kein Mitglied der Beatles im Auto saß, ließen sie vom Wagen ab und uns schnell durch. Aber neugierig waren sie doch. Während wie ausstiegen und mein Gepäck entluden, wurden wir von einer Fantraube umzingelt und mit Fragen bombardiert: »Who are you?« – »Do you know them?«

Ich erwiderte immer nur »Sorry, sorry!«. Zum einen verstand ich sie kaum, zum anderen wusste ich wirklich nicht, was ich sagen sollte. Ich wollte nur so schnell wie möglich weg und rauf in mein Zimmer.

**Sie wirkten alle sehr nett**, wirklich sympathisch, aber das Geschrei ging mir auf die Nerven.

Bill und ich fuhren mit dem Lift nach oben und Bill öffnete die Tür zum Appartement. Es erinnerte mich an Astrids Wohnung. Da war nur ein ganz entscheidender Unterschied: Das hier war fast leer. Keine Bilder an der Wand, leerer Tisch. Nur das Nötigste, ein paar Betten, ein Sofa, Stühle und natürlich ein großes Tonbandgerät.

George mit Geburtstagszigarre und vielen Schlüsseln, mit denen er die Herzen seiner Fans öffnen soll

Ach ja, und Fanpost, Berge davon. In meiner Erinnerung reichte der Riesenpapierhaufen fast bis zur Decke.

»Wer zum Henker soll das alles lesen?«

»Na ja, sie versuchen ihr Bestes. Wenn sie hier sind, und das ist meist erst am Abend, dann nimmt sich jeder einen Haufen vor und versucht nicht nur zu lesen, sondern sogar vieles zu beantworten. Schau dir das mal an.« Er holte eine große Schachtel aus dem Posthaufen. Ich hatte Angst, dass der Papierberg zusammenstürzen und uns beide unter sich begraben würde. Er wickelte das Paket aus, und zum Vorschein kam ein übergroßer Schlüssel aus Marzipan. Ich schätze, er war über einen halben Meter lang. »George hatte vor kurzem seinen einundzwanzigsten Geburtstag. Darum schicken viele Fans Schlüssel in allen Variationen. Er soll damit ihre Herzen öffnen. Ist das nicht niedlich?« Bill betrachtete verzückt den Marzipanschlüssel, und man konnte erkennen, dass er nicht nur seine »Boys« liebte, sondern auch deren Fans.

**Für mich war das** schon schwerer Tobak: der Gedanke, dass jeden Tag, ja jede Nacht, also vierundzwanzig Stunden lang mindestens zweihundert Menschen vor der Tür standen, in der Hoffnung, dass ihr Lieblingsbeatle ihnen das Herz mit einem Marzipanschlüssel öffnete. Das zog mir dann doch, im wahrsten Sinne des Wortes, den Boden unter den Füßen weg, und ich setzte mich neben die Fanpost auf den Boden. Von draußen hörte man die Stimmen der Fans, die ja nur ein Bruchteil von denen waren, die in der Zwischenzeit auf dem ganzen Erdball für die Beatles schwärmten, und hier drinnen betrachtete ich das fast leere Zimmer. Keine Familie, keine Freunde, in der Küche aufgerissenes Toastbrot, Cornflakes, Fischstäbchen, daneben ein paar Dosen Baked Beans und Unmengen an Teebeuteln. Keine Wärme, keine liebevolle Hand, die den vier Buben ihr Heim gemütlich vorbereitete, bis diese erschöpft und ausgelaugt nach Hause kommen. Das einsame Starleben hatte nicht nur begonnen, sie befanden sich mittendrin. Von nun an konnten sie nicht mehr unterscheiden zwischen echtem Freund und

Schmarotzer. Wurden sie als Menschen geliebt oder als Stars, in der Hoffnung, irgendetwas abstauben zu können. Nennen wir als Beispiel gleich mal unseren Bill. Der Chauffeur und ehemalige Boxer war wirklich ein lieber Kerl, der immer versuchte zu helfen und da war, wenn sie ihn brauchten. Doch was passierte, als er aufhörte, für die Beatles zu arbeiten? Er schrieb sofort ein Buch mit einer Ladung privater Details. Das war nicht schwer, denn zu diesem Zeitpunkt waren die vier ja noch wie Kinder, unbedarft und gutgläubig. Wie ist das, wenn man plötzlich keinem Menschen mehr trauen kann? Sogar gute alte Freunde und die Großmutter greifen zu Tinte und Feder oder lassen zu Tinte und Feder greifen. Da erfährt dann die Öffentlichkeit, wie lange der Gute noch ins Bett nässte, wann er seine erste Freundin sitzen gelassen und ob er die ersten Pickel mit Clearasil oder Krötenpisse behandelt hat. Es war auch für mich hart, denn ich kann verstehen, dass der eine oder andere von ihnen diese Zweifel auch mir gegenüber empfand, zumindest hin und wieder. Das sind Gefühle, die eine Freundschaft belasten können, aber nicht müssen. Zum Glück.

Mir wurde schnell klar, dass sich die Beatles in einem Käfig befanden, den sie vielleicht etwas gestalten konnten, größer, exklusiver, bunter. Aber es würde immer ein Käfig bleiben. Wenn sie ihn verließen, dann nur unter Polizeischutz. Es gehörte damals zum alltäglichen Ritual, dass zwei Polizeibusse, mit jeweils zehn Polizisten besetzt, vor der Tür standen, um dann den vier Jungs den Weg von der Wohnung zur Limousine bahnen zu können.

**Ich packte meine Habseligkeiten** aus, und irgendwie auch um mich zu trösten, setzte ich mich mit meinem Tonbandgerät in die Ecke und spielte auf meiner spanischen Gitarre ein paar Songs. Es wurde langsam dunkel. Ich ging zum Wohnzimmerfenster und spähte durch die Gardine.

Es hatte angefangen zu regnen. Die Fans standen da, still und geduldig. Plötzlich wieder, wie auf Kommando, Geschrei aus allen Kehlen. Wie hielten das nur die Nachbarn aus? Und da tauchte sie auch schon auf, die schwarze Limousine. Ich wusste, dass es die Beatles waren, denn vorn und hinten fuhren Polizeiautos mit. Die Polizisten stiegen zuerst aus und machten ziemlich schroff Platz für ihre prominenten Schützlinge. Zuerst sah man Bill, gefolgt von Ringo und George. Doch während der Polizeitrupp ziemlich hart mit den Kids umging, blieben die beiden stehen und gaben scherzend Autogramme. Ein Geschrei war das, ich musste mir sogar hinter geschlossenen Fenstern die Ohren zuhalten. Es waren diese hohen Töne, die direkt aufs Trommelfell einhämmerten. Nach fast einer halben Stunde hörte ich einen Schlüssel in der Wohnungstür.

»**Hey Klaus«, begrüßte mich** ein müder George, und zu Bill in nasalem Ton, fast ein bisschen wie Lord George: »Bill, machst du uns Tee?« Wie erwartet, ging er sofort in mein Zimmer, um zu sehen, was ich alles mitgebracht hatte.

»Oh, the spanish guitar!« Georges Augen glänzten, und schon spielte er die ersten Akkorde. »Sounds great, man! Kann ich die morgen im Studio benützen?«

»Klar doch. Hast du mein Tonbandgerät gesehen?«, fragte ich mit stolz geschwellter Brust.

George konzentrierte sich auf die Gitarre und schaute nicht hoch.

»Wir haben auch so eins!« George drehte sich um und gab mir die Gitarre.

»Spiel doch eins von diesen Bach-Stücken, die du auf Teneriffa immer geübt hast. Bitte, das wäre jetzt schön!«

Ich wurde rot und bekam sofort schwitzige Finger. Ich versuchte mich durch ein Bach-Präludium durchzufummeln, so gut es ging.

George und Ringo saßen ruhig mit großen Augen auf meinem Bett und hörten zu, bis die letzte Note verklungen war.

»That's great Klaus«, meinte Ringo ganz andächtig, »du bist wirklich ein guter Musiker.«

»Hey«, George boxte Ringo in den Bauch, »ich bin auch ein guter Musiker! Und du bist nur ein kleiner, großnasiger Drummer aus Liverpool.«

»Ja, ja, du hast ja Recht«, Ringo erhob sich, »komm, lass uns zu Bill in die Küche gehen und schauen, ob der Tee fertig ist.«

In der Küche wandte sich Ringo zu mir.

»So, du magst ja schön dein Bachliedchen klimpern können, aber wir zeigen dir jetzt, wie man eine richtig gute Tasse Tee zubereitet. Das können nämlich nur die Engländer, ha, ha.«

Und dann musste ich unter seiner Anleitung meine erste Tasse Tee nach englischer Art zubereiten. Ich kann nur sagen, er war ein sehr strenger Lehrer. Es war eine richtige Zeremonie.

Bill stellte die gefüllten Tassen zusammen mit einem Teller Schokoplätzchen auf ein Tablett, und wir schlenderten zum Esstisch.

»Was ist das denn?« George deutete auf den fünfarmigen Kerzenleuchter, der wie ein Spinne mit verdrehten Beinen aussah.

»Well«, Bill stellte die Tassen auf den Tisch, »als ich Klaus am Bahnhof abgeholt habe, bin ich kurz in dieses kleine Antiquitätengeschäft reingegangen. Ich dachte es wäre nicht schlecht, etwas Licht beim Essen zu haben.«

Bill war wirklich süß und hatte das auch gut gemeint. Gleichzeitig war er natürlich besorgt, dass die Boys ihn dafür rügen würden.

»Gefällt er euch denn nicht?« Bill wirkte etwas verunsichert.

»Klar doch, jetzt können wir endlich die Queen zum Tee einladen.« Ringo schlug mit der Handfläche auf den Tisch, um anschließend seine Teetasse mit abgespreiztem Finger zum Mund zu führen.

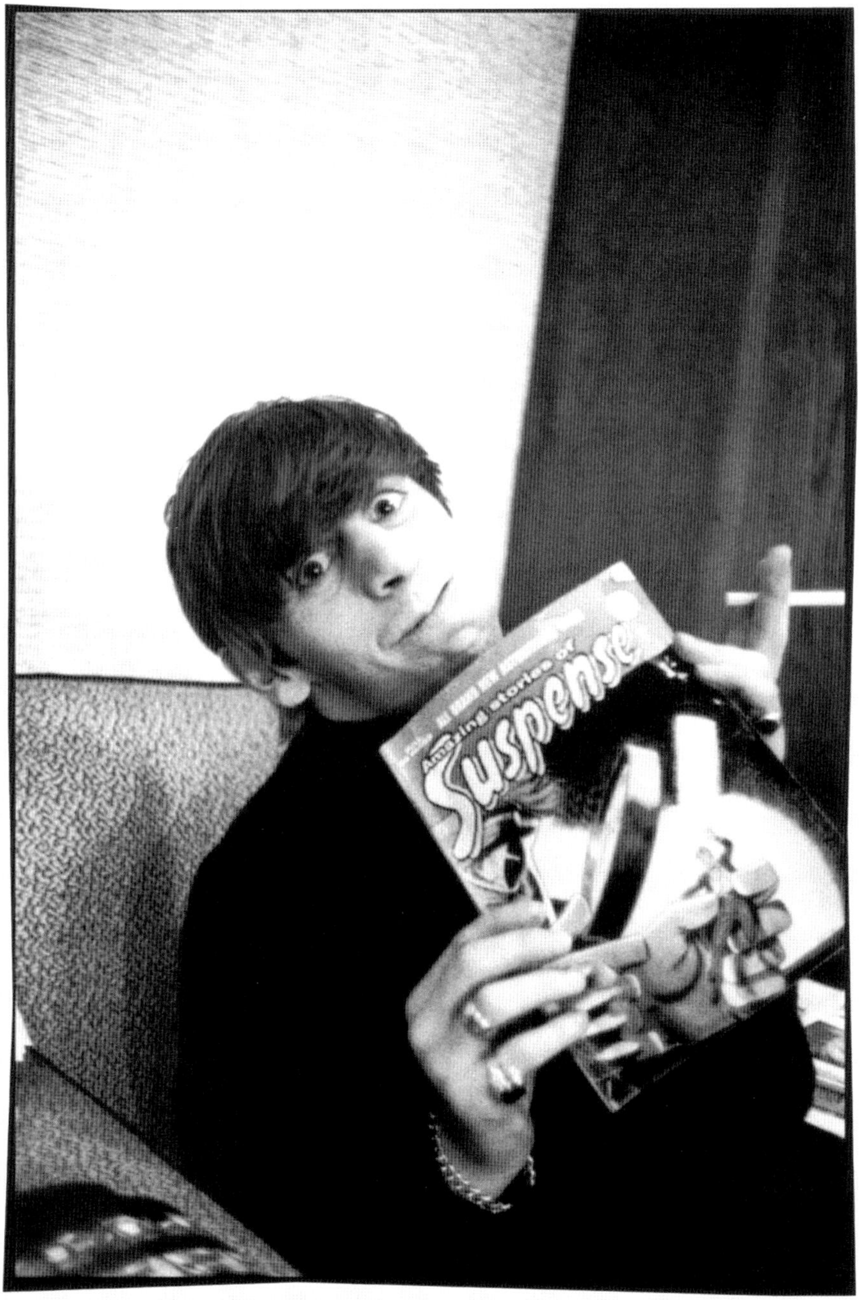
stories of
Suspense

# 6. KAPITEL

## » Klaus, let's go home «

**Nachdem ich in die Wohnung** in der Green Street eingezogen war, begannen sich die Dinge zu verändern. Es ging alles sehr schnell. George kaufte sich bald ein Haus in Esher, und Ringo entschied sich, in ein noch größeres Appartement zu ziehen. Eine Art Penthouse in einem ruhigen Wohnviertel. Vor dem Gebäude befand sich eine Schranke. Dies gab dem kleinen Drummerboy ein ruhigeres und sicheres Gefühl. Als Ringo mich einlud, bei ihm zu wohnen, willigte ich sofort ein. Es war eine gemütliche und sehr komfortable Behausung mit einem flauschigen, geschmackvollen Teppichboden. Regalwände, voll bepackt mit hunderten, ach was sag ich, wahrscheinlich tausenden von Schallplatten, regelmäßig erweitert mit den neuesten Veröffentlichungen. Mein Favourit war Bob Dylan. Ich war überwältigt von diesem Charismatiker. Aber auch Major Lance, The Miracles und der ganze Motown- and Stax-Kram, Jimmy Smith, Bobby Blue Bland, Sam Cooke, The Earl Van Dyke Six und und und. Es gab so viele talentierte Burschen und Mädels. Ich konnte mich nicht satt hören.

Ringo und ich liebten all diese Platten. Wir hörten uns viele gemeinsam an, um danach zu diskutieren, oder wir probierten einfach ein paar Songs aus, spielten das Original nach.

Es war noch die Zeit, in der Ringo gern die Londoner Clubs aufsuchte, und man konnte deutlich sehen, wie sehr er dieses neue Leben mit Geld und Ruhm genoss. Manchmal kamen ihm Zweifel und Ängste, und er befürchtete dann, dass alles wie eine Seifenblase zerplatzen könnte. Der Kühlschrank war immer übervoll wie im Schlaraffenland, und wann immer es die Zeit erlaubte, war Partytime. Dann war die Bude voll mit hübschen Jungs, scharfen Mädels und jeder Sorte Knalltüten.

Eines Tages schleppte er mich in den Ad Lib Club. Er wusste, dass ich immer schon dorthin wollte, es war *das* Szenelokal. Er wusste aber auch, wie schüchtern ich war und dass ich niemals den Mut finden würde, mich allein auf die Socken zu machen. Abgesehen davon, hatte ich auch gar nicht die Kohle, mir im Ad Lib auch nur einen Drink zu leisten. Als Parasit wollte ich aber auch nicht gelten, und darum nicht die Großzügigkeit meiner populären Freunde ausnutzen. Also tat ich immer so, als ob mich das Ad Lib nicht interessierte. Dabei brannte ich förmlich darauf, den Laden von innen zu sehen.

**Ringo wusste, was in mir vorging,** war aber zu taktvoll, um das zu zeigen. Also sagte er: »Komm, Klaus, stell dich nicht so an. Ich kann sowieso noch nicht schlafen. Ich will auch nicht lange bleiben, nur auf einen kleinen Schlummertrunk. Mach dir keine Sorgen, mit mir kommst du rein.«

Das war es nämlich. Der Gedanke, vor dieser kleinen Luke zu stehen und dann vom Türsteher nicht hereingelassen zu werden, während hinter mir eine ganze Schlange steht.

Jahre später habe ich über diese Zeit nachgedacht, und mir wurde klar, dass ich in Ringos Augen nie ein Schmarotzer war. Im Gegenteil, er konnte sich sehr wohl an die Zeit erinnern, in der die Beatles abgebrannt, ohne Zuhause, ohne Freunde im kalten Hamburg herumhingen und wir sie überall mit hinnahmen, sie zum Essen einluden und versuchten, ihnen das Leben etwas angenehmer und freundlicher zu gestalten.

An diesem Abend stand er vor mir in blank geputzten Stiefeletten, in einem weißen Hemd mit spitzenbesetztem Kragen und einem langen, taillierten Sakko. Er sah richtig gut aus.

»Nun komm schon, hier ist dein Mantel. Bill wartet schon im Wagen.«

Nach kaum einer Viertelstunde standen wir vor einem modernen Gebäude aus Glas und Marmor.

»Good evening, Mister Starkey.«

Mr Starkey, dachte ich, wie vornehm. Ein gut aussehender Doorman öffnete und ließ uns hinein.

»Hi Albert, was macht dein Fuß?« Ringo deutete auf das Bein.

»Well, o.k. Ich werde bei der nächsten Polonaise etwas vorsichtiger sein«, lachte Albert.

»Was zum Henker quatscht der nur von einer Polonaise? Das ist ja ganz was Neues,« murmelte ich.

»Ist noch nicht allzu viel los.« Das klang beinahe entschuldigend aus Alberts Mund.

»Macht nichts. Klaus und ich wollen sowieso nicht lange bleiben, uns nur einen Drink genehmigen. Ach ja, Albert, das ist übrigens mein Freund Klaus. Er kommt aus Deutschland und wohnt bei mir.«

Ringo schob mich nach vorn und ich gab dem Türsteher die Hand.

Wir fuhren mit dem Lift, überall Spiegel, wohin man auch blickte. Wenige Jahre später hatten John und George genau in diesem Fahrstuhl ihren ersten Horror-LSD-Trip, als sie im Rausch die blinkenden Knöpfe für eine Feuersbrunst hielten und Panik bekamen. Mir fiel auf, dass Ringo selbst in diesem getönten und sanften Licht sehr müde aussah. Er hatte wieder einen langen, harten Arbeitstag hinter sich. Ich fühlte mich schlecht, denn ich wusste, er machte dies alles nur für mich. Dabei wäre es besser für ihn gewesen, einfach zu Hause noch ein paar Platten zu hören, Essen vom Inder kommen zu lassen und früh schlafen zu gehen.

Im obersten Stockwerk angekommen, begrüßte uns ein besonders smarter Typ mit Seideneinstecktüchlein im Kaschmir-Blazer.

»Hi Morris, wie geht's dir, Kumpel?«

»Gut, Ringo, wie immer. Na, geht heute Abend wieder die Post ab?« Morris hatte so ein verdächtiges Grinsen in seinem Gesicht.

Ringo winkte ab. »Hör bloß auf. Ich will nur einen kleinen Good Night Cup und dann ab ins Bett.«

Morris führte uns in den Club. Wow, was für ein Panorama! Londons Skyline zeigte sich von der schönsten Seite. Die Wände bestanden eigentlich nur aus Spiegeln oder Fenstern. Es war gigantisch. Direkt vor den großen Fenstern befand sich die Bühne für die Band. Es war schon fast elf, aber außer uns waren kaum Gäste im Ad Lib. Ringo steuerte auf seinen Stammplatz zu, einen kleinen Tisch in der rechten Ecke des Raumes. Als ich mich hinsetzte, hatte ich das Gefühl, von diesen samtweichen Lederpolstern aufgesogen zu werden. Auf dem Tisch stand eine Kerze, eine Schale mit Knabbereien und ein kleines Büchlein. Das musste wohl die Getränkekarte sein. Ich verweigerte den Blick hinein, damit mich beim Anblick der Preise nicht der Schlag treffen konnte.

»Hello, Mister Starkey, guten Abend. Das Gleiche wie immer?« Der Kellner schmunzelte.

**»Right, man. The same as always!** Und wir hätten auch gerne etwas zu essen.«

Ehrlich, mir war ganz mulmig zumute. Was bestellt man in so einem feinen Club? Das Gleiche wie Ringo? Aber was war das Gleiche? Um auf Nummer Sicher zu gehen, bestellte ich einfach ein Bier.

»Welches Bier soll es denn sein: Carlsberg, Budweiser ...« Er zählte ungefähr ein Dutzend Biersorten auf, von denen ich bislang nie etwas gehört oder gelesen, geschweige denn getrunken hatte. Ich nannte einfach das Erstbeste. Ich fühlte mich wesentlich unsicherer als damals in Hamburg, als ich zum ersten Mal im Rotlichtmilieu von St. Pauli die Treppen zu einem dieser verqualmten Kellerclubs runter- geschlichen war. Was für ein Kontrastprogramm: von den kleinen, schmuddeligen Reeperbahn-Tanzschuppen zum Edel-Szene-Club über Londons Dächern.

Kurz nachdem wir an Ringos Stammtisch Platz genommen hatten, fing die Band an zu spielen. Sie bestand aus fünf Musikern und war ziemlich gut. Langsam strömten immer mehr Personen aus dem Lift, um an den einzelnen Tischen und an der Bar Platz zu nehmen. Da kamen sie alle hereingeschwebt: Mr Rollex und Ms Dior, glitzernd und schimmernd mit den teuersten Edelfetzen an den Körpern. Die Nerzjacken hatten die Damen natürlich an der bewachten Garderobe zurückgelassen. Die Musik wurde besser und besser, und je lauter und rhythmischer die Songs von der Bühne hallten, desto mehr Fleisch war auf der Tanzfläche zu beschauen. Es war die beste Technikanlage, die ich bis dahin zu Ohren bekommen hatte, besser noch als das Equipment im EMI-Studio. Plötzlich war der Club brechend voll. Viele kamen an unseren Tisch, tauschten mit Ringo kurze Worte oder klopften ihm auf die Schulter. Jeder wollte Ringo, oder besser gesagt, dem Beatle Ringo Hallo sagen. Nach einer Weile hörte er auf, mich vorzustellen. Zu viele Menschen drängten sich um ihn. Ich verfolgte mit großen Augen und gemischten Gefühlen das, was auf mich wie eine Inszenierung wirkte. Für einem Moment tat mir mein Freund Leid. Aber er schien die Aufmerksamkeit wirklich zu genießen. Ich hatte den Eindruck, er wurde von Minute zu Minute wacher und aufgedrehter. Ja, Ringo war glücklich. Seine Augen leuchteten. Er ließ sich sogar von einem blonden Mädchen auf die Tanzfläche schleppen und sloppte, was das Zeug hielt.

**Im Beatles-Film** *A Hard Days Night* gibt es eine Szene, in der die vier aus dem Käfig ihres Hotelzimmers ausbrechen, um sich in einem Nachtclub zu amüsieren. Die anschließende Party gibt einen guten Eindruck von Ringos Tanzstil: verspielt und wild.

Der erste Drink lag bereits Stunden zurück. Ich hatte es sogar geschafft, länger als zwei Minuten ein Gespräch mit einer prallen Brünetten zu führen. Da erschien der Küchenchef, richtig schön mit hoher Kochhaube, in den Händen eine mehrstöckige Geburtstagstorte, die mit einem Kerzenmeer dekoriert war. Die Band stoppte mitten im Song und stimmte ein Happy-Birthday-Ständchen an. Als Ringo das Geburtstagskind sah, eine bildhübsche Blondine mit blitzenden, schwarz umrahmten Augen, grölte er laut mit. Das Mädchen pustete mit einem Atemzug alle Kerzen aus, und der Küchenchef gab ihr einen dicken Kuss direkt auf den blaßrosa geschminkten Mund.

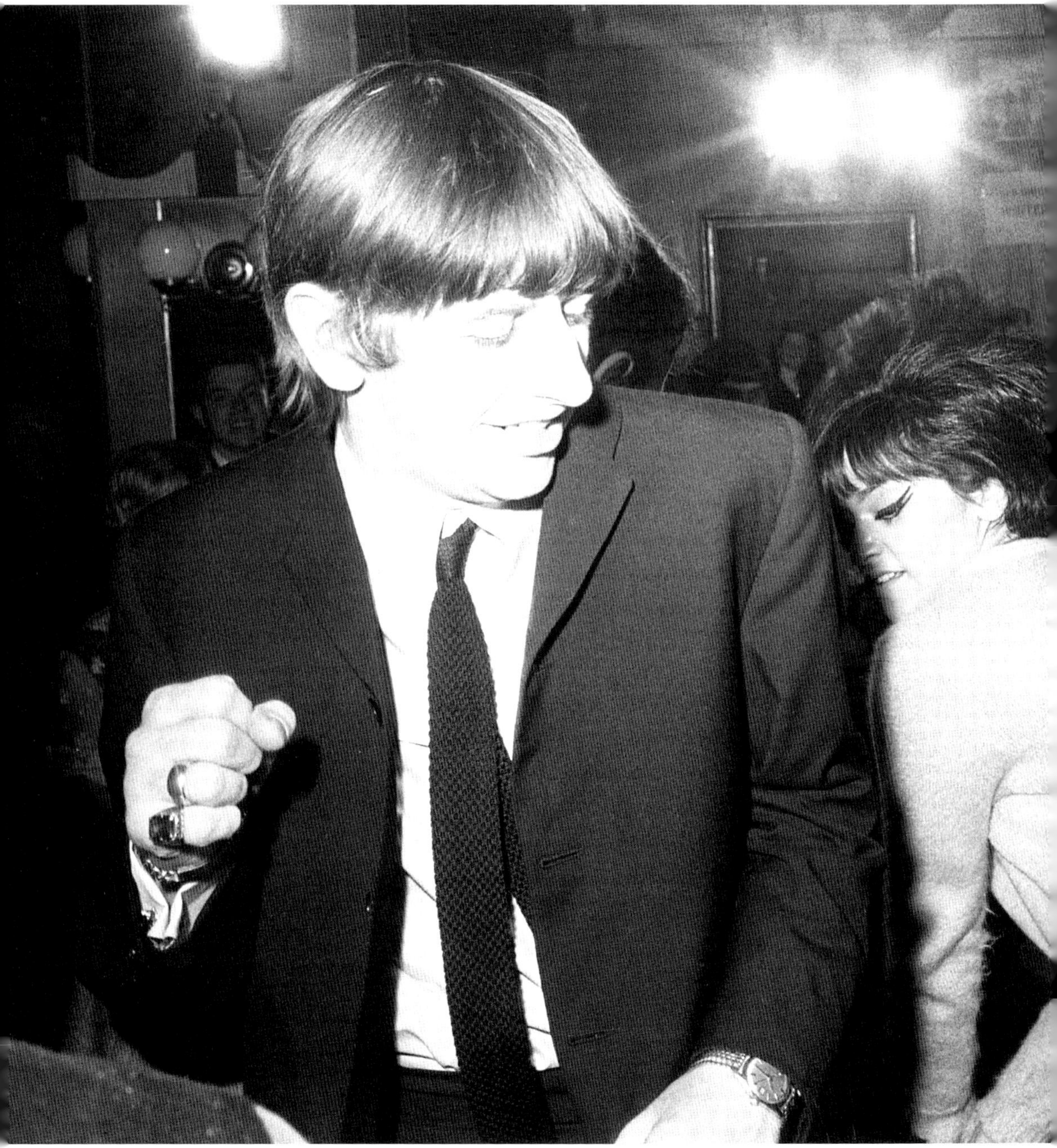

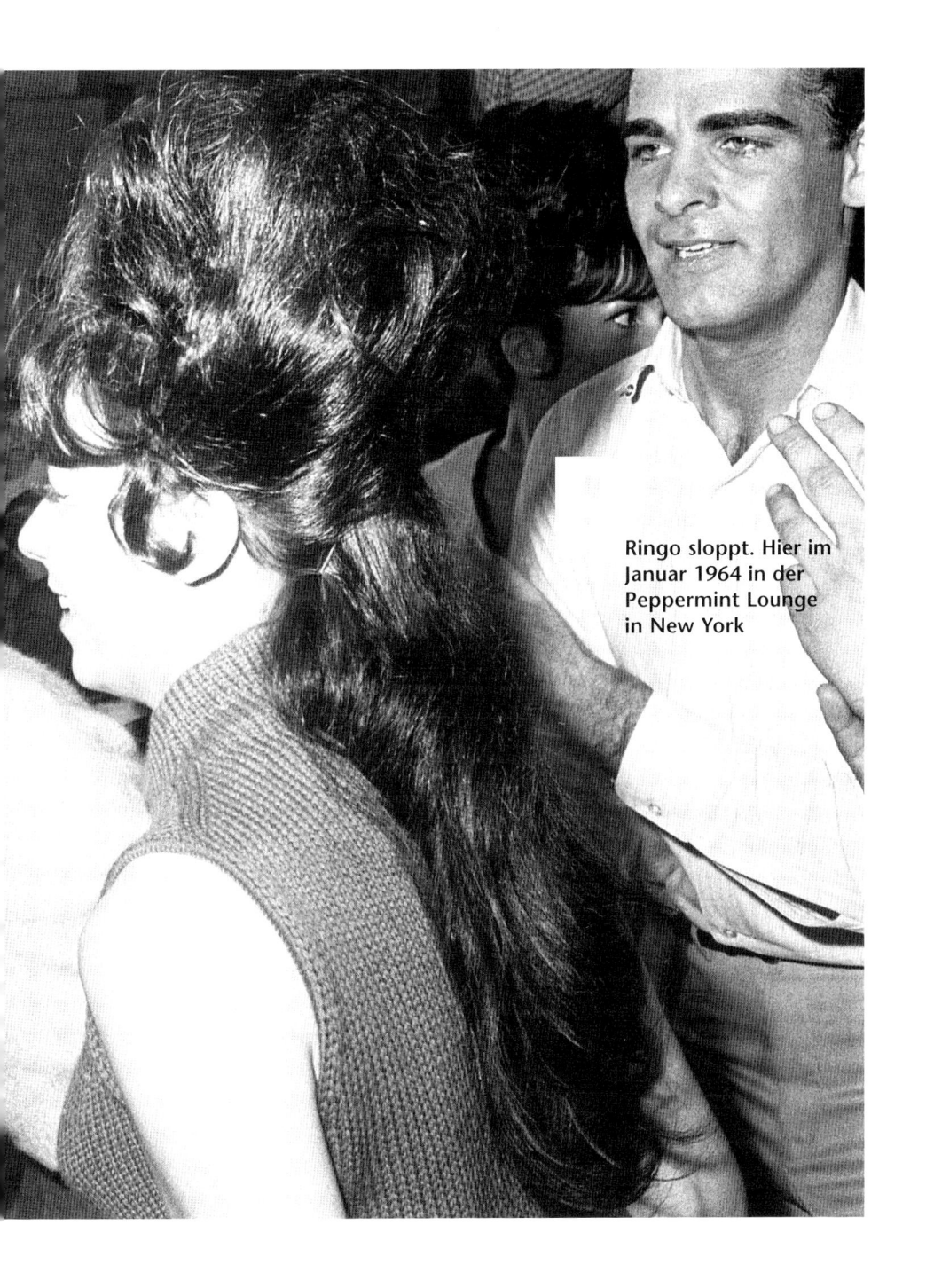

Ringo sloppt. Hier im Januar 1964 in der Peppermint Lounge in New York

Anschließend griff er sich ein großes Tamburin, um den Rhythmus zur Band zu schlagen. Alle Kellner und Barmädchen hatten plötzlich ebenfalls Percussioninstrumente in den Händen und ab ging sie, die berühmt-berüchtigte Ad-Lib-Polonaise. Aha, das war's also! Daher kam Alberts Hinkebein. Der Raum verwandelte sich blitzschnell in einen Hexenkessel, dem auch ich mich nicht mehr entziehen konnte. Ringo stand bereits mit zwei Strohhalmen zwischen den Zähnen auf dem Tisch und versuchte zu steppen, während er dazu wie ein Flamencotänzer in die Hände klatschte. Der Küchenchef entpuppte sich als hervorragender Cheerleader und talentierter Tänzer. Wie der Rattenfänger von Hameln führte er die ganze Meute durch den Club, und jede Bewegung, die er vorgab, machten alle nach: linker Arm nach oben, mit dem Hintern wackeln und hüpfen auf dem rechten Bein. Es war eine Bombenstimmung. Ringo bog sich vor Lachen und machte ständig irgendwelche blöden Witze.

**Irgendwann hatte ich aufgehört,** die konsumierten Drinks zu zählen und auszurechnen, was das kosten würde. Ich wusste nur, dass Ringo auf alle Fälle einige zu viel hatte. Es wurde schon hell, und als wir im Osten die Sonne aufgehen sahen, meinte er mit schwerer Zunge: »Klaus, let's go home.«

Er hakte sich bei mir unter, und als wir unten ankamen, wartete bereits unser Taxi. Morris, der Clubbesitzer, kümmerte sich eben um seine Gäste. Während der Fahrt kicherte und alberte Ringo ununterbrochen, und ich hatte Mühe, ihn dann aus dem Auto herauszubekommen. Da war ja auch noch die Schranke. Ich schleppte ihn in den Lift und versuchte, ihn am Einschlafen zu hindern. Vor der Wohnungstür fanden wir erst den Schlüssel nicht, dann suchten wir auch noch das Schloss. Irgendwie schafften wir es dann doch in das Appartement.

Er fiel in voller Montur aufs Bett und war weg. Ich zog ihm noch Schuhe und den Blazer aus, damit er es etwas bequemer hatte. Nur einen Schlummertrunk, hatte er gesagt.

Mit Ringo am Klavier bei Aufnahmen zu *B. B. King in London*, 1971

In Paris, 1966

# 7. KAPITEL

## » Der Mann mit den schönsten Beinen «

**Es dauerte nicht lange,** und ich bekam von der Werbeagentur Smith & Warden einen Job angeboten. Ich tauschte eine kleine Wohnung nahe der U-Bahn-Station Bayswater Road gegen Ringos großes Penthouse ein. Vorbei die Luxustage, keine kreischenden Fans mehr vor der Haustür, keine vornehmen Restaurants und schicken Edelclubs. Aber ich vermisste all das auch nicht besonders, im Gegenteil. Ich fühlte mich sogar irgendwie befreit.

Ich hoffe, man versteht mich jetzt nicht falsch. Ich hatte eine fantastische Zeit mit meinen vier Freunden und ich möchte auch keinen Augenblick missen. Es war eine privilegierte Situation, so eng mit ihnen zusammenleben zu können, und das werde ich auch nie vergessen. Aber ich war immer schon mehr dafür, mein Leben ruhig und bescheiden zu verbringen. Ich habe ihre Freundschaft und Nähe genossen, das exklusive Leben war unwichtig für mich. Ich komme ja aus einer wohlsituierten Familie. Meinem Großvater gehörte sozusagen ein ganzer Stadtteil Berlins, und selbst als nach seinem Tod durch die Inflation der größte Teil des Vermögens verloren ging, so wohnten wir immer noch in einer Villa in der Nobelgartenstadt Frohnau bei Berlin. Mir fiel von Kindesbeinen auf, wie Luxus und Geld Menschen verändern konnte, und ich wollte nie so werden. Noch heute würde ich das Leben in einer Blockhütte in den Rocky Mountains einer Designerwohnung in einer der Metropole vorziehen.

Die Arbeit bei Smith & Warden machte Spaß, ich konnte meine grafischen Kenntnisse weiter ausbauen und Neues dazulernen. Der Kontakt zu den Beatles blieb nach wie vor sehr eng. Wir sahen uns oft, hörten Musik zusammen oder gingen indisch essen. Ich war stolz auf mein erstes eigenes Zuhause, wohnte ich doch bislang immer nur in Untermiete oder wie zu anfangs in London bei Freunden. Jetzt war es meine eigene kleine Bude mit meinem eigenen Bett, das Tonbandgerät auf der einen und Stuarts Bassgitarre auf der anderen Seite. War ich zu Hause, schaltete ich sofort das Radio ein, vor allen Dingen Radio Luxemburg und BBC. Ringos Plattengalerie war weit weg, und ich verdiente noch zu wenig, um mir regelmäßig die neuesten Scheiben zuzulegen. Um ehrlich zu sein, konzentrierte ich mich viel mehr auf die Rockmusik als auf meine Grafik.

**Vielleicht war es Schicksal,** dass mich eines Tages mein Freund Gibson Kemp aus Hamburg anrief, um mich zu fragen, ob ich nicht als Bassist in seine Band einsteigen wollte. Was danach folgte war, milde ausgedrückt, ein Sprung ins eiskalte Wasser. Ich opferte meinen vielversprechenden Grafikerjob gegen ver-

Paddy, Gibson und ich (von rechts) im Pickwick Club

rauchte Clubs, lange Nächte, schlecht bezahlte Gigs, Hundehütten, die von ihren Besitzern als Hotels bezeichnet wurden. Genau genommen ging ich nun durch die gleiche Schule wie vor ein paar Jahren die Beatles. Das Touren mit Paddy, Klaus & Gibson durch die deutsche Provinz war besonders hart. Das lag nicht an den Zuschauern, sondern am Leben hinter der Bühne. Meist waren wir zu dritt in billigsten Unterkünften untergebracht und spielten oftmals die ganze Nacht durch für wenig Gage und eine warme Mahlzeit. Beatlemania hatte das junge Volk voll im Griff. Man musste nur auf irgendeiner Bühne stehen, einen Gitarrenhals umfassen können, mal lässig die Haarmähne schütteln, schon kreischte die Menge.

Um es kurz zu machen, nach ausgiebigem Tingeln durch Deutschlands Clubs und Möchtegernclubs kehrte ich mit der Band nach London zurück. Wir wohnten in einer Altbauwohnung am Shepherd's Market bei Bernie Andrews, einem BBC-Produzenten. Alle drei in einem Zimmer. Unseren ersten Gig hatten wir im Pickwick Club, und auch hier hatte wieder das Schicksal seine Finger im Spiel. Es war einer dieser so genannten Posh Clubs, also auch so ein Edelschuppen für die In-Szene wie das Ad Lib. Die Upper Class kam hier zum Essen oder auch nur zu einem Drink. Eines abends besuchte uns George mit Ringo im Schlepptau und der schleppte wieder irgendeinen Prominenten mit und der wieder schleppte ... na ja, so ganz kann ich nicht mehr nachvollziehen, wer nun alles wen mitschleppte. Auf alle Fälle waren eine ganze Menge Leute im Club, um unsere Band zu hören. Wir schienen nicht schlecht gewesen zu sein, denn es sprach sich sehr schnell herum, und bald saßen da John und Paul zusammen mit Brian Epstein vor unseren Nasen. Brian war nicht nur begeistert, er war verrückt nach uns, aus welchen Gründen auch immer.

**Innerhalb kürzester Zeit** gehörten wir zum Epstein-Stall: NEMS Enterprises. Wir nahmen ein paar Singles auf, aber irgendwie lief das alles nicht so, wie wir uns das vorgestellt hatten. Kurz vor unserer Trennung gingen wir noch auf England-

Tour, zusammen mit Cilla Black, Billy J. Kramer und den Everly Brothers. Das war allerdings eine feine Sache. Nun muss ich sagen, dass ich Don und Phil Everly seit vielen Jahren bewunderte. Obwohl die beiden eigentlich als typische Vertreter der Fünfziger- und frühen Sechzigerjahre galten, waren sie in England immer noch top, selbst als die Beatlemania schon rollte. Die Haare trugen sie etwas länger, hatten Beatleboots unter den eng geschnittenen Hosen, und an Professionalität waren sie schwer zu überbieten. Zusammen mit einer anderen Gruppe traten wir im Vorprogramm auf. So konnte ich dann immer vor der Bühne den Everly Brothers Act vollständig verfolgen. Ich hätte weiß Gott was dafür gegeben, die beiden am Bass begleiten zu können. Ich weiß nicht, ob dieser tiefe Wunsch die Krankheit des eigentlichen Bassspielers der Everlys zur Folge hatte, auf alle Fälle kam Phil gegen Ende der Tour unmittelbar vor der Show zu mir und bat mich, für einen Abend den Basspart zu übernehmen. Phil wusste, dass ich jeden Abend vor der Bühne stand und fast jeden Ton auswendig konnte. Das war auch Voraussetzung, denn wir hatten wirklich keine Zeit mehr, irgendetwas zu proben. Ich schnallte mir meinen Gurt samt Instrument um, und so kam es, dass ich zum ersten Mal auch mit Jim Gordon am Schlagzeug zusammenarbeitete. Mann, hat das Spaß gemacht: »Cathy's Clown«, »Let It Be Me«, »Wake Up Little Susie« und all die satten Hits. Das war schon was. Wie schon gesagt, die Tour war auch das Ende von Paddy, Klaus & Gibson als Band, nicht als Freunde. Jeder versuchte seine eigenen musikalischen Wege zu gehen.

Ich wollte auf alle Fälle nicht mehr zur Grafik zurück, also suchte ich einen Job als Musiker in einer anderen Band. Es dauerte nicht lange, da landete ich bei den Hollies. Das war allerdings ein sehr kurzes Gastspiel, was daran lag, dass man mich nicht als gleichberechtigtes Bandmitglied akzeptieren wollte, sondern lediglich als Musiker, den man pro Gig bezahlte. Ich trat zweimal mit ihnen auf, einmal bei der Fernsehshow *Saturday Club* und einmal im London Palladium. Dann hieß es plötzlich: »Weißt du, Klaus, wir haben so lange und so hart an uns und unserem Stil gearbeitet, da können wir nicht so ohne weiteres einen Neuling wie dich vollwertig aufnehmen, das verstehst du doch, oder?«

Ich verstand Graham Nash nicht, packte meine Sachen zusammen und ging.

**Kurz danach landete ich** bei Manfred Mann. Als ich bei Smith & Warden gearbeitet hatte, spielte ich in der Pause immer mit meinem Kollegen Mike McGan. Er war nicht nur ein guter Grafiker, sondern auch ein Spitzenmusiker. Er spielte toll diese typische Country-Blues-Fingerpicking-Gitarre. Wenn Mike auf seinen verschiedenen Gitarren und Mandolinen übte, hatte ich immer das Gefühl, irgendwo in Louisiana gelandet zu sein. Ich musste an Robert Johnson oder Leadbelly denken. Also mit Mike machte ich immer kleine Sessions in der Mittagspause, und wir hatten auch privat engen Kontakt. Er war ein Freund von Tom McGuinness, und irgendwann kam er an und sagte: »Du, Klaus, ich hab von Tom erfahren, dass Jack Bruce die Manfred Mann Band verlassen will. Ich glaube, der will irgendetwas mit Eric Clapton und Ginger Baker aufziehen.

**Ich musste schmunzeln** und erinnerte mich sofort an einen University Gig in Mittelengland. Damals war ich noch bei Paddy, Klaus & Gibson. An diesem Abend spielten noch zwei weitere Bands: John Mayall mit Eric an der Gitarre und Graham Bond Organisation mit Ginger Baker am Schlagzeug. In der Pause saßen wir alle zusammen in der Musikergarderobe und ich frage Eric, ob ich denn mal seine Gitarre nehmen durfte. Wir unterhielten uns eine Weile und er meinte, wie gut er doch die Idee fände, nur als Trio zu arbeiten. Das sei doch eine spannende und für die einzelnen Musiker herausfordernde Sache. Damals dachte ich nicht daran, dass Paddy, Klaus & Gibson dem guten Eric die Anregung zu Cream geben würde.

Aber zurück zu Mike. Er meinte, ich sollte mich doch mal bei Manfred Mann vorstellen. Ich rief also Tom McGuinness an. Der lud mich sofort zur nächsten Probe ein, die war bereits ein paar Tage später in Manfreds Privathaus. Sein Nachbar war John Mayall. Beide lebten in diesen typisch englischen Standard-Reihenhäusern. Manfreds einziger Kommentar zu seinem prominenten Nachbarn war: »Der spielt sich den ganzen Tag über nur den Applaus von seinen Konzertmitschnitten vor.«

**Zusammen mit Manfred,** Mike Hugg am Schlagzeug und Tom übten wir ein paar Songs zusammen, spielten einen einfachen Blues. Plötzlich kam ein blonder, hübscher Bub zur Tür herein. Manfred stellte ihn mir als den neuen Leadsänger vor, nachdem auch Paul Jones beabsichtigte, die Gruppe zu verlassen. Es hat lange gedauert, bis Mike d'Abo mir beichtete, dass er bei meinem Anblick das große Muffensausen bekam. Als er nämlich den Übungsraum betrat und mich in der Ecke sah, dachte er, ich wäre der neue Sänger, und er könne gleich wieder die Düse machen. Er war heilfroh, als ich plötzlich meinen Bass umschnallte. Und damit stand die neue Besetzung von Manfred Mann.

Ich weiß, dass mich besonders in Deutschland viele aus der Manfred-Mann-Zeit kennen. Es mag vielleicht jetzt enttäuschend klingen, aber ich kann nicht sagen, dass es für mich die musikalische Erfüllung war. Zugegeben, wir waren sehr erfolgreich, aber es war mir persönlich alles zu seicht und kommerziell, nicht Fisch und nicht Fleisch. Im Gegensatz zu den Beatles war da nie dieser erdige und satte Rock 'n' Roll Sound. Es war alles doch sehr sophisticated, um nicht zu sagen arrogant. Manfred hat sich immer mehr als Jazzer gesehen, ob er es tatsächlich war und ist, bleibt dem persönlichen Geschmack des einzelnen Hörers überlassen. War die Besetzung mit Paul Jones und Jack Bruce noch sehr vom Rhythm & Blues geprägt, so versuchten Manfred und Mike Hugg innerhalb der darauf folgenden Besetzung stark ihre Jazzambitionen einzubringen.

Heraus kam geschlechtslose Popmusik, die schön brav an der Gürtellinie Halt machte. Interessant für mich auch, dass die Bandmitglieder nie selbst Hits geschrieben haben. Stattdessen bediente man sich lieber so genannter Basement Tapes. Das sind unveröffentlichte Produktionen. Lieferant Nummer 1 war Bob Dylan, und die Songs von Randy Newman fanden auch Gnade. Zugegeben, die Manfred-Mann-Versionen waren erfolgreich, hatten aber überhaupt nichts mehr von dem Dylan eigenen Biss. Trotzdem war es in vieler Hinsicht auch eine interessante Schule. Wir spielten entweder in großen Clubs oder in richtigen Konzertsälen. Das Ganze wurde von einer großen Veranstaltungsfirma organisiert und durchgestreamt.

**Ich erinnere mich noch** an einen Auftritt in Paris, wo wir neben anderen Stars das Programm bestritten. Wir waren mit dem letzten Song fertig, das Publikum tobte und schrie: »More, More!« Also spielten wir eine Zugabe. Kaum waren wir fertig, brüllten die Zuschauer wieder: »More, More, More!« Mike d'Abo war ganz überwältigt und stimmte bereits die zweite Zugabe an. Das Publikum konnte sich gar nicht mehr einkriegen: »More, More, More, More!« Tom maulte bereits, wir könnten doch nicht die Nacht durchspielen. Am Bühnenrand sahen wir den Veranstalter heftig winken. »Stopp«, schrie er, »stopp! Hört endlich auf!« Wir konnten ihn nicht verstehen, das Publikum tobte und er wollte uns von der Bühne holen? Es dauerte eine Weile, bis wir begriffen, dass das »More, More!« in Wirklichkeit »Adamo, Adamo!« hieß. Der belgische Sänger war zu diesem Zeitpunkt in Frankreich ein Superstar und wartete schon ungeduldig auf seinen Einsatz.

**Denke ich an die Auftritte** in Irland, dann ist mir jetzt noch ganz mulmig zumute. Wir spielten in einem großen Zelt, irgendwo auf dem Land. Während unserer Show standen die Jungs und Männer auf der einen Seite von der Bühne, die Mädchen und Frauen schön brav auf der anderen Seite. Es dauerte eine ganze Weile, bis sie so langsam zueinander fanden. Irgendwann, so nach fast einer Stunde, trafen sie sich wie zufällig in der Mitte und fingen dann auch an, zusammen zu tanzen. Eigentlich war es eher ein Hoppeln. Wir hatten eine großes Zelt, das uns als Garderobe diente. Kaum waren wir mit dem Auftritt fertig, stürzte sich die ganze Zuschauermeute in unser Umkleidezelt. Es war ein heilloses Durcheinander. Jeder wollte irgendein Souvenir haben. Fotos, Gitarrenplektrums, Zigarettenkippen, Uhren, alles Mögliche. Irgendwann sah ich ein junges Mädchen mit einer meiner Unterhosen davonhuschen. Als aber ein Bursche meine teure Querflöte im Visier hatte, wurde mir das doch zu viel. Ich packte sie weg. Wenig später bemerkte ich, dass sie verschwunden war. Was war ich wütend. Wir versuchten in der Menge den jungen Kerl zu fassen zu kriegen, was uns auch wenig später gelang. Er hatte die Flöte im Ärmel versteckt.

Irgendwie war die Stimmung bei unseren Auftritten sehr merkwürdig. Im Nachhinein würde ich sagen, es lag auch ein bisschen an der Band. Da wurde getuschelt, sich lustig gemacht über irgendwelche Typen. Na ja, es dauerte nicht lange, und wir mussten buchstäblich flüchten. Allerdings nicht vor begeisterten Fans, sondern vor wütenden irischen Männern, die uns verprügeln wollten.

Die vielen Hits wurden im Studio manchmal stückchenweise zusammengestöpselt. Da ein Stückchen Flöte von mir, da ein Gitarrenoverdub, dann Mike d' Abos Stimme. Als Manfred sich dann die damalige Wundermaschine »Mellotron« anschaffte, wurde es überall auf die Bänder gepackt. Unsere Aufnahmen überraschten immer wieder mit neuen Effekten und Sounds. Was für manche die elektrische Eisenbahn, war für Manfred sein Mellotron. Das alles wirkte nicht selten sehr konstruiert.

Zu Tom McGuinness habe ich bis heute eine gute Beziehung. Er ruft manchmal an und dann quatschen wir über alles Mögliche. Manfred selbst war nie so mein Fall. Sorry, Manfred. Ich weiß noch, wie er in einem Interview auf die Frage: »Was können Sie über Ihren

**Die Manfred Mann Band:**
Mike d'Abo ganz vorn
und ich ganz hinten, 1966 in
Paris

neuen Bassisten Klaus Voormann sagen?«, antwortete: »Klaus, oh ... er hat die schönsten Beine.«

Bei Manfred war alles geplant und kalkuliert, zugegeben auf sehr professionelle Art. Aber es fehlte die innige Beziehung untereinander, das Lebendige und Spontane. Es fehlte der tiefe Blues, der echte Rock 'n' Roll. Im Frühjahr 1969 löste sich die Band auf. Zum Abschied gab es noch den Hit »Ragamuffin Man«.

**Die Sechzigerjahre** waren nicht nur die Zeit der Pilzköpfe, sondern die Zeit der Pilze schlechthin. Hier wiederum ganz spezielle, zum Beispiel diese kleinen putzigen Gewächse, die auch im indianischen Schamanismus seit langem verwendet werden. Drogen hielten mehr und mehr Einzug in die Musikszene. Surrealistische Geschichten, deren Verfasser nicht selten im Verdacht standen, ihre im Drogenrausch erschienenen Halluzinationen auf Papier gebracht zu haben, waren hochaktuell. Allen voran *Alice in Wonderland* von Lewis Carroll. Daraus resultierten wieder Songs wie »White Rabbit«, und Bands wie Jefferson Airplane konnten sich in den Charts platzieren. Es war die Psychedelic-Ära, die Zeit der Selbstfindung, Auflehnung, die Ära des Experimentierens auf jeder Ebene. Dies wirkte sich nicht nur auf musikalischer, sondern auch auf sozialer und sogar politischer Ebene aus. Verbunden war das alles sehr stark mit dem Hippiekult, wozu sicher wieder einen Großteil meine Liverpooler Freunde beigetragen hatten. Ihr Indienbesuch und die Fotos mit Maharishi Mahesh Yogi gingen um die Welt. Blumenkränze, Frieden und Love, Love, Love. Bizarre Farben und Klänge dominierten, und nicht wenige dieser Experimente brachten Ausübende an den Rand des Wahnsinns. Einige, darunter so mancher Freund, überschritten sogar diese Schwelle. Sie kehrten nicht mehr zurück und wenn, dann nicht mehr bis zum Ausgangspunkt.

**Die Beatles-Mitglieder** und hier wiederum John, der für seine Exzentrik bekannt war, machten auch davor nicht Halt. Haschisch, Marihuana und LSD verhalfen dem einen zum Mega-

Glücksgefühl, dem anderen zum Höllentrip, verbunden mit Depressionen und Albtraum-Visionen. Songs wie »Strawberry Fields«, »Lucy in the Sky with Diamonds« oder »Magical Mystery Tour« sind so entstanden.

Wie schon erwähnt, kamen die starken indischen Einflüsse durch Georges sehr persönlichen Kontakt zu dem Guru Mahesh Yogi. War es für George der Beginn einer großen, spirituellen Suche, so wurden diese Inspirationen sehr geschmackvoll, wenn auch kommerziell für die breite Masse umgesetzt. Von der menschlichen Seite aus gesehen war es kein Wunder, dass sich die Beatles nach dem Kontrastprogramm der vergangenen Jahre nach Halt und festem Boden unter den Füßen sehnten. Das war etwas, das sie in ihrem Umfeld nicht mehr finden konnten. Der Boden wurde ihnen immer mehr unter den Füßen weggezogen. Jeder Mensch würde ins Schleudern kommen. Wenn Realität und Fantasie sich so vermischen, dass man sie nicht mehr unterscheiden kann, dann wird es gefährlich.

Mir ist das besonders bei John aufgefallen, der zunehmend von existenziellen Fragen getrieben schien. Wo gehöre ich hin? Wer bin ich? Bin ich der John, der versuchen sollte, die bürgerliche Norm eines pflichtbewussten Familienvaters und Ehemanns zu erfüllen, oder bin ich der weltverbessernde Revoluzzer, der Philosoph, der geniale Musiker? Es war für John eine Zeit großer Frustrationen und Depressionen. Er war mit sich und der Welt überhaupt nicht mehr im Reinen. Ich konnte klar erkennen, wie er mit Riesenschritten auf einen vollkommen neuen Abschnitt seiner Persönlichkeitsentwicklung zusteuerte. Der Tiefpunkt dieser Gemütsverfassung führte unweigerlich zur Abnabelung von seinem bisherigen Leben. Ich wusste aber auch, dass nach dieser schweren Zeit ein neuer John wie Phönix aus der Asche steigen würde. Und seine Frau Cynthia hatte neben John Phönix Lennon keinen Platz mehr. Sie war ein Teil des alten John aus Liverpool.

Dieses sehr liebe Mädchen, mit dem großen, warmen Herzen. Mütterlich, etwas konservativ und nicht intellektuell, wie John es gern gehabt hätte. Eine Frau, die stunden-, tage-, nächtelang über

Sein oder Nichtsein, über Gott und seinen großen Störenfried Mensch palaverte, das war Cynthia nie. Love & Peace Happenings in holländischen Hotelbetten wären mit ihr unmöglich gewesen. John aber brauchte die Herausforderung, in der Musik, im Gespräch, im Leben und in der Beziehung zu seiner Lebenspartnerin. Eines Tages rief er mich aufgeregt an.

»**Klaus, du musst unbedingt kommen**, ich muss dir etwas vorspielen! Ich lass dich morgen von meinem Chauffeur abholen.« Gesagt und ohne meine Antwort abzuwarten, legte er auch sofort wieder auf. Ich hatte Zeit und war auch neugierig, sein Heim in Weybridge zu sehen.

Am nächsten Tag, pünktlich wie angekündigt, stand der Rolls Royce vor meiner Haustür. Wir fuhren über die Autobahn und es dauerte nicht lange, da stoppten wir auch schon vor Johns Anwesen. Es muss wohl so gegen zehn Uhr Vormittag gewesen sein. Die Haushälterin ließ mich eintreten, aber John war nirgendwo zu sehen. Eine Tasse Tee wurde mir gereicht, um die Wartezeit zu überbrücken. Ich setzte mich auf ein großes, rotes Ledersofa. Mir direkt gegenüber lehnte eine Gitarre an einem der vielen Fenster. Der Raum, in dem ich mich befand, war eine Art Wintergarten. Die Zeit verstrich, und kein John weit und breit. Ich stand auf, schnappte mir die Gitarre und fing an herumzuklimpern. Es war wieder einmal eine meiner kleinen Eigenkompositionen. Doch diesmal stand kein Spion wie George hinter mir, um mich samt Song und Gitarre gleich ins Studio abzuschleppen. Ich spielte also leise vor mich hin, wie immer halt, als ich plötzlich Johns vertraute Stimme vernahm.

»**Ah, not bad. Who wrote that?**«
Ich drehte mich um, und vor mir stand ein übernächtigt wirkender John mit dunklen Ringen unter den Augen. Er musste wohl eben aus dem Bett oder etwas Ähnlichem gekrochen sein.

Konnte auch gut sein, dass er überhaupt nicht geschlafen hatte. John nahm mir das Instrument aus der Hand.

John spielt Narziss an seinem Gartenteich in Weybridge, Cynthia schaut zu

»Ich will, dass du dir das anhörst. Ich habe noch keinen Text, aber ich denke, das Stück wird dir gefallen.«

Das war es also. Er hatte tatsächlich nicht geschlafen, stattdessen die ganze Nacht über einem neuen Song gebrütet. Kein Wunder, dass er so schlecht aussah. Wobei ich mir nicht sicher war, ob eine Ladung Pillen nicht auch noch ihren Beitrag geleistet hatte.

John fing an zu spielen und versuchte mit einem Behelfstext, mir die Melodie vorzusingen. Seine Stimme klang rauer als sonst. Was immer es war, ich hatte das Gefühl, dass diese Tage nicht einfach für ihn waren. Er stoppte plötzlich.

»Shit, ich bekomme die Akkorde noch nicht richtig zusammen. Ich fang noch einmal an.«

**Er wirkte nervös.** Er spielte das Gitarrenintro und versuchte noch einmal, die Melodie zu den Harmonien zu finden. Es hörte sich wirklich interessant an, selbst in dieser rohen Erstfassung. Ich wünschte, ich hätte ein Tonband mitlaufen lassen. Plötzlich hörte er mitten im Song auf, drehte sich um und kramte ein Stück Papier hinter einem der Sofakissen hervor.

»Schau dir das mal an. Julian hat mir das gezeichnet.«

John gab mir die Zeichnung mit einem weichen Lächeln, was sein Gesicht wehmütig erscheinen ließ.

»Ich habe Julian gefragt, was das darstellen sollte. Er erklärte mir, das wäre Lucy in the Sky with Diamonds. Ist es nicht großartig?«

John nahm die Gitarre wieder in die Hand, während ich das Bild seines Sohnes näher betrachtete. John spielte wieder das Intro und sang plötzlich.

**»Lucy in the Sky with Diamonds.** Lucy in the Sky with Diamonds.« So hätte er von mir aus stundenlang weiterspielen können. Doch bereits Minuten später wurde die Stimmung von John abrupt beendet.

»Komm, lass uns in den Garten gehen.«

Es war typisch für ihn, von einem Extrem ins andere zu fallen. Er wirkte sprunghaft und ruhelos. Es war ein schöner, warmer Tag, und ich genoss den Anblick der großen und gepflegten Gartenanlage. Doch John nahm das alles überhaupt nicht wahr. Ich hatte sogar den Eindruck, dass ihn das alles fürchterlich langweilte. Wir setzten uns unter einen großen Busch, und während wir uns unterhielten, zupfte John ständig die Blätter von den Zweigen. Er redete und redete und zupfte und zupfte, bis sich ein großer Haufen Blätter vor uns auftürmte.

»Komm«, sagte ich ruhig zu John, »gönn dem Busch eine Pause. Er kann auch nichts dafür, dass es dir nicht besonders gut geht.«

John sah mich lange mit einem seltsamen Ausdruck in den Augen an. Ich befürchtete schon, ihn verärgert zu haben, und erwartete, dass er aufspringen und dem Busch oder sogar mir eine reinhauen würde. Aber sein Blick zerriss mir fast das Herz. Wenn irgendjemand Hilfe benötigte in diesem Moment, dann war es John. Nach einer Pause blickte er zu Boden und sagte: »Klaus, ich wünschte, ich wäre nicht hier!«

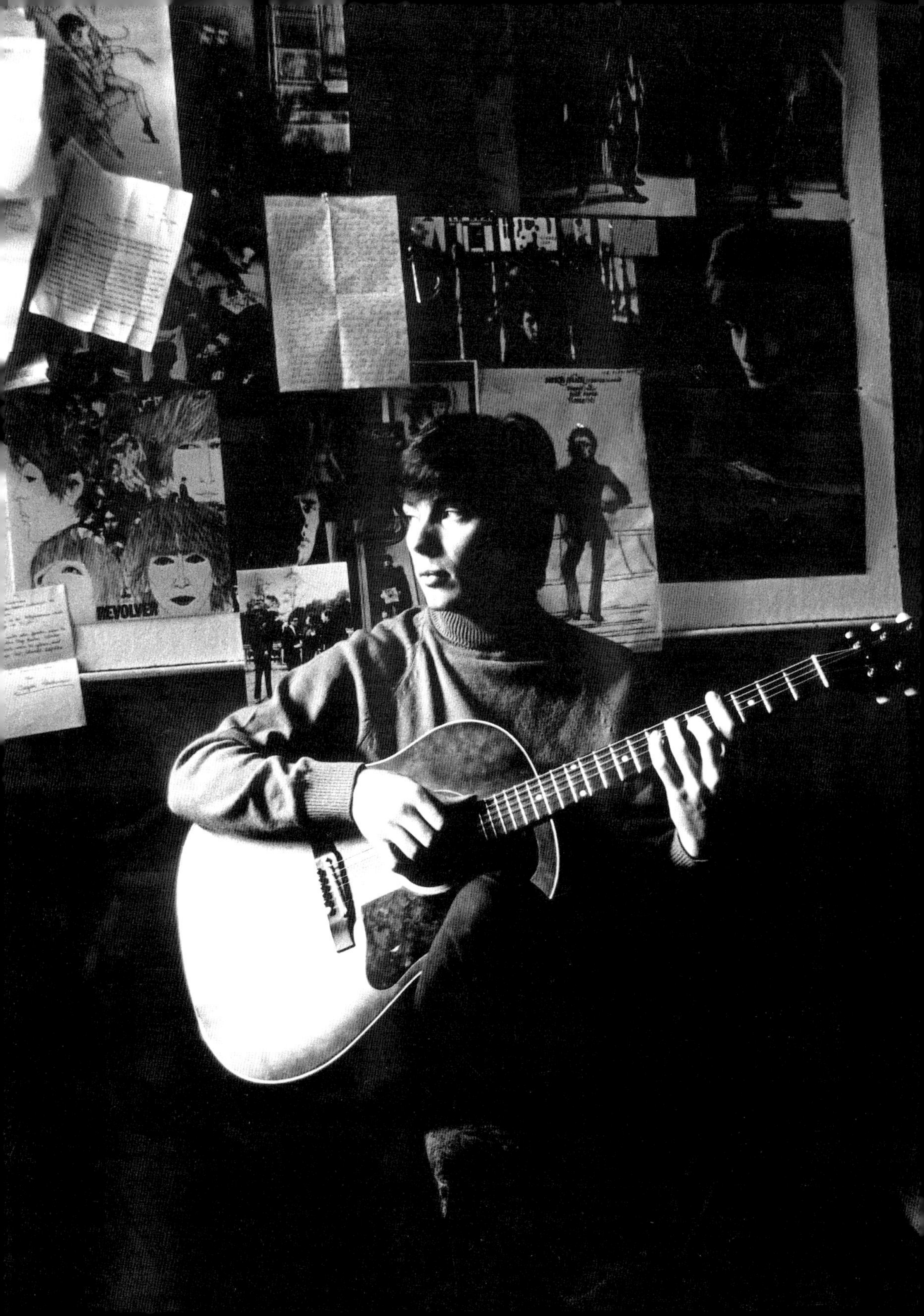
REVOLVER

# 8. KAPITEL

## »Very nice, Mister Voorman, you passed the audition«

**Ich war zweimal** im Leben richtig verheiratet, also mit Standesbeamten und Trauzeugen und was so üblicherweise dazugehört. Die erste Ehefrau hieß Christine, die zweite ebenfalls, wird aber seit vielen Jahren Christina gerufen.

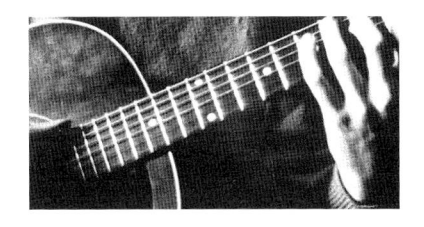

Als ich 1965 die englische Schauspielerin Christine Hargreaves auf dem Standesamt im Hampstead ehelichte, hatte das auch praktische Hintergründe. Ich lebte bereits in London, und meine Arbeits- und Aufenthaltserlaubnis war natürlich nur begrenzt. Ich fühlte mich in England wohl, um ganz ehrlich zu sein, entsprachen die Britischen Inseln und ihre Bewohner mehr meinem Geschmack als mein Heimatland Deutschland. Der Gedanke, wieder heimkehren zu müssen, gefiel mir gar nicht. Christine war nicht nur eine großartige Schauspielerin, sondern auch ein liebenswerter Mensch, und wir verstanden uns prächtig. Ich liebte ihren englischen Humor und man konnte wunderbar mit ihr über kulturelle Dinge diskutieren. Das Sexuelle stand dem in nichts nach, was nicht selten dazu führte, dass die Nachbarn uns baten, doch wenigstens beim Sex die Fenster zu schließen. Kurz nach unserer Hochzeit kauften wir uns ein knuddeliges und wunderschönes kleines Cottage in Hampstead in der Heath Street 115. Es war sehr klein, so wie diese für London typischen Mews, die damals besonders in der Londoner Künstler- und Intellektuellen-Szene beliebt waren. You could not swing a cat by it's tail in the rooms ... diesen Spruch wenden die Engländer an, wenn sie sagen wollen, dass die Decken sehr niedrig sind. Das Häuschen war fünfhundert Jahre alt und urgemütlich. Jeder, der mich besuchte, wollte es am liebsten selbst kaufen und einziehen. So ging es auch George, der es sogar als Liebesnest mit einer ehemaligen Freundin von mir benutzte. Das geschah allerdings erst, nachdem ich bereits von Christine getrennt lebte und sie es George in ihrer Abwesenheit dann zur Verfügung stellte.

Wir wohnten noch nicht sehr lange in unserem Knuddelhaus, als der Kalender meinen siebenundzwanzigsten Geburtstag anzeigte. Ich wollte nichts Großes daraus machen und dödelte den ganzen Tag so vor mich hin. Als es dunkel wurde, verspürte ich langsam Hunger.

»Komm, Chris, lass uns etwas essen gehen«, meinte ich dann doch. Ein kleines indisches Restaurant zählte zu unseren Lieblingsplätzen, und ich hatte große Lust, meinen Geburtstagsabend mit Tandoori Chicken und Lassi ausklingen zu lassen.

»O nein, Klaus, nicht heute Abend. Ich steh gerade in der Küche, um für uns ein paar Kleinigkeiten zu essen vorzubereiten. Ist das o.k.?«

**Ich war überrascht,** denn normalerweise war sie eher dafür, auszugehen, als selbst zu kochen.

»O.k., Chris, sag mir Bescheid, wann ich herunterkommen soll.«

Ich saß in meinem kleinen Musikzimmerchen und klimperte auf einer schwarzen Gretsch-Gitarre herum. Es war Georges erstes teures Instrument, das er sich nach dem neuen Geldfluss leistete. Ich hör ihn noch im Hamburg davon schwärmen.

»Sollte ich einmal zu viel Geld kommen, dann kaufe ich mir diese Gitarre.«

Sie war aber auch ein besonderes Prachtstück, ich konnte George gut verstehen. Gitarren sind für Gitarristen wie Frauen, sie werden auch so liebevoll behandelt. Immer wenn ich bei ihm zu Hause war, schnappte ich mir die »kleine schwarze Lady« und spielte und übte ausgiebig. George hat das lange beobachtet und irgendwann kam er mit ihr an.

»Hier, du kannst sie mit zu dir nehmen und spielen, so lange wie du willst«, meinte er.

Und da saß ich nun, die schwarze Gretsch im Arm, während Christine unten mein Geburtstagssüppchen köchelte. Ich setzte meine Kopfhörer auf, um zu einem Demoband zu spielen.

Plötzlich hörte ich lauten Gesang. Was war das denn? Was habe ich denn da aufgenommen? Ich spulte zurück, und die Stimmen wurden immer lauter. Das konnte nicht auf dem Tape sein. Ich nahm die Kopfhörer ab und tatsächlich. Ganz laut klang aus dem Erdgeschoss zu mir herauf:

»**For he's a jolly good fellow,** for he's a jolly good fellow, for he's a jolly good fellow ...« Es war ein ganzer Chor und einige Stimmen kamen mir verdammt bekannt vor. Ich lugte aus meinem Zimmer um die Ecke, von wo ich unser Wohnzimmer im Erdgeschoss überblicken konnte.

Und da standen sie alle: George, Ringo, Patty, Stevie Winwood, Tony King, Terry Doran und viele mehr. Das Wohnzimmer war brechend voll und alle grölten, was das Zeug hielt. George klimperte den Rhythmus auf einer Klampfe, Ringo hatte ein Tamburin in der Hand und einige klopften auf den Flaschen rum, die sie in den Händen hielten. Jetzt wurde mir klar, warum Christine nicht mit mir weggehen wollte. Sie hatte alles vorbereitet.

Ich rannte die Treppe runter, um alle zu umarmen. Christine wirbelte als perfekte Gastgeberin durch die Räume, und Patty half ihr. Schnell hatten alle etwas zu essen und zu trinken. Ich erinnere mich noch, dass Christine mir ein großes Glas reichte mit den Worten »That's a special Klaus Birthday drink«. Er war orangefarben und schmeckte sehr fruchtig. Ich konnte nicht identifizieren, was es tatsächlich war. Natürlich musste ich mit jedem anstoßen, und das Glas war im Nu leer. Ein zweiter Mega-Cocktail wurde mir gereicht, diesmal war die Farbe blau. Ich war so aufgeregt, dass ich das zweite Glas fast in einem Zug leerte. Das war ein Fehler, denn es dauerte nicht lange, da wurde mir ganz plötzlich schlecht. Es ging wirklich

Ganz laut klang aus dem Erdgeschoss zu mir rauf: »For he's a jolly good fellow ...«

von einer Sekunde zur anderen. Ich erreichte gerade noch das Bad, wo ich ohne zu zögern die Kloschüssel auf Knien umarmte. O Gott, war mir übel!

Ich wusch mein Gesicht und kämmte die Haare, in der Hoffnung, man würde meinen Zustand nicht bemerken. Doch als ich wieder heraus kam, ein gequältes Lächeln auf den leicht weißen Lippen, da hörte ich George zögernd sagen: »Are you allright, Klaus?«

Schlagartig wurde es still und Christine kam aus der Küche gerannt. Ich muss wohl wie der leibhaftige Tod ausgesehen haben, was durch mein schwarzes T-Shirt auch noch unterstrichen wurde.

»O Klaus, du siehst ja grauenvoll aus!« Christine machte sich ernsthaft Sorgen. »Am besten legst du dich ein bisschen hin. Ich kümmere mich schon um deine Gäste.« Christine auf der einen Seite und George auf der anderen, bugsierten mich die beiden ins Bett.

**Mir war das entsetzlich peinlich,** und das alles an meinem Geburtstag.

»Wir lassen die Tür einen Spalt offen, dann kannst du hören, wie wir auf dich trinken.«

Das war wieder typisch George. Ich lauschte tatsächlich und war mir ziemlich sicher, dass dies das Ende der Party war. Man hörte auch gar nichts mehr. Wahrscheinlich hatten alle schon das Haus verlassen. Plötzlich hörte ich Flüstern und Kichern. Ich konnte ganz deutlich hören, wie Ringo versuchte, sich das Lachen zu verkneifen, was ihm nicht gelang, und losprustete. Die anderen machten sofort »Psst, psst!«.

Was machten die da bloß? Ich hörte jemanden die Treppe hochschleichen und eine merkwürdige Frauenstimme flötete: »Well darling, how are we doing then, hm?«

Es war Tony King. Christine hatte ihm Klamotten aus ihrem Schrank gegeben, und er schlich als verkleidete Krankenschwester an mein Bett.

»Komm, mein Kleiner, dreh dich schön um.« Dann zog er meine Bettdecke weg, mir die Hosen runter und steckte mir ein Fieberthermometer in den Hintern, mit übertrieben freundlicher, aber dominanter Sopranstimme.

»We're not fighting, are we?«

Ich musste laut lachen und die ganze Truppe stimmte mit ein. Ich rappelte mich hoch, und zusammen mit »meiner Krankenschwester« torkelte ich die Treppe runter, wo mich George und Christine schon empfingen und zum Sofa schleppten.

**Die Zeit in Hampstead** ist für mich ganz intensiv verbunden mit diesem Lebensgefühl, das gern mit »Swinging London« umschrieben wurde. Ich liebte meine kleine Bude unter dem Dach, meine Höhle, wo ich mich verkriechen konnte, um stundenlang auf Georges Gretsch herumzuklimpern, am Tonbandgerät herumzufummeln und hin und wieder sogar Bruchstücke eigener Song- oder Arrangementideen festzuhalten.

Viele haben mich gefragt, warum ich eigentlich nie selbst Lieder oder Texte geschrieben habe. Ja, es ist schon merkwürdig. Jeder, der auch nur einen Furz aus irgendeinem Instrument heraushören konnte, griff sich einen Fetzen Papier oder ein Tonbandgerät, um diesen historischen Moment festzuhalten, besser noch, ihm in irgendeinem Studio aufzunehmen, damit es wenigstens als B-Seite der Öffentlichkeit präsentiert werden würde. Ich dagegen dachte immer: Warum sollte ich meinen Senf vertonen, wenn ich mit so großartigen Songwritern wie John Lennon, Randy Newman, Bob Dylan oder eben auch George zu tun hatte. War es falsche Bescheidenheit oder war es mein oftmals übertriebener Perfektionismus? Ich weiß es nicht. Heute denke ich jedenfalls, dass es ein Fehler war. Wie oft hätte ich die Möglichkeit gehabt, bei meinen Musikerkollegen und Freunden mit einer eigenen Komposition einen Beitrag zu leisten. Einmal nur wagte ich es. Und wie so oft war der liebe George die Antriebsfeder.

Ich saß wieder einmal in meiner kleinen Dachbude, es muss irgendwann Anfang 1969 gewesen sein. Dort fühlte ich mich immer ganz sicher und unbeobachtet und dann ließ ich mich musikalisch treiben. Seit Tagen hatte ich eine ganz bestimmte Melodie im Kopf. Ich schnallte mir also die Gretsch um, stülpte Kopfhörer über und los ging's. Die Töne waren etwas zu hoch für mich, als sang ich mit Falsettstimme, wobei es eher ein Flüstern ins eigene Ohr war. Es sollte ja niemand hören. «So far, gone and took my soul ... left me this heart that loves you so.« Ich nahm es auf, spulte zurück, hörte es mir an, nahm wieder den Refrain auf. Ich weiß nicht, wie lange ich herumexperimentierte, aber ich fand richtig gut, was da so vom Band kam.

»**Very nice, Mister Voorman**, you passed the audition. Don't call us, we call you.«

Ich drehte mich um. Auf dem Sofa saß George. Christine musste ihn hereingelassen haben. Er beobachtete mich wohl schon eine Weile, denn er sang bereits die Melodie mit und bei der Wiederholung die Terz darunter. Leichte Röte zog über mein Gesicht, was George sichtlich freute.

»Aha, du spionierst! Wie lang bist du denn schon hier?«

»Lange genug, um dir zu sagen, dass du ein Spitzenlied geschrieben hast. Komm, lass uns zu Doris gehen. Sie wartet im Apple-Studio. Wir nehmen ›So Far‹ gleich mit ihr auf.« Sprach's und war schon die Treppe runter, um nur kurz stehen zu bleiben und sich umzudrehen.

»Ist doch o.k., dass wir den Titel so nennen?«

»Wir??« Ich war fassungslos. Und was faselte er da? Zu Doris gehen?

»Du meinst doch nicht etwa unsere Doris Troy?«

»Klar doch, unsere Doris wartet im Apple-Studio. Ich mach mit ihr eine LP. Ich werde jetzt ein großer Produzent. Was sagst du dazu?«

Ich war wie geplättet. Doris Troy, eine meiner Lieblingssängerinnen zur damaligen Zeit. Sie hatte einen Hit mit dem Song »Just One Look«, lange bevor die Hollies den Titel aufnahmen. Ich glaube sogar, es war die einzige Platte, mit der sie in die Charts kam. Sie war eine fantastische Sängerin, menschlich nicht ganz einfach, für manche ein bisschen zickig, aber ich bewunderte sie. Na gut, wenn George meint, dass meine allererste Eigenkomposition, die mal gerade fünfunddreißig Minuten und ein paar zerquetschte Sekunden alt war, unbedingt von Lady Troy aufgenommen werden soll, ich werde ihn nicht daran hindern, ganz bestimmt nicht.

Während ich George zu seinem Mercedes 280 S folgte, redete ich mir Mut zu. So ganz wohl war mir nicht. Was war, wenn Doris der Song gar nicht gefiel? Tausend Gedanken hüpften durch meinen Kopf.

**George saß am Steuer,** und wir fuhren zum Apple-Studio. Genauer gesagt, zu den Räumlichkeiten, die als Apple-Studio geplant waren.

Die Beatles hatten kurz zuvor entschieden, eine eigene Firma zu gründen. Man wollte begabten Menschen und deren unkonventionellen Ideen die Chance zur Verwirklichung geben. Es war eine wunderbare Vision, die leider nicht zu realisieren war. Es sollte eine Traumfabrik zur Förderung außergewöhnlicher Talente werden. Es war eine Traumfabrik, die allerdings viele Seifenblasen produzierte, die sehr schnell zerplatzten. Eine besonders große Blase war auch besonders hartnäckig und kostspielig. Sie hieß Mad Alex und zerplatzte erst, nachdem ein Vermögen investiert wurde, um seine verrückten Einfälle zu realisieren. Wir nannten ihn Mad Alex, während er sich selbst Magic Alex titulierte. In Wirklichkeit hieß er Alexis Mardas und war Grieche. Er war Weltmeister in verrückten Ideen.

Ich glaube, John schleppte ihn eines Tages an. Es muss kurz nach seinem Indientrip gewesen sein, wo er sich mehrere Monate bei Maharishi Mahesh Yogi aufhielt. Es war die Zeit »der großen Suche nach dem Sinn des Lebens«. Im Gegensatz zu George waren Indien und Mahesh Yogi nicht die erwartete Erfüllung für John. Irgendwann schleppte er also diesen magischen Alex an und meinte, das wäre jetzt sein Guru. Alex wiederum war ein absoluter Elektronik-Freak. Ich erinnere mich noch an einige seiner Ideen: Tapeten, die eigentlich als Lautsprecher funktionieren sollten; Autos, die je nach Gangschaltung plötzlich eine andere Farbe annahmen oder sich in eine fliegende Untertasse verwandeln sollten. Er hatte die unglaublichsten

Einfälle, und irgendwie waren alle ganz fasziniert. Ich dachte nur: Entweder ist der Kerl ein Genie oder er ist der Klapsmühle entlaufen, was auch nicht unbedingt gegen ein Genie sprechen muss.

Alex war verantwortlich für den geplanten Studiobereich. Ich glaube, er war überhaupt verantwortlich für Apple Electronics. Es sollte ein 72-Spur-Studio werden. 72 Spuren! Für diese Zeit ein absoluter Wahnsinn! Ich sehe Mad Alex immer noch vor mir, wie er in einem weißen Kittelchen umherrennt. Er erinnerte mich fast an Jerry Lewis im *Verrückten Professor*. Es wurden überdimensionale Lautsprecher und gigantische Geräte eingekauft. Wenn mich nicht alles täuscht, wurde das gesamte Equipment bis zur Fertigstellung des Studios irgendwo bei Ringo deponiert. Ich weiß gar nicht, was damit überhaupt passierte, denn irgendwann verschwand Magic Alex ganz unmagisch, und das Apple-Studio begnügte sich mit den üblichen acht Spuren. Zu diesem Zeitpunkt hatte man bereits alte Musikerfreunde aus Liverpool wie Jackie Lomax und ein paar Newcomer unter Vertrag genommen. Aber auch Favoriten wie Billy Preston oder Doris Troy hatten bereits Verträge unterzeichnet.

**George hielt nahe beim Apple-Büro,** wo sich, wie immer, eine Gruppe Fans aufhielt.

»Hi Liz, wie geht's dir, was macht deine Mom? Ist sie noch im Krankenhaus?«

Das war typisch George. Er grüßte immer alle persönlich und hatte auch immer ein paar liebe Worte übrig.

Wir gingen die Treppe runter ins Studio und da stand »Big Doris«. Aber holla, nicht mehr mit alter Turm-Perücke, sondern mit einem coolen Kurzhaarschnitt. George schubste mich in die Mitte und ich musste unverzüglich »So Far«, meinen ersten selbst geschriebenen Song, vorspielen. Ich war ganz schön aufgeregt und mein Falsett hatte diesmal eine leicht knödelige Kermit-Färbung. George bemerkte natürlich meine Nervosität und sang laut mit, um mich zu unterstützen. Doris sagte gar nichts, kein Wörtchen. Sie stand auf, umarmte mich und drückte mir einen dicken Kuss auf den Mund.

»Wann nehmen wir den Titel auf?«, fragte sie George.

»Mal sehen, ob ich nächste Woche das Trident Studio buchen kann. Das hier ist ja noch nicht fertig.«

Den letzten Satz sprach er laut und mit ganz besonderer Betonung zu Mad Alex gewandt.

Ein paar Tage später ging es los. Wie erwartet im Trident Studio. Alles war vorbereitet, die Noten lagen auf den Ständern. Doris sollte Piano spielen, Alan White saß am Schlagzeug, George übernahm die Gitarrenparts und am Bass, na klar, Klaus Voormann. Wir hatten Ken Scott als Toningenieur, den ich von den EMI-Studios her kannte.

Wir waren bereits alle auf unseren Plätzen und warteten auf George, der noch ein paar technische Details mit Ken abklären wollte, als plötzlich die Tür aufging und eine lärmende und lachende Truppe hereinplatzte. Es waren Eric Clapton, die ganze Delaney & Bonnie Band und mit dabei das schönste Mädchen das mir je über den Weg lief ... Rita Coolidge! Mir blieb die Spucke weg, und als sie mir die Hand gab, um Hallo zu sagen, da fiel mir glatt der Bass aus der Hand. Das war ganz typisch für mich. Scheu und in solchen Situationen nicht selten tollpatschig.

**George grinste.** Er kannte mich gut genug, um zu wissen, dass Rita bei mir das schwarze Zentrum der Zielscheibe voll getroffen hatte. Sie war meine Traumfrau. Ich hatte immer schon eine Vorliebe für dunkelhaarige, exotisch wirkende Frauen, aber nicht dieser süßliche oder hektische, leicht hysterische Typ. Nein, ich schwärmte für diese stolzen, herben Schönheiten mit hohen Wangenknochen und dunklen, schrägen Augen. Ich mochte es auch nicht, wenn Frauen so viel quasselten. Mein großer Schwarm war Irene Pappas. Als ich die griechische Schauspielerin in dem Film *Alexis Sorbas* sah, wäre ich im Kino beinah vom Stuhl gefallen. Die junge Sophia Loren war ebenfalls mein Typ. Ihre Bilder hatte ich als junger Klaus sogar im Schrank hängen. Und was ich in meinen Pubertätsträumen mit ihr machte, erzähle ich lieber nicht. Viele werden jetzt

denken, aber das entspricht ja so gar nicht dem Typ »Astrid Kirchherr«. Das ist richtig. Astrid war und ist für mich eine wunderbare Frau, eine Freundin, die ich nie missen möchte, die mir besonders in der frühen Hamburg-Zeit eine Stütze und gute Ratgeberin war. Ich habe nie aufgehört, sie zu bewundern. Ich weiß, dass man nur allzu gern immer aus Astrid und mir das Traumliebespaar der Hamburg Days gemacht hat und nicht so recht verstehen konnte, warum ich so gelassen reagierte, als Astrid zu Stuart Sutcliffe überwechselte.
In erotischer Hinsicht war sie nie meine Traumfrau. Im Gegensatz zu Rita Coolidge! Es ist ganz komisch, aber damals konnte ich mir gar nicht so richtig vorstellen, mit einer deutschen Frau zusammen zu sein. Im Nachhinein weiß ich natürlich, dass das ein fürchterlicher Quatsch war. Aber als junger Mensch hat man nun eben oft etwas merkwürdige Ansichten. Klar, ich kannte jede Menge Mädchen aus Deutschland, aber irgendwie hatten viele nicht die Leichtigkeit und Lockerheit. Wenn ich mir die Frauen von heute so betrachte, da hat sich doch eine ganze Menge geändert. Sie sind selbstbewusst, sie sind selbstständig, aufgeschlossen und stark. Natürlich auch dank der Frauenbewegung in den Sechzigerjahren.

Aber zurück in das Jahr 1969. Die Truppe kam direkt vom Flughafen und war noch total überdreht vom langen Überseeflug.

»Klaus, it's a great song, man, yeah it's great!« Delaney war total begeistert und schlug mir auf den Rücken. Und wieder rutschte mir der Gurt von der Schulter, und ich hielt in letzter Sekunde meinen Bass fest.

**»Hast du was dagegen,** wenn wir mitspielen?«
»Aber ihr müsst doch viel zu müde sein, um vernünftig spielen zu können.« George konnte sich im ersten Moment gar nicht so recht mit der Idee anfreunden, nicht weil er der Meinung war, dass es keine musikalische Bereicherung für das Stück wäre. Nun, müde erschien der Haufen nicht, im Gegenteil. Ihre fröhliche Stimmung ließ sogar unsere Adrenalinpegel steigen. O. k., also änderten wir die Studiobesetzung. Eric spielte logischerweise Gitarre, Carl Radle zupfte den

Bass, Bobby Whitlock war an der Orgel, ich spielte Gitarre. Alan gab Jim Gordon die Schlagzeugstöcke, aber Jim meinte: »No man, you're playing great.« Er überließ Alan den Schlagzeugpart. Bonnie, Delaney und Rita (o Gott, Rita) übernahmen die Chorstimmen. Es war unfassbar für mich. Ich kann die Stimmung gar nicht beschreiben. Es war eine magische Nacht! Wirklich. Für die Mannschaft war der Song total neu und trotzdem bedurfte es nur einiger Durchläufe, dann saß die Aufnahme. Doris konnte sich überhaupt nicht mehr einkriegen. Georges Grinsen wurde immer breiter, vor allen Dingen, wenn er meine Kuhaugen sah, die sich immer deutlicher bei Ritas Anblick verklärten. »So Far«, das erste Lied, das ich innerhalb von nicht einmal einer halben Stunde in meiner Dachbude geschrieben habe, wurde eine Woche später, dank George, mit dieser fantastischen Besetzung aufgenommen.

Ich hätte dies als Omen nehmen müssen. Ich hätte mich hinsetzen und mich mehr auf das Schreiben konzentrieren sollen. Ich habe es nicht getan! Warum? Weil ich immer zu große Zweifel hatte. Da waren George, Paul, John, diese tollen Talente mit ihren einmaligen Songs. Was habe ich da zu suchen? Vielleicht hat mich aber auch damals schon der Überehrgeiz, verbunden mit grenzenloser Selbstdarstellung, was viele besonders in der Show- und Musikbranche ja so perfekt beherrschen, fürchterlich genervt. Ich wollte nicht in die gleiche Schublade geworfen werden. Was für ein Blödsinn, werden manche sagen. Recht haben sie, was für ein Blödsinn. George hat mich in dieser Hinsicht nie verstanden.

**So viel versprechend und positiv** die Arbeit mit Doris Troy und ihrer LP begann, so negativ endete sie auch. Doris war eine wunderbare und wirkliche tolle Sängerin, die wir alle bewunderten. Sie gehörte auch lange Zeit zusammen mit Madeleine Bell zur Top-Sessionriege in der englischen Musikerszene. Menschlich war es anscheinend nicht so ganz einfach, mit ihr klar zu kommen, sie

John & Yoko und die Plastic Ono Band mit Freunden; obere Reihe von links: Jim Price, Bobby Keys, Jim Gordon, ich, Bonnie und Delaney; mittlere Reihe: George, Alan White, Keith Moon, ganz rechts Billy Preston und Eric Clapton

wollte nicht nur den kleinen Finger, sondern die ganze Hand. Bei »So Far« führte es dazu, dass sie ein paar Worte meines Textes änderte. Deshalb hat sie dann auch gleich fünfzig Prozent der Gesamtlizenzen beansprucht. Auf dem Album, das erst 1970 erschien, steht Voormann/Troy. George ist hingegen auf der LP gar nicht mehr groß erwähnt, obwohl er wirklich alles organisierte und für alles verantwortlich war. Bei ein paar Titeln steht sein Name dabei und der eine oder andere Song kam auch in seinem Verlag unter. Aber als Produzent hat er sich distanziert. Es wird nur Doris erwähnt. Irgendwann riss George wohl der Geduldsfaden. In der Regel dauerte das eine Weile. Ich finde es schade, wenn Menschen mit viel Idealismus und Engagement an eine Sache rangehen, und es durch dumme egozentrische Ansprüche irgendwann zu Missstimmungen oder sogar zum Bruch kommt.

**Durch Christine bekam ich Zugang** zur englischen Schauspielszene. Künstler wie Albert Finney, Roger Moore und Christines ehemaliger Lover Michael Caine zählten bald zu einem neuen Freundeskreis, der irgendwie ganz anders war als die Mitglieder der Musikerszene. Ich denke besonders gern an Albert Finney, eine beeindruckende Persönlichkeit und ein ganz wunderbarer Mensch. Ihm habe ich den schönsten Urlaub meines Lebens zu verdanken.

Albert plante damals, seinen Zweitwohnsitz nach Korfu zu verlegen. Das Haus sollte von einem griechischen Bauern und dessen Familie gebaut werden, genauso wie Nikos' eigener Bauernhof. Nikos, das war besagter Bauer. Er lebte mit seiner Großfamilie im Hinterland in uriger Idylle. Christine kam gerade von einer Theatertour zurück, und ich hatte ziemlich anstrengende Wochen mit der Manfred Mann Band hinter mir. Wir waren mehr als urlaubsreif und *Alexis Sorbas* war immer schon einer meiner Lieblingsfilme. Mit uns kam Sena Walker, eine bekannte englische Schauspielerin, und Shelagh Delaney mit ihrer achtjährigen Tochter Charlotte. Shelagh war Christines beste Freundin und eine erfolgreiche Schriftstellerin. Sie schrieb den Roman »A Taste of Honey«. Zu meinem Bedauern war Albert Finneys damalige Lebensgefährtin Anouk Aimée nicht anwesend. Ich lernte sie aber zu einem späteren Zeitpunkt in ihrer gemeinsamen Wohnung in London kennen. Anouk war auch so ein heimlicher Schwarm von mir. Dunkelhaarig, ein bisschen mystisch und sehr intelligent. Habe ich schon gesagt, dass ich kluge Frauen nicht nur schätze, sondern auch liebe? Im Gegensatz zur dekadenten Londoner Musikszene lebten wir bei Nikos in karger, aber urgemütlicher und heimeliger Atmosphäre inmitten der Natur, ständig berauscht von betörenden Aromen mediterraner Vegetation. Na gut, ein bisschen berauscht waren wir natürlich auch von Nikos' herrlichem, selbst gemachtem Wein. Das Bauernhaus war simpel, Stein auf Stein gebaut, in den Räumen hing nur eine Glühbirne von der Decke. Doch meistens begnügten wir uns mit Kerzen. Statt kulinarischer Verrenkungen eines Gourmetkochs gab es voll ausgereifte und aromatische Früchte, Gemüse, würzigen Käse und selbst gebackenes Brot. Alles direkt vom Hof. Manchmal pflückten wir die Tomaten direkt von den Stauden, die um unser kleines Häuschen wuchsen, und bissen in die saftigen Früchte. Wir lebten im Paradies, zumindest zwei Wochen lang. Albert hatte einen alten Pferdewagen mit vier Holzrädern, der von Alberts Pferdchen gezogen wurde. Er wünschte sich, dass wir den Wagen mit ihm zusammen bemalen sollten. Mir übergab er sozusagen die künstlerische Leitung, und war dann sehr enttäuscht, dass ich ihn statt gewünschter Blümchen nur die Räder streichen ließ. Shelaghs Tochter war ein ganz bemerkenswertes kleines Mädchen, die gern Erwachsene triezte, aber nur die, die ihrer Meinung nach blöde Fragen stellten. Sie las sehr gern, und als sie einmal am Strand las und eine ältere Dame auf sie zuging und fragte: »Na, meine Kleine, was machst du denn da Schönes?«, erwiderte Charlotte, ohne aufzublicken: »Ich mache gerade eine Dose Ananaskompott auf!« Für mich zeigte es, dass die kleine Charlotte nicht nur ein selbstbewusstes, sondern auch schlaues kleines Persönchen war.

**Nicht weit von unserer Bleibe** wuchs eine mir fremde Schilfart. Bereits damals gehörte Pannalal Ghosh, der bekannte indische Flötenspieler, zu meinen Favoriten. Eines Abends überkam mich die Idee, eine Rohrflöte aus diesem Schilf zu schnitzen. So eine wie Pannalal Ghosh, so eine Rohrflöte wollte ich haben. Zwei Tage lang schnitzte ich an dem Rohr und abends spielte ich schon zur Freude der gesamten Truppe die ersten Liedchen. Die Flöte begleitete mich viele Jahre wie so ein persönlicher Glücksbringer, und ich setzte sie manchmal auch bei Studiosessions ein. Ich glaube, ich habe sie sogar bei »Mighty Quinn« benutzt.

Nikos hatte auch viele Tiere auf seinem Hof, unter anderen ein kleines Lamm. Charlotte freundete sich mit Larry, so nannte sie das Lämmchen, sofort an, und Larry war von da an immer dabei. So auch, als wir mit dem Schiff auf die kleine Nachbarinsel Paxos fuhren. Wir waren zu einem Dorffest eingeladen, genauer gesagt, Nikos und seine Familie, und da wir seine Gäste und somit Freunde waren, durften wir mit. Der Naturhafen von Paxos ist kaum an Romantik zu überbieten und war die perfekte Dekoration für das Fest. Tische und Bänke waren aufgestellt, wunderschöne griechische Gesänge begleiteten die tanzenden Menschen, und auf einem großen Feuer wurde Fleisch gebraten. Es war ein faszinierender Anblick. Wir mischten uns sofort unter die Einheimischen, von denen wir mit großer Herzlichkeit aufgenommen wurden. Nikos' Freunde waren auch ihre Freunde. Nach einer Weile wurde das Essen serviert. Würzige Salate und Gemüsegerichte und herrlicher Wein. Tja, und dann kam Larry – mit viel, viel Knoblauch und kaltgepresstem Olivenöl! Die kleine Charlotte suchte inzwischen schon nach ihrem vierbeinigen Freund, der sich, wie sie annahm, verlaufen hatte und »irgendwo bei vielen anderen süßen Lämmchen« war. Das war zumindest Shelaghs Variante für das traurige Töchterlein. So ganz gelogen war das gar nicht, zumindest was die vielen anderen Lämmchen betraf, denn ein Larry allein hätte für die feiernde Dorfgemeinschaft wohl nicht gereicht. Aber man konnte dem armen Kind ja nicht sagen, dass ihr kleiner Larry Nikos' Gastgeschenk war.

Ich bin nun seit mehr als fünfunddreißig Jahren Vegetarier, und ich frage mich, ob Larrys Ableben nicht auch bereits so ein kleiner Beitrag zu diesem Schritt war, denn ein bisschen komisch war mir schon bei jedem Bissen Larry, nachdem ich ihn doch nur drei Stunden vorher vom Boot getragen hatte.

**In Hampstead** wohnten Christine und ich von 1965 bis 1967, machten für ein Jahr einen kurzen Abstecher in eine dieser typischen Reihenhaussiedlungen in Rainspark, nahe Wimbledon, um dann wieder reumütig in die alte Gegend zurückzuziehen.

Unter dem Dach von Hampstead, Parliament Hill, entstand auch das *Revolver*-Cover.

Ich erinnere mich noch ganz genau an Johns Anruf. Ich klimperte mal wieder auf Georges Gretsch-Gitarre, als Christine mich zum Telefon rief.

John fiel gleich mit der Tür ins Haus und ich fast um.

»Hey Klaus, hast du nicht Lust, unser neues Cover zu machen?«

Und ob ich Lust hatte, aber sofort kamen wieder diese Zweifel. Ich hatte seit fast zwei Jahren keinen Bleistift, keinen Pinsel, nichts mehr angerührt, was mit Grafik zu tun hatte. Ich war Musiker und verbrachte die meiste Zeit mit Üben, Musikhören und natürlich auf den Bühnen irgendwelcher Clubs. Ich hörte, wie John auf der anderen Seite schnaufte.

»**Hey Mann, kapierst du nicht?** Wir hätten gern, dass du unser nächstes Cover machst. Du weißt doch, für uns, die kleine Pipifaxband Beatles, die kein Schwein kennt, anscheinend nicht mal unser Freund Klaus?«

John klang verärgert. Er hatte erwartet, dass ich einen Luftsprung mache oder zumindest ein enthusiastisches »Man, that's great! Yeah!« hören ließ. Aber bei mir dauert es manchmal etwas länger, bis der Groschen fällt. In diesem Fall fiel er zwar relativ schnell, aber zu meiner Riesenfreude kam gleich die Frage: »Schaffst du das auch?«

»Klausi schafft das«, flüsterte ich mir selbst zu.

»Was faselst du da?« John schien sich plötzlich Sorgen um meinen Geisteszustand zu machen. »Geht's dir auch gut?«

»Klar, John, klar doch. Ich bin nur baff, einfach völlig von den Socken. Ich finde das echt klasse, Spitze! Ich freu mich riesig.«

»O.k., dann komm morgen ins Studio, dann können wir alles Weitere besprechen, und du kannst dir gleich einen Eindruck von den neuen Stücken machen.«

Als ich am nächsten Tag ins EMI-Studio kam, waren sie mitten in einer Aufnahme, so stand ich im Kontrollraum und hörte eine ganze Weile zu. Es war überwältigend.

**John und Paul hatten wie immer** die meisten Stücke geschrieben, um sie gemeinsam mit George und Ringo und George Martin auszuarbeiten.

Ich wusste, dass George seit langem gute Songs in der Schublade hatte, aber irgendwie ließ man ihn nicht so recht zum Zuge kommen. Umso erfreulicher war es für mich zu hören, dass diesmal sogar drei Kompositionen von ihm zur Debatte standen. Ich stand da eine ganze Weile und erkannte sehr schnell den Wandel zu den bisherigen Veröffentlichungen. »Twist and Shout«, »Please Please Me«, »A Hard

Im Fernsehstudio 1966

Day's Night«, all ihre Songs waren vom Arrangement her problemlos auf der Bühne nachzuspielen. Das war nun anders. Was die Jungs für die neue LP einspielten, war sowohl von der Art der Kompositionen als auch von der Arrangements her vollkommen neu. Diese Songs konnte man nicht mehr auf der Bühne nachspielen und wenn, dann nur mit sehr hohem technischem Aufwand. Das erste Stück, das ich im Studio hörte, war »Tomorrow Never Knows«, und mir wurde schlagartig klar, dass der Zeitpunkt für Live Gigs, für Konzerte, damit ein Ende gefunden hatte. Ich weiß nicht, ob das meinen Liverpooler Freunden auch bewusst war, aber ich erkannte den Beginn einer neuer Musikära. Was da aus den Lautsprecher-Boxen an meine Ohren drang, selbst in ungeschliffenem und rohem Zustand, war etwas absolut Neues.

Ich weiß noch, dass mich für einen Moment Wehmut überkam. Ich dachte an Hamburg, an die verrauchten Clubs, an John, wie er den Rock 'n' Roll fast wie ein Waffe gegen das Establishment einsetzte und seine Gefühle und Emotionen Nacht für Nacht aus dem oftmals frustrierten Bauch in das Mikro schrie. Ich dachte an diesen energiegeladenen Kraft-Sound, der von der Bühne schmetterte und mich an die Wand drückte, wenn sie das Abendprogramm mit »Tutti Frutti« einleiteten, an Pauls Version von »Long Tall Sally«, die mir heute noch wohlige Gänsehautschauer über den Rücken jagt.

Aber all das hatte nichts mehr mit dem zu tun, was sich vor meinen Augen und Ohren im Abbey-Road-Studio 2 abspielte. Für mich war das nicht schlechter, es war anders. Ich würde sagen, nachdenklicher, philosophischer, reifer, kunstvoller.

**Für viele Menschen war und ist** *Revolver,* so wurde das Album später betitelt, die beste LP der Beatles. Diese Session war sicherlich auch das Vorbereitungsfeld für *Sgt. Pepper's Lonely Hearts Club Band.*

Als die Beatles mit der Aufnahme und dem anschließenden Abhören fertig waren, setzten wir uns zusammen, um über das Cover zu sprechen. Ich erwartete eine Art Brainstorming, wo jeder seine

**A** Am Zeichentisch

Ideen und Vorschläge einbrachte. Aber dem war nicht so.

»Wir haben immer noch keinen Namen für die LP. Also sollte dir ein guter Titel einfallen, spuck es aus«, meinte John nur.

»O. k., aber was habt ihr denn für Vorstellungen? In welche Richtung soll denn das Coverdesign gehen?«

**»Du bist doch der Grafiker.** Wir machen die Musik, du entwirfst die Hülle. Wenn uns deine Ideen nicht gefallen, hast du Pech gehabt.«

Ich war baff. Es ist der absolute Traum eines jeden Designers, einfach machen zu können, was man sich so vorstellt. Keiner quatscht dazwischen. Keiner weiß alles besser. Ich war richtig stolz, dass die Jungs mir ein derartiges Vertrauen entgegenbrachten. Ich fuhr in meinem kleinen Sportwagen aufgewühlt nach Hause. Unterwegs wirbelten die Gedanken nur so durch mein Hirn.

Ich versuchte, mich in ihre Lage zu versetzen: Was würden die vier machen, wenn sie an meiner Stelle wären. Ganz einfach. Sie würden sich erst einmal ordentlich einen ablachen und dann frech an die Sache rangehen. Ja, sie würden es einfach machen. Ich übernahm sogleich ihre Ansicht. »Zum Teufel, ich mache es!«, beschloss ich.

Zu Hause angekommen, zog ich mich auf meine Bude zurück und war für niemanden mehr zu sprechen. Es war zwar bereits sehr spät, aber ich konnte unmöglich schlafen gehen. Die neuen Stücke, die ich soeben im Studio gehört hatte, summten immer noch in meinem Kopf. Ich war begeistert von dem Gehörten. Es war revolutionär und so musste auch das

Cover werden. Ich nahm ein Stück Papier in die Hand und kritzelte verschiedene Fragen aufs Papier: 1. Wer soll die Platte kaufen? 2. Was ist typisch und was verbindet man mit dem Namen Beatles? 3. Wie sehen die LPs aus, die gerade auf dem Markt sind?

»Haare!«, schrie ich schließlich. »Ja, Haare!«

Die Beatles nannte man nicht umsonst »die Pilzköpfe«. Sie machten nicht nur Revolution mit ihrer Musik, nein, auch mit dem Erscheinungsbild. Und dazu gehörten nun mal auch ihre Haare.

Als Nächstes beschäftigte ich mich mit den aktuellen Cover-Gestaltungen. Wir waren bereits im Pop-Zeitalter, LSD, Psychedelic … alles war bunt, aber nicht das nächste Cover meiner Freunde.

»Das wird schwarzweiß«, murmelte ich vor mich hin. Ich hatte nur wenige Tage Zeit, um ein paar Entwürfe vorzubereiten. Erst dann wollte man zusammen mit den EMI-Verantwortlichen entscheiden, ob ich den Auftrag auch bekommen würde. Ich wusste natürlich, was für eine Verantwortung es bedeutete, das nächste Beatles-Cover zu gestalten. Als ich Christine davon erzählte, war sie ganz aus dem Häuschen. Das waren dann so Momente, wo sie nicht mehr still sitzen und schon gar nicht den Mund halten konnte. Sie war wie aufgezogen und plapperte wie Daisy Duck, nur noch eine Oktave höher. Dieser Zustand änderte sich auch nicht während der nächsten Tage. Ich hatte ernsthaft mit der Überlegung gespielt, ihr den Mund mit Klebeband zuzukleben. Aber ich war überzeugt, selbst das hätte nichts geholfen.

**Ich saß also weiter** in meiner Künstlerbude und brütete über meinem schnell improvisierten Zeichentisch. Ich kann mich nicht mehr so genau erinnern, was ich da alles so auf das Papier kritzelte. Ein Entwurf hatte mit einem Heißluftballon zu tun, das weiß ich noch. Ziemlich schnell kam mir die Idee mit den vier Gesichtern, eines von vorn, eines im Halbprofil, ein ganzes Profil und John ebenfalls im Halbprofil wegen seiner Nase, und überall Haare, Haare, Haare. Während ich stapelweise Papier zerkritzelte, zerknüllte und einiges doch beiseite legte, kam mir plötzlich die Idee für einen

Titel. Ich griff zum Telefonhörer und wählte die Nummer vom EMI-Studio. Neil Aspinall war am anderen Ende der Leitung, und ich erwähnte meinen Titelvorschlag.

»Hang on a second – I'll go and tell them.« Er war nach ein paar Sekunden zurück. »Bist du noch da? Also Johns Antwort ist: Zurück zum Zeichentisch, aber flott!« Wir mussten beide lachen, das war typisch John. Einen geeigneten Albumtitel zu finden war ja nun wirklich nicht mein Job. Ich war sowieso noch nie besonders gut mit Worten, ich konnte mich immer schon besser mit Tönen oder mit Zeichenmaterial ausdrücken.

**Nach ein paar Tagen** war ich so weit, meine Entwürfe den Beatles vorzuzeigen. Wir vereinbarten einen Termin bei EMI. Es war keine professionelle Demonstration, wie es bei Werbeagenturen üblich war, mit einer großen Mappe und so weiter. Nein, ich hatte einfach ein Riesenblatt Papier und darauf befanden sich zehn bis fünfzehn verschiedene Vorschläge. Statt Aktenkoffer und Mappe faltete ich das Riesenpapier und steckte es in meine verknuddelte Jackentasche, um zu EMI zu fahren. Als ich ankam, saß die komplette Truppe schon zwischen Sandwiches, Unmengen von Tassen und Gläsern, überfüllten Aschenbechern und angebissenen Kuchenstücken. Wir schafften Platz auf dem Tisch, um mein Papier ausbreiten zu können. Sie gruppierten sich alle um mich und schauten erwartungsvoll über meine Schulter. Kein Wort war zu hören, nur mein Gluckern im Magen, was mich daran erinnerte, dass ich vergessen hatte zu frühstücken. Diese furchtbare Stille ließ wieder alle Zweifel in mir aufkommen. War das wirklich gut genug für die Beatles? Verstehen sie überhaupt die Botschaft dahinter? Hatten sie die Fantasie, sich das Endprodukt vorzustellen, denn da, wo überall diese kleinen Fotos und Bildchen platziert werden sollten, hatte ich vorerst nur skizzenweise die Stellen mit dem Stift angedeutet? George ergriff als Erster das Wort.

»Mir gefällt am besten das mit den vielen Haaren, finde ich richtig gut.«

»Yeah, me too!«, antwortete Paul.

»Bin ich das? Ay, guckt euch die vielen kleinen Männchen an!« George Martin und Ringo nickten, man könnte es als wohlwollend bezeichnen.

»Dann mal los. Schaffst du das bis nächste Woche?«, sagte John.

Ich hatte den Job. Mit geschwollener Brust und einem Grinsen von einem Ohr zum anderen hüpfte ich wie ein kleines Kind die Treppe hinunter zum Ausgang. Wahrscheinlich dachte die Apple-Mannschaft, auf welchem Trip ich wohl sei. Ich wusste, dass zu Hause Christine auf mich lauerte, ich wusste auch, dass sie mich mit Fragen zuschütten würde. Sie war all die Tage doppelt so nervös wie ich, und ihre schlaflosen Nächte waren auch meine. In diesem Zustand konnte sie nicht still sitzen und keiner konnte auch etwas dagegen tun. Als ich zu Hause vorfuhr, öffnete sie bereits die Tür. Ich hatte keine Chance, auf ihren Schwall an Fragen auch nur eine klitzekleine Antwort zu geben. Ich packte sie an den Schultern.

»Stopp!«, schrie ich. Sie zitterte am ganzen Körper, und mir wurde zum ersten Mal richtig bewusst, wie dünn ihr Nervenkostüm war. Ich schaute in ihre wunderbaren dunkelbraunen Augen und nickte nur mir dem Kopf.

»You got it!«

Ich legte ihr einen Finger auf die Lippen.

»Ja mein Schatz, ich hab den Job. Sie haben sich für unseren Favoriten entschieden, die Version mit den vier Köpfen und den vielen Haaren. Aber das darf vorerst nicht an die Öffentlichkeit, hörst du, es muss geheim bleiben.«

**»Na klar, Baby,** ich werde es nur Renie und Can, und Dave, ach ja, und meiner Schwester erzählen.«

Ich packte sie wieder an den Schultern. »Ich meinte damit eigentlich wirklich keinem Menschen, auch nicht Renie und Can und Dave, ach ja, und deiner Schwester, o.k.?«

Es war eine harte Zeit für meine mitteilungsbedürftige Christine. Ich hatte schon die Befürchtung, sie würde platzen.

Wie schon erwähnt, hatte ich jahrelang nichts mehr mit Grafik zu tun gehabt. Ich war diesbezüglich deshalb auch nicht professionell eingerichtet. Wäre in unserer kleinen Zwei-Zimmer-Bude auch gar nicht gegangen. So wurde unsere kleine Küche in ein Allzweckzimmer umfunktioniert und diente fortan zusätzlich als Wohn- und Esszimmer. Der runde Esszimmertisch wurde zum Zeichentisch befördert und stand in unserem gemütlichen Alkoven. So konnte ich vom Stuhl direkt ins Bett fallen. Ein sehr praktisches Arrangement.

Bereits kurze Zeit später überbrachte mir ein Chauffeur in einem großen braunen Umschlag viele kleine Bildchen der Beatles. Ich hatte sie gebeten, in ihren Schubladen zu wühlen und mir passende Fotos zur Verfügung zu stellen, die ich verwenden wollte. Es waren eine Menge verrückter Schnappschüsse dabei, und ich wusste, dass mir so mancher Zeitungsverlag dafür ein Vermögen bezahlt hätte. Aber die Jungs wussten, dass sie mir vertrauen konnten und ich auch nur das verwenden würde, was für das Cover geeignet erschien.

**Nachdem ich eine Auswahl** getroffen hatte, kopierte ich diese auf hauchdünnes Papier. Das Papier musste so dünn sein, da ich die Motive mit meiner kleinen Schere ausschneiden musste. Dieses kleine Stück habe ich übrigens immer noch und verwende sie nach wie vor für meine Arbeiten. Zu jener Zeit war das Erstellen einer derartigen Collage noch eine sehr zeit- und arbeitsintensive Tätigkeit. Richtige Fummelarbeit. Im Computerzeitalter ist das zumindest handwerklich ein Klacks. Du scannst die Fotos ein, machst sie größer, kleiner. Platzierst sie mal hier, mal dort. Macht man einen Fehler, dann wird er mit dem Computer ganz schnell beseitigt. Damals saß ich in meinem Alkoven mit all den kleinen Paulis, Georgies, Johnies und Ringoleins und schob sie hin und her und rauf und runter. Puzzlearbeit. Ich fasste den Entschluss, mit Feder und Tinte zu arbeiten. John und Pauls Gesichter waren schnell auf Papier, und man konnte sie auch sofort erkennen. Also machte ich mich an Georges Gesicht. Aber das war hart. Ich zeichnete und zeichnete und der Kopf sah wunderbar aus, nur nicht nach George. Ich habe das später öfter feststellen müssen. George war nicht einfach zu malen. Ich war ganz verzweifelt, und aus einem Impuls der Frustration heraus schnitt ich Georges Augen und Mund aus einem Magazin aus und klebte sie auf die Zeichnung. Im ersten Moment sah das ein bisschen unheimlich aus, gar nicht so, wie ich den lieben George kannte, aber es gefiel mir. Ja, es hatte so etwas Mystisches. Ich war zufrieden und arbeitete an einer anderen Ecke weiter. Ich war ganz in meine Arbeit vertieft, als ich hinter mir Christines Stimme hörte.

»Puh, ist das eine Affenhitze hier!« Und ehe ich mich versah, öffnete sie vor mir das Fenster. Die Tür hinter uns flog auf und huiii, weg waren sie, die vielen, vielen kleinen Beatles-Köpfchen und Figürchen. Weggeblasen vom Tisch, hinaus durch das offene Fenster. Ich weiß nicht, wie ich die drei Etagen runterkam. Ich muss wohl über die Treppenstufen geflogen sein.

Unten angekommen, sah ich meine vielen Bildchen wie Schneeflocken ganz langsam von oben auf mich zuflattern. Eins von Georges Augen flog mir direkt in die Hand. Es war wie Zauberei, ich konnte sie alle wieder einsammeln, nicht ein Stück ging verloren.

Am nächsten Morgen klingelte das Telefon. Als ich abhob, hörte ich Johns Stimme.

»Revolver!«

»What?«, schrie ich in die Telefonmuschel. Ich dachte zuerst, es wäre wieder einer von Johns typischen Witzen und seine Art, mir zu verstehen zu geben, dass jetzt endlich ein Ergebnis auf den Tisch kommen sollte. »Cover oder Leben!«

»Was soll das, ich habe doch noch eine Woche Zeit? Zumindest war das so abgesprochen. Ich kann nicht so ohne weiteres mal schnell ein Cover aus dem Ärmel schütteln ...«

**John unterbrach mich.** »Hey man, bist du mit dem falschen Fuß aufgestanden? Revolver. Das ist der Name unseres neuen Albums.« John klang ärgerlich. Er erwartete von mir einen Anfall grenzenloser Begeisterung. Aber so war das immer schon mit mir. Ich war nie ein Mann von überschwänglichen, spontanen Reaktionen.

**Der junge Künstler und sein Beatles-Cover**

»Well, gib mir doch eine Minute Zeit, zu reagieren, du hast mich gerade aus dem Bett geholt.«

John war richtig sauer. »Egal, das ist der Titel. Ist mir schnuppe, ob er dir gefällt oder nicht!« Er knallte den Hörer auf die Gabel.

Die Präsentation meiner Cover-Illustration fand diesmal nicht im EMI-Studio, sondern im EMI-Bürogebäude statt. Die Fans kennen es vom *Please Please Me*-Albumcover. Man führte mich zu George Martins Büro, wo er zusammen mit seinem Sekretär, den Beatles und Brian Epstein auf mich wartete.

**John zeigte mit dem Finger** auf meinen großen Umschlag. »Nun komm schon, zeig her. Wir haben nicht den ganzen Tag Zeit.« Er wirkte immer noch etwas verschnupft nach unserem letzten Telefonat. Aber ich kannte John und wusste, dass – wenn er auch manchmal etwas arrogant wirkte – er es oft nicht so meinte.

Ich packte das fertige Artwork aus und stellte es in Brusthöhe auf einen dieser Stahlaktenschränke. Ich hatte ein gutes Gefühl im Bauch. Ich wusste, es war gute Arbeit. Und ich wusste, es war so ganz anders, ja fast sophisticated im Vergleich zu dem, was derzeit so in den Plattenläden stand. Sie würden, sie müssten es lieben!

Doch dann wieder diese unheimliche Stille. Brian stand mit verschränkten Armen da, legte plötzlich eine Hand ans Kinn und wirkte sehr nachdenklich. Ach du grüne Scheiße, dachte ich. Doch was war das? Sah ich richtig? Seine Augen bekamen plötzlich einen feuchten Schleier. Er starrte ununterbrochen auf das Motiv, bewegte sich nicht, sagte nicht ein Wort. Die anderen verhielten sich wie er. Jeder schaute wie gebannt auf mein, nein, auf ihr *Revolver*-Cover. Sie waren berührt. Mein Gott, was für ein Gefühl. Ich drehte mich zur Seite. Ich bemerkte plötzlich eine Schwäche. Die vergangenen Wochen waren geprägt von wenig Schlaf, viel Zigaretten und viel Kraft und Energie. Ich musste nun selbst mit den Tränen kämpfen.

**Paul durchbrach lachend** das Schweigen. »Ay, bin ich das, der da auf der Kloschüssel hockt?«

George Martin sprang abrupt auf, drehte sich zu mir. »Klaus, du musst das vom Cover nehmen!«, sagte er.

»Nein«, schrie Paul, »bloß nicht. That's great. I like it!« Doch dann wurde er nachdenklich. »Halt, wenn ich es mir richtig überlege, es wäre doch besser, du nimmst es weg. Ist vielleicht doch ein bisschen überzogen. Sorry, Klaus.«

Wir diskutierten ein paar Alternativen und veränderten noch drei weitere Bilder. Danach gratulierten mir alle und wir umarmten uns. Brian hatte in der Zwischenzeit wieder seine Fassung erlangt und kam zu mir.

»Klaus, ich weiß nicht, was ich sagen soll. Dieses Cover drückt so viel aus und ist etwas Besonderes. Es drückt mehr aus, als die Visionen, die ich in meinem Kopf habe.«

**Ich wusste genau, was er meinte.** Er bestätigte mein erstes Empfinden im Studio, als ich die neuen Songs hörte. Dies war der große Wendepunkt. Waren die Beatles bislang eine großartige Rock-'n'-Roll-Band, so waren sie jetzt Visionäre der Popmusik, Wegbereiter einer neuen Ära. Alles, was sie von jetzt an produzierten, sagten, machten, dachten, wurde wegweisend für viele Menschen auf dem Planeten Erde. Sie waren die Trendsetter überhaupt. Und ich gehörte mit meinem kleinen Cover ein ganz kleines Stückchen mit dazu. Mann, war ich stolz! Und bin es heute noch.

Revolver erschien im August 1966 und das Cover wurde bei der nachfolgenden Grammy-Verleihung als bestes LP-Cover des Jahres 1966 prämiert. Ich war der erste deutsche Künstler, der mit einem Grammy ausgezeichnet wurde. Meinen zweiten Grammy heimste ich für meine Mitwirkung am *Bangla Desh*-Album ein. Außer mir gibt es in Deutschland nur noch einen Grammy-Gewinner, das ist Harold Faltermeyer. Ich habe den Preis für das Revolver-Cover nicht persönlich entgegengenommen, es war irgendein Verwandter von Brian Epstein. Irgendwie gab es terminliche Schwierigkeiten. Ein wenig lag es auch daran, dass ich das Geld für die Reisekosten nicht hatte. Das klingt jetzt vielleicht merkwürdig, aber wer glaubt, dass grundsätzlich alle Popmusiker in Geld schwammen, der irrt gewaltig. Mein Honorar für das *Revolver*-Cover betrug fünfzig Pfund.

George bemalt sein Haus in Esher im Oktober 1966

# 9. KAPITEL

### »Was ist denn das da unter deiner Nase, George?«

**Die Zeit der späten Sechziger** gehörte den Hippies und ihrer Love & Peace-Bewegung. Flower Power machte auch vor mir nicht Halt. Rot glänzende Blümchen-Satinhosen, Blümchenhemden, Blümchenschuhe und nicht selten Blümchen in den Augen, oder besser gesagt, Gras. Ich tourte damals viel mit der Manfred-Mann-Truppe in der Welt herum. Wir bemalten unsere Gesichter sogar mit Blümchen, bevor wir auf die Bühne gingen. Ein Bündel Joints und andere kleine Goodies lagen immer griffbereit auf dem Kaminsims im Wohnzimmer. So auch, als George Christine und mich zu sich nach Hause einlud. Er hatte eine Überraschung für uns.

Wir packten ein paar Joints ein und machten uns in unserem kleinen Triumph-Sportwagen auf den Weg. Es war bereits drei Uhr nachmittags, damals eine gute Zeit, in den Tag zu starten. Der Tagesablauf war etwas anders, auch durch die Tatsache, dass oftmals bis tief in die Nacht, oder besser gesagt, früh in den Morgen hinein gearbeitet wurde. Wir waren fast bei Georges Haus angekommen. Als wir in die Straße einbogen, in der er und Patty wohnten, stieß Christine einen Schrei aus.

»O Gott, was ist denn mit Georges Haus passiert?« Ich trat vor Schock auf die Bremse. Damals gab es noch keine Sitzgurte und so klebte meine Christine an der Windschutzscheibe. Sie war so entsetzt, was sich da vor ihren Augen bot, dass sie ihre blutende Nase gar nicht bemerkte.

Als wir George und Patty ein paar Monate zuvor zuletzt besucht hatten, verließen wir ein weißes Haus. Doch jetzt stand vor uns ein schrillbuntes Psychedelic-Gebäude, mit unterschiedlichen Maltechniken teilweise geschmackvoll und teilweise potthässlich angemalt. Bei näherer Betrachtung konnte ich an einer Ecke auf der Hauswand ein kleines Knuddelhäuschen, von Bäumen umgeben, erkennen, vor dem ein kleiner Mann stand.

»**Schau dir das an,** ist das nicht süß? Das hat George sicher selbst gemacht!« Doch Christine, deren Nase mittlerweile zu bluten aufgehört hatte, konnte sich nicht beruhigen.
»Ich finde es grässlich! Der Hauseigentümer wird ihn dafür lynchen!«
»Lynchen? Das ist George Harrison, der das gemacht hat. Abgesehen davon, dass er es wieder weiß anmalen kann, wenn George auszieht, wird er es wahrscheinlich so behalten und in ein Museum umwandeln!«
Wir parkten das Auto direkt vor dem Haus und gingen durch den geöffneten Haupteingang. Ein süßlicher Duft von brennenden Räucherstäbchen und sonstigen süß duftenden Glimmstängeln fuhr uns sofort angenehm in die Nasen. Wir waren kaum im Haus, als wir auch schon die hohe Mädchenstimme von Patty hörten.
»Hallo, wer ist denn daha??« Sie kam uns mit teigverklebten Fingern entgegen. Habe ich eigentlich schon erwähnt, was für eine großartige Köchin sie war? Es ist ihrer tollen Küche zu verdanken, dass ich zum Vegetarier wurde, als ich nach meiner Trennung von Christine bei ihr und George in Friar Park wohnte. Patty und Christine verschwanden kichernd und albernd in der Küche. Das änderte sich auch nicht im Laufe des Abends, im Gegenteil, die Stimmung wurde von Joint zu Joint immer ausgelassener. Nach dem ersten Joint wurde nur gekichert, nach dem dritten wurde hysterisch lachend auf dem Boden umhergerollt und nach dem vierten waren sie kurz davor, in voller Montur in den Swimmingpool zu hüpfen, entschieden sich aber dann doch dafür, stattdessen die Blüten aus den Blumenkästen aufzufuttern, die auf den Fensterbänken standen.
Es dauerte eine Weile, bis ich George fand. Er saß auf einem

Was ist denn
mit Georges
Haus passiert?

großen Kissen und spielte auf einer Jumbogitarre mit zwölf Saiten. Es war ein außergewöhnlicher, wunderschöner Klang. Er war so sehr in seinem Spiel vertieft, dass er mein Kommen überhaupt nicht bemerkte. Ich wollte ihn nicht stören und wanderte im Raum umher. Ein großer runder Feuerplatz, unübersehbar in der Mitte des Raums, war Objekt der malenden Begierde eines Paares namens Marijke und Simon. Sie waren beide Teil einer Gruppe, genannt »The Fool«, die bekannt wurde, nachdem sie die Außenwand des Apple-Büros bunt bemalt hatten. Die Gruppe bestand aus vier Mitgliedern. Sie lebten wie Zigeuner und zogen singend und malend um die ganze Welt. Immer gut gelaunt und immer voller Begeisterung. Sie hatten sehr ausgefallene Klamotten an, mit Sternen, Blumen, Monden, wie einem Märchenbuch entsprungen.

**»Hey Klaus, wie geht's dir?«**, begrüßte mich Simon, der eher einen amerikanischen als holländischen Akzent hatte. Marijke umarmte mich und drückte mir sogleich einen Malpinsel in die Hand.

»Komm, du kannst uns helfen. Deine Inspiration hat noch gefehlt.«

Im gleichen Moment umfasste mich ein Arm von hinten, und obwohl ich nicht sehen konnte, wer es war, wusste ich, dass es sich nur um George handeln konnte. Er legte den Kopf auf meine rechte Schulter und blickte mich mit einem schelmischen Grinsen von der Seite an.

»Was ist denn das da unter deiner Nase, George?«

»Man nennt es Mustache.«

George setzte eine gespielt vornehme Miene auf und strich langsam mit dem Zeigfinger über seinen Bart.

»Hast du noch nie etwas von den drei Musketieren gehört? Du weißt doch, ich liebe es, meine besten Freunde zu überraschen, vor allen Dingen die, die ganz in meiner Nähe wohnen und sich trotzdem nie blicken lassen.«

Das war ein kleiner, nicht bös gemeinter Seitenhieb auf mich. Aber

George wusste nur zu gut, dass ich kaum zu Hause war, sondern stattdessen mit Manfred Mann den Globus bereiste. Er zeigte mit dem Finger auf seinen neuen Kamin.

»Sieht nach ganz schön viel Arbeit aus, oder? Schau, im Zentrum der Feuerstelle kannst du Krishna erkennen.« George schien es sehr wichtig zu sein, mehr und mehr Symbole der indischen Kultur um sich zu haben. Als er so neben mir stand, mit seinem langen, vollen dunklen Haar, dem Schnauzbärtchen und den dunkelbraunen Augen, die voller Begeisterung sprühten, da kam er mir plötzlich selbst wie ein Inder vor. Er ging förmlich auf in dieser Kultur und Lebensweise. George hatte seinen Weg gefunden. Die angenehme Ruhe, die sich immer mehr in seiner Gegenwart ausbreitete, hatte darin ihren Ursprung.

Wann immer ich mit George in den nachfolgenden Jahren zusammen war, spürte ich das Zunehmen dieser Kraft, von der jeder, der in seiner Nähe war, profitieren konnte.

George nahm sich ebenfalls einen Pinsel, und zusammen mit den beiden holländischen Gypsies machten wir uns an die Arbeit an Georges Kamin. Zwischendurch kamen Patty und Christine kichernd durch den Raum geflogen, um uns leckeres, indisches Fingerfood probieren zu lassen. Es war eine ganz wunderbar entspannte und trotzdem kreative Atmosphäre mit lieben Menschen um mich herum. Wäre die Zeit in diesem Moment stehen geblieben, ich hätte nichts dagegen gehabt.

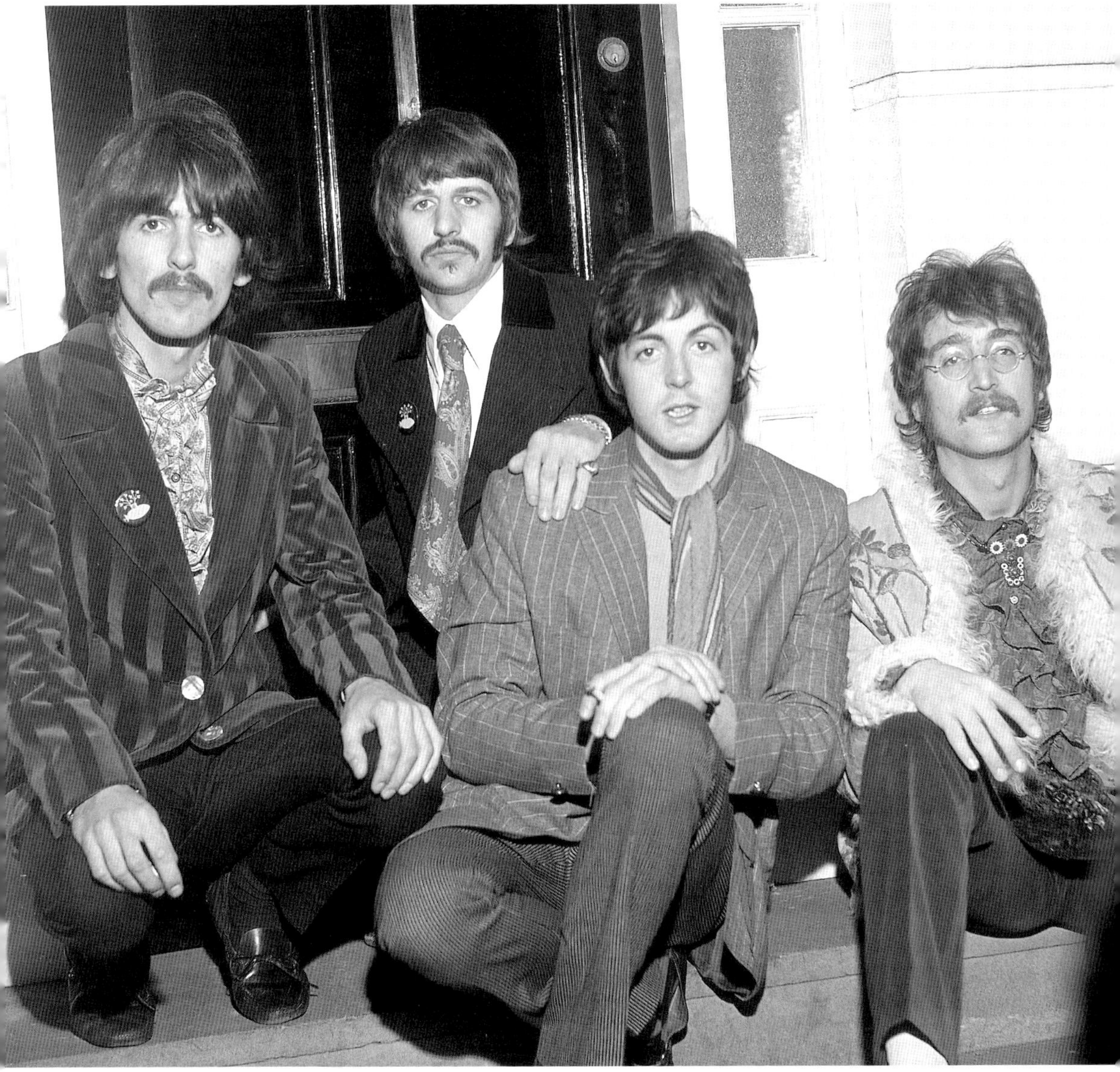

# 10. KAPITEL

### »From here on your own«

**Ich weiß nicht, woran es lag,** aber irgendwie war ich immer in der Nähe, wenn sich bei den Beatles besondere Dinge ereigneten. Wobei ich mich nie aufdrängte. Es war immer einer von ihnen, der mich anrief. »Hey Klaus, hast du nicht Lust, im Studio vorbeizukommen?« Mal war es Paul oder Ringo, mal George oder John. Es war die Freundschaft, die uns verband, das Geld und der Starruhm waren kein Hindernis.

Eines Tages luden sie mich wieder einmal zu einer ihrer Studiosessions ein. Sie arbeiteten seit einiger Zeit an der neuen LP, die später den Titel *Sgt. Pepper's Lonely Hearts Club Band* bekam. Als ich den Aufnahmeraum betrat, war alles bereits von den Technikern vorbereitet. Der Raum war hell erleuchtet, und eine Menge Stühle, Notenständer und Mikrofonstative füllten ihn. Davor war ein Dirigierpult aufgebaut, und das erstaunte mich doch sehr. Auf der Partitur stand in dicken Buchstaben geschrieben »A Day in the Life«.

Aha, das war also der Titel, der an diesem Tag bearbeitet werden sollte. Zwei EMI-Mitarbeiter in blauen Kitteln brachten noch einige Mikrofone herein, verteilten Noten auf alle Plätze und achteten streng darauf, dass auch nichts weggerückt oder verstellt wurde. Ich war gespannt, was die Jungs sich da hatte einfallen lassen. Allein der Aufbau sah schon mächtig aus.

Bei den großen Sessions herrschte immer militärische Ordnung. Ich erinnere mich an einen Studiogig, für den ich als Bassist gebucht war. Das Mikro stand ein bisschen nahe an meinem Verstärker. Ich versuchte es etwas beiseite zu stellen und schon war ein ohrenbetäubendes Pfeifgeräusch aus den Monitoren im Kontrollraum zu hören.

»Halt, nichts anfassen. Lass das Mikro dort, wo es ist!« Mit hochrotem Gesicht kam der Techniker auf mich zugerannt, um alles wieder an den richtigen Platz zu stellen. Dabei ging es dem Guten gar nicht darum, den Job bestmöglich auszuführen, es ging ihm eher darum, den Job nicht zu verlieren. Die Gewerkschaft machte genaue Vorgaben, und wer sich nicht daran hielt, und das galt auch für uns Musiker, flog raus. Das war damals in England sehr typisch.

Nach einer Weile kam nun ein Musiker nach dem anderen. Sie begrüßten einander, und es hatte den Anschein, dass sie sich wohl alle ganz gut kannten. Sie waren teilweise schon etwas älter, und manche wirkten etwas fahl im Gesicht. Sie unterhielten sich über die zweite Hypothek auf ihr Haus, über das alte Hundchen, das nicht mehr so recht auf das Sofa hüpfen konnte, oder über die neue Waschpulverwerbung, für die sie gestern gespielt hatten. Es dauerte nicht lange, dann war der Raum voll mit einer großen Orchesterbesetzung.

**Paul war der Erste** von den Beatles, der im Studio erschien. Er grüßte freundlich zu allen Seiten, schüttelte einigen die Hand und machte kleine Späßchen. Es waren schon zwei Welten, die da aufeinander trafen, und man konnte nicht so richtig erkennen, was die eine Seite von der anderen hielt. Vorsichtig tastete man sich ab. Ich fragte mich, ob diese ganzen Violin-, Bratschen-, Cellospieler überhaupt in der Lage waren, Popmusik zu interpretieren. Konnten sie nachempfinden, was in den Köpfen der Beatles und auch ihres Arrangeurs vor sich ging, oder hielten sie diese Art von Musik für ihrer gar nicht würdig. Aber dann dachte ich an die, die am Tag zuvor noch zu Waschmittel gefiedelt hatten, das schien wohl auch nicht unter ihrer Würde gewesen zu sein. Während ich das alles so beobachtete und in meinen Gedanken versunken war, stand plötzlich George Harrison mit einem Stapel Noten neben mir.

»Kannst du das lesen?«, fragte er und zeigte mir ein paar Stellen in der Partitur. Ich schüttelte den Kopf.

»Nein, kann ich nicht, und selbst wenn ich es versuchen würde, es würde mich Jahrhunderte kosten, da durchzusteigen.«

»Aber du kannst doch all diesen klassischen Kram so wunderbar spielen?« Er sah mich verwundert an.

**»Glaub mir, George,** ich habe meine Klavierlehrerin beinahe zum Wahnsinn gebracht, weil ich nie auf die Noten geguckt habe. Sie hat mir sogar einen riesengroßen Papierkragen um den Hals gebunden, damit ich aufhöre, auf meine Finger zu sehen. Ich habe immer nur nach Gehör gespielt.«

George war baff. »Wow! Das hätte ich nicht gedacht.« Er war schon im Begriff wegzugehen, als er sich noch einmal umdrehte. »Klaus, schau dir das doch mal an.«

Er deutete mit dem Zeigefinger auf etwas, was auf der letzten Seite für das Orchester geschrieben stand. Dort war zu lesen: »From here on your own.«

Auf Georges Gesicht erschien plötzlich ein äußerst spitzbübisches Grinsen, das gleichzeitig eine gewisse Vorfreude erkennen ließ.

»Ich kann es gar nicht abwarten zu hören, wie sie aus der Sache rauskommen.« Er meinte die Orchestermitglieder, die am Ende des Stücks anscheinend etwas Ungewöhnliches zu spielen hatten. George hatte zu diesem Zeitpunkt nicht allzu großen Respekt vor klassischen Musikern. Sie waren ihm zu steif, festgefahren und arrogant. Das hat sich aber später sehr geändert. Da war er begeistert von klassischer Musik. Ich habe ihm einmal eine Kassette von Glenn Gould gegeben, und als ich fragte, was er davon hielt, meinte er: »Dieser Glenn ist ein brillanter Künstler. Ich liebe sein Klavierspiel, aber seine Art kann ich nicht leiden. Die geht mir total gegen den Strich.«

Alle Musiker waren nun vollständig eingetroffen und packten nach und nach ihre Instrumente aus. Alsbald konnte man die einzelnen Stimmversuche hören und der Raum war voll von den unterschiedlichsten Tönen.

Ich liebe diese Atmosphäre, dieses Sicheinfügen in einen vollendeten großen Klangkörper. Als Kind hatte ich immer Ehrfurcht vor diesem Moment.

Plötzlich stand ein weißhaariger Violinspieler, der unmittelbar neben dem Dirigentenpult saß, auf, drehte sich zum restlichen Orchester um und schlug mit seinem Bogen dreimal gegen seinen hölzernen Notenständer. Sofort herrschte absolute Stille im Raum.

»**Ladies and Gentlemen, guten Abend.** Mister Oboe, geben Sie uns bitte ein A.«

Kaum war Mr Oboes persönliches A verklungen, setzte der gesamte Orchesterpulk zum endgültigen Stimmen an. Das war das Zeichen für George Martin, endlich auf der Bildfläche zu erscheinen.

Er kam korrekt gekleidet in Anzug und Krawatte und sah wie ein Bilderbuch-Gentleman aus. Man konnte es an den Gesichtern der Orchestermusiker sehen, die waren wirklich schwer beeindruckt, so etwas aus dem Beatles-Dunstkreis herausschweben zu sehen. George Martin steuerte direkt auf das Dirigentenpult zu, gefolgt von John. Nachdem beide die Musiker begrüßt hatten, scherzte John: »Well, wir werden das Licht etwas herunterdrehen. So kann niemand sehen, wenn einer von euch falsch spielt.« Großes Gelächter folgte, und damit war das Eis schon gebrochen. Nachdem tatsächlich der Raum etwas dunkler geworden war, bat mich der andere George, mit ihm in den Kontrollraum zu kommen. Wir setzten uns neben Ringo auf ein Sofa, das sich vor dem Reglerpult befand. Wir hörten George Martin genau die Stelle proben, an der in den Noten der Satz »From here on your own« stand.

Alle Musiker sollten mit ihren Instrumenten mit dem tiefsten Ton beginnen, um dann langsam immer höher und höher, lauter und lauter bis zum höchstmöglichen Ton ihres Instruments zu gelangen. Es sollte ein sich aufbauendes großes Tongebilde werden. Wir sahen, wie Paul aufgeregt auf die Musiker einredete. Allein nur zuzusehen verursachte mir ein Kribbeln im Bauch.

»O.k., let's roll!«, gab George Martin das Kommando für den Tontechniker. »A Day in the Life ... take one.«

Das Playback startete. »I'd love to tuuurn youuu ooonn ...«

Wir spürten im Kontrollraum, dass etwas Großartiges direkt vor unseren Augen passierte. Wir bekamen Gänsehaut, als alle Musiker wie besprochen mit der tiefsten Note begannen, der Kontrabass, die Tuba, die Posaunen, dann die Cellos, French Horns, die Flöten, Oboen, Klarinetten, Trompeten, die Piccoloflöten. Die Spannung war kaum mehr auszuhalten. Die Spieler konnten nicht mehr sitzen bleiben und einer nach dem anderen stand auf, angefeuert von Paul und John, die wie Magier vor dem Orchester standen. George Martin ruderte mit den Armen wie ein Verrückter, deutete mit dem rechten Zeigefinger zur Decke. Hornbläser machten plötzlich seltsame Körperverrenkungen und bekamen rote Köpfe, als ob sie jeden Augenblick platzen würden. Alle Augen waren wie gebannt auf George Martin gerichtet, der langsam die Arme weit ausbreitete und plötzlich nach oben und unten bewegte, um diesen wunderbaren, überirdischen Wahnsinn zu stoppen.

»It's a wrap, thank you everybody«, bedankte er sich bei den verzückten Anwesenden, die alle in Freudengelächter ausbrachen, ihre Instrumente abstellten und sich gegenseitig umarmten.

»Können wir das noch einmal anhören, bitte?«, fragte der alte, weißhaarige Violinspieler.

»Sure«, sagte George Martin, »it's a pleasure!« Und er bat den Tontechniker, noch einmal das Band abzuspielen.

Ich verließ das Studio für einige Stunden, weil ich an diesem Tag noch andere Verpflichtungen hatte. So verpasste ich die Filmaufnahmen, für die das Orchester am selben Tag noch mal mit Pappnasen spielen musste.

Als ich später wiederkam, fragte mich George Martin im Kontrollraum: »Klaus, könntest du mir einen Gefallen tun? Für den nächsten Teil müsste ich hier bleiben. Ich brauche jemand, der für mich die Sänger dirigiert. Könntest du das für mich machen?«

Das kam dann doch etwas überraschend für mich. »Nun, wenn du meinst, dass ich das kann …?«

»Natürlich kannst du das, und du wirst es auch gefälligst machen,

Mister Voormann!« Johns Stimme knallte durch die Boxen im Kontrollraum, er hatte wohl über seinen Kopfhörer mitbekommen, was George Martin zu mir sagte. Danach drehte sich John um und flüsterte leise, aber so, dass es noch zu hören war, zu Paul: »Immer versucht er sich zu drücken!«, und zu mir wieder gewandt: »O.k. Klaus, du machst das jetzt. Ich will von dir keine Widerrede, hörst du! Du machst das jetzt für uns!« Und zu den restlichen Personen im Aufnahmeraum: »Alle herkommen, lasst uns jetzt unsere Arbeit machen!«

Und tatsächlich kamen auch Mitarbeiter aus dem ganzen restlichen Haus und gruppierten sich um dafür vorgesehene Mikrofone mit dem Gesicht zum Piano. Es müssen so um die zwanzig Personen gewesen sein, Neil Aspinall, Terry und viele Freunde, alle standen da, bereit zu singen. George Martin ging mit mir zum Flügel und ließ einen Durakkord erklingen.

»Das Einzige, was du tun musst, ist, diesen Akkord zu spielen und uns das Zeichen zum Singen zu geben. Das ist der letzte Teil, den wir als großes Finale am Ende des Songs dranhängen wollen. Die Sänger sollen den Akkord so lange wie nur möglich anhalten. O. k. Klaus?«

»O. k. George!« Und ich setzte meine zittrigen Finger probeweise auf die vertrauten weißen und schwarzen Tasten. Ich wartete, bis George Martin im Kontrollraum verschwunden war. Der Amateurchor, mir alles bekannte Gesichter, grinste mich freundlich an, und dann gab George durch die Glasscheibe das Zeichen.

»A Day in the Life … Chor … part one!«

**Der Chor schaffte es nie** auf die spätere Platte. Weil den Beatles das Gesumm als Abschluss nicht bombastisch genug war, kamen sie auf die Idee mit dem achthändigen Klavierakkord, der den Hörer von *Sgt. Pepper* am Ende buchstäblich atemlos zurückließ.

Als wir in Rainspark wohnten, kam George uns oft besuchen. Er war fasziniert von meinem Harmonium. Während er oben spielte, musste ich unten die Pedale pumpen. So entstand »Within You Without You«

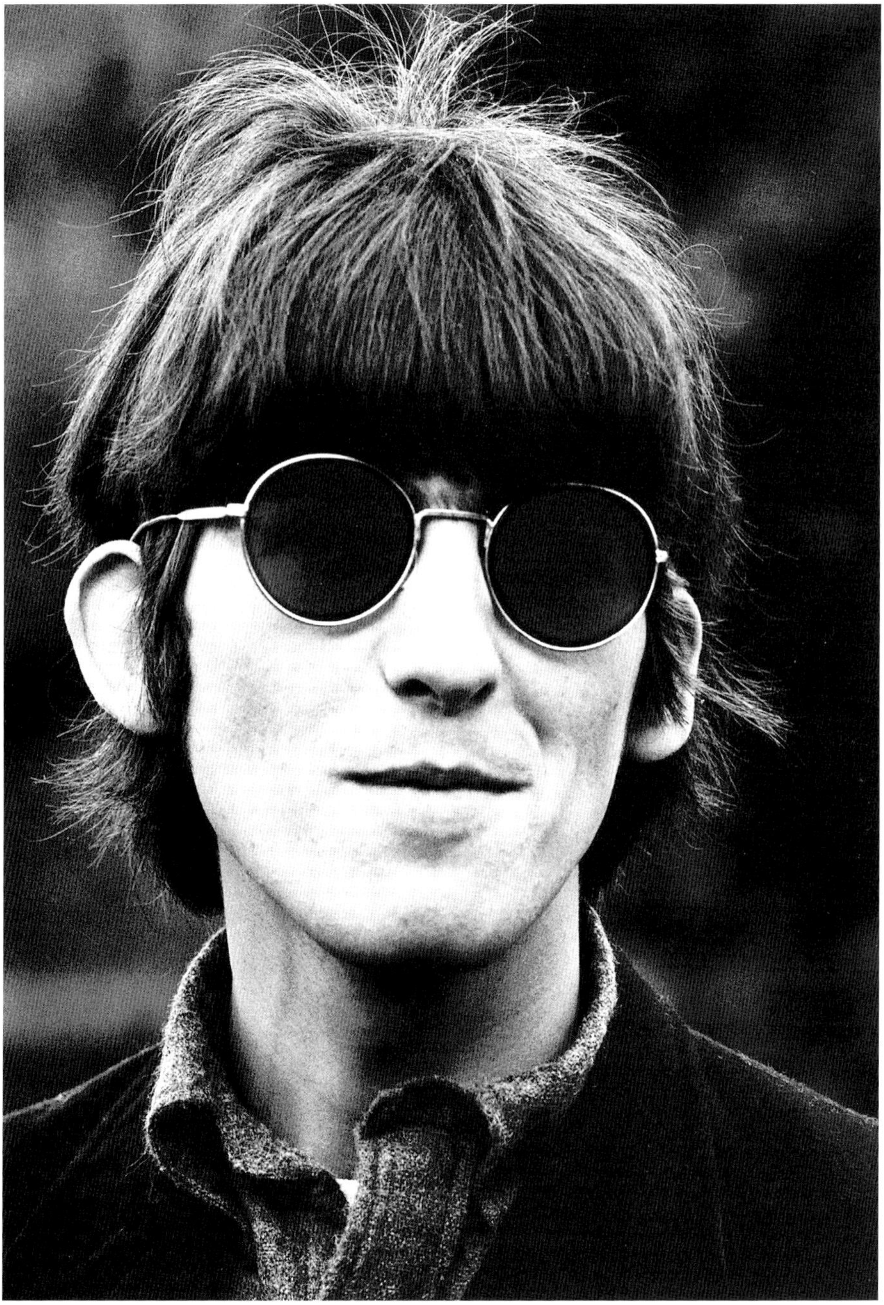

# 11. KAPITEL

## »Mein Name ist George Harrison von den Beatles. Könnten Sie mir bitte schnell dreißigtausend Pfund borgen?«

**Georges Patty** und meine damalige Frau Christine verstanden sich sehr gut und wurden bald gute Freundinnen. So kam uns auch Georges Einladung sehr gelegen, die beiden auf Sardinien zu besuchen, wo sie seit Wochen Urlaub machten. Ich kam wieder einmal gerade aus Europa zurück, wo ich längere Zeit mit der Manfred Mann Band getourt hatte. Ich freute mich also auf eine Abwechslung, und mit George den Urlaub zu verbringen war vielversprechend.

Wir nahmen die Maschine nach Nizza, um von dort mit einem dieser kleinen Inselhüpfer nach Sardinien weiterzufliegen. Am Flughafen erwarteten uns bereits George und Patty sowie Terry Doran. Wir waren ein gutes Team, und wir konnten sicher sein, dass eine Menge Spaß auf uns wartete. Die drei waren bereits seit zwei Wochen auf der Insel und schauten dementsprechend erholt und gut gebräunt aus. George half das Gepäck zu verstauen und schon ging es weiter. Wir fuhren, zumindest den Villen nach zu beurteilen, durch eine sehr exklusive Gegend.

»Das Grundstück hier gehört dem Aga Khan«, erklärte George, »und der Hügel dort oben, die Bucht da unten ebenfalls und der lange Strand dort drüben auch ...«

Wir fingen alle an zu lachen.

»Also, um die Wahrheit zu sagen, soviel ich weiß, gehört ihm sowieso die halbe Insel. Ihr seht, die Beatles sind nicht die Einzigen, die etwas Brot im Kasten haben.«

George war sichtlich beeindruckt. Wir hatten bereits einige Stunden Fahrt hinter uns und es fing langsam an dunkel zu werden. Ein atemberaubender Sonnenuntergang färbte vor uns den Abendhimmel. George fuhr durch eine sehr geschmackvolle Bungalow-Siedlung, die sicher nicht von Sozialhilfeempfängern bewohnt wurde. Hier hatte jemand Architektur und Natur harmonisch unter einen Hut gebracht. Wir fühlten uns sofort wohl und heimisch.

»Übrigens, das gehört auch alles dem Aga Khan«, spöttelte Terry mit gespielt nasalem Ton in der Stimme. George hielt vor einem der einladenden Bungalows.

**Wir hatten bereits** während der Fahrt eine Art Rollenspiel begonnen, das wir für den restlichen Abend auch beibehielten. Terry spielte den Butler, George war der dekadente, alte Lord, Patty entschied sich für den Part seiner jungen Geliebten, die seine Hoheit, der Lord, gerade eben von der Straße aufgepickt hatte. Christine schlüpfte in die Rolle des Hausmädchens, was ihr als professionelle Schauspielerin nicht schwer fiel. Ich war der eifersüchtige Kerl, der versuchte, seine Freundin zurückzuerobern. Christine half Patty, die im Übrigen eine hervorragende und einfallsreiche Köchin war, in der Küche, das Abendessen vorzubereiten. Pattys Salatkreationen konnten mit jedem First-Class-Restaurant mithalten. Das Wohnzimmer lockte mit einem seltsam betörenden Duft, der von den vielen blühenden Pflanzen kam, die meterhoch im Raum und auf der Terrasse standen. Ein gemütlicher Feuerplatz in der Mitte sorgte für ein heimeliges Gefühl, auch wenn kein Feuer brannte. Auf dem Kaminsims befand sich eine kleine, reich verzierte orientalische Decke mit Kerzen, Räucherstäbchen, kleinen Bildchen und Statuen aus dem indischen Götterhimmel. Das war Georges Werk.

Ich sah dies zum ersten Mal und in den nächsten Jahrzehnten überall, wo er sich aufhielt. Egal ob im Hotel oder in einem seiner Anwesen, George hatte immer seinen kleinen, mit Blumen geschmückten Altar aufgebaut. Die Utensilien hatte er bei jeder Reise im Gepäck verstaut. Selbst wenn er nur für eine Nacht weg war.

Nahe dem Feuerplatz befand sich ein großer Baum mitten im Wohnzimmer. Der Stamm wuchs durch die Decke, und oberhalb des Glasdaches breiteten sich die Äste nach allen Seiten aus. Es war beeindruckend, und wir fanden die Idee, ein Haus um einen großen, lebenden Baum zu bauen, überwältigend. George zündete die Kerzen an, schnappte sich eine Gitarre, die am Sofa lehnte, und fing an zu spielen.

Für mich waren alle diese Eindrücke sehr intensiv, die Insel, dieses wunderbare Haus mit dem alten Baum in der Mitte, die ganze Atmosphäre und dann Georges stimmungsvolles Gitarrenspiel. Ich merkte, wie geschafft ich war, und musste mich hinsetzen. Endlich hatte ich Gelegenheit, George richtig wahrzunehmen. Er sah mich mit seinen dunkelbraunen Augen an, und ich kann mich nicht erinnern, jemals wieder einen so friedlich und entspannt blickenden George gesehen zu haben. So sieht ein Mensch aus, dachte ich, der mit sich und seiner Umwelt vollkommen in Harmonie ist. Ich beneidete ihn. Es war, als ob er in mein Innerstes sehen konnte.

»**Du brauchst Ruhe, Klaus,** wirkliche Ruhe, nicht nur heute oder morgen. Dieser ganze Wahnsinn mit Touren, Studioarbeit, Lieder schreiben, Interviews geben, Fernsehen und und und. Das macht uns kaputt, wir dürfen das nicht zulassen. Wir müssen dagegensteuern. Glaube mir.«

George hatte Recht. Wir fühlten es beide hochkriechen, dieses kraftzehrende, aufreibende Tier, das unsere Energie trinkt und unsere Körper auslaugt. Wir wussten beide zu gut, dass wir etwas dagegen tun mussten. Georges Situation war natürlich noch viel alarmierender und konnte mit meinem Leben nicht verglichen werden. Mir wurde klar, dass sich in George etwas verändert hatte. Doch vielleicht ist das der falsche Ausdruck. Es hat sich nichts verändert, sondern etwas fing an zu wachsen, das immer schon da war. Dies war ein Moment, wo ich zum ersten Mal bemerkte, dass George ein hochspiritueller Mann war. Auf Sardinien begann sein Leben in einer anderen Bahn zu laufen. Da war zwar immer noch der ganze Beatles-Stress, doch George fand einen persönlichen Weg, zur Ruhe zu kommen. Es war, als ob er ganz einfach das Tempo drosselte. George war mitten in seiner »großen Suche«. Und nichts konnte ihn mehr stoppen. Die letzten Jahre waren unvergleichlich hart gewesen. Der Preis für die erste Garnitur. Diese Jahre haben tiefe Furchen und Spuren hinterlassen.

**George gehörte zu den wenigen,** die das Ziel ihrer Suche finden sollten. Es berührt mich sehr, dass ich ihn zumindest teilweise begleiten konnte, vom kleinen frech grinsenden siebzehnjährigen Jungen, der die Reeperbahn-Mädchen mit »Corinna Corinna« bezirzte, bis hin zum weisen und wissenden Mann, der er schon lange war, bevor er im November 2001 viel zu früh von der Weltbühne verschwand. Ich werde es nie in Worten beschreiben können, wie sehr er mir geholfen hat, wie viel er mir bedeutete und wie sehr ich ihn immer vermissen werde.

Die Frauen waren fertig mit der Zubereitung des Abendessens, und wir saßen gemütlich am Boden auf großen Sitzkissen. Patty hatte ganz vorzügliches indisches Fingerfood auf großen Platten angerichtet.

Am nächsten Morgen wollte George mir die Insel zeigen. Ich erinnere mich an einen Hafen, in dem ein großes, altes Segelschiff stand.

»Das sieht aus wie in einem dieser alten Piratenfilme mit Errol Flynn«, sagte ich.

»Mit Errol Flynn liegst du gar nicht so sehr daneben«, meinte George. »Hast du schon mal was von dem amerikanischen Schauspieler Lex Barker gehört?«

»Klar, der ist in Deutschland als Old Shatterhand bekannt. Und hat der nicht auch Tarzan gespielt?«

»Stimmt«, antwortete George. »Muss ihm wohl eine Menge Dollars gebracht haben. Das ist nämlich sein Boot. Wenn er keine Filme dreht, fährt er rund um den Erdball. Auch eine Art zu leben, aber sicher nicht meine. Die ganze Zeit nur auf dem Wasser, da muss man doch irgendwann vergessen, was Heimat ist, oder? Ich kann mir sogar vorstellen, dass man irgendwann vergisst, wer man ist.« George guckte ein Weile auf den Boden und meinte dann nachdenklich: »Oder vielleicht weiß man dann irgendwann, wer man wirklich ist!«

Den Nachmittag verbrachten wir alle zusammen am großen Swimmingpool. Von dort hatte man eine grandiose Sicht über die gesamte Bucht. Wir tranken Rotwein, und George klimperte auf der Gitarre herum. Ich hörte ihn immer wieder singen: »Here comes the sun ... Here comes the sun ...« Es klang gut.

Plötzlich drehte er sich um. »How about Rome?«

»What do you mean?«

»Warum fahren wir nicht nach Rom, wäre doch lustig?«

Innerhalb kürzester Zeit hatten wir die nötigsten Sachen eingepackt und ab ging es nach Rom. Wir mieteten eine Suite in einem unglaublich schönen Hotel. Den Namen habe ich vergessen, aber ich kann mich noch gut an die vielen ineinander führenden Swimmingpools erinnern, mit ihren bizarren Formen.

Es war fürchterlich heiß in der Stadt. Trotzdem brannte Patty darauf, einkaufen zu gehen.

»Terry, kannst du mir Bargeld leihen, ich habe keins mitgenommen.«

»Ich habe auch keins mit, aber mach dir keine Sorgen, ich habe meine American Express Card dabei.«

»Terry, bist du verrückt, willst du damit wirklich sagen, dass du auch kein Bargeld mit dabei hast? Wir sind hier in Italien und nicht in den USA. Nur ganz wenige Geschäfte hier nehmen Kreditkarten. Wenn überhaupt. O nein, Terry, wir brauchen Cash!« Patty schien einem Nervenzusammenbruch nahe.

George kam hinzu und rettete die Situation.

»Terry, ruf bitte Peter Brown an, er ist bestimmt noch im Büro. Sag ihm, er soll uns Geld überweisen.«

»O.k. Wie viel?«, fragte Terry ziemlich kleinlaut.

»Ich denke, dreißigtausend Pfund reichen vorerst, oder?« George wandte sich seiner Patty zu, die sich langsam beruhigte und nickte.

Terry rannte zum Hotelbüro, während wir uns an einem der Swimmingpools niederließen. Was anderes konnten wir nicht tun, dazu

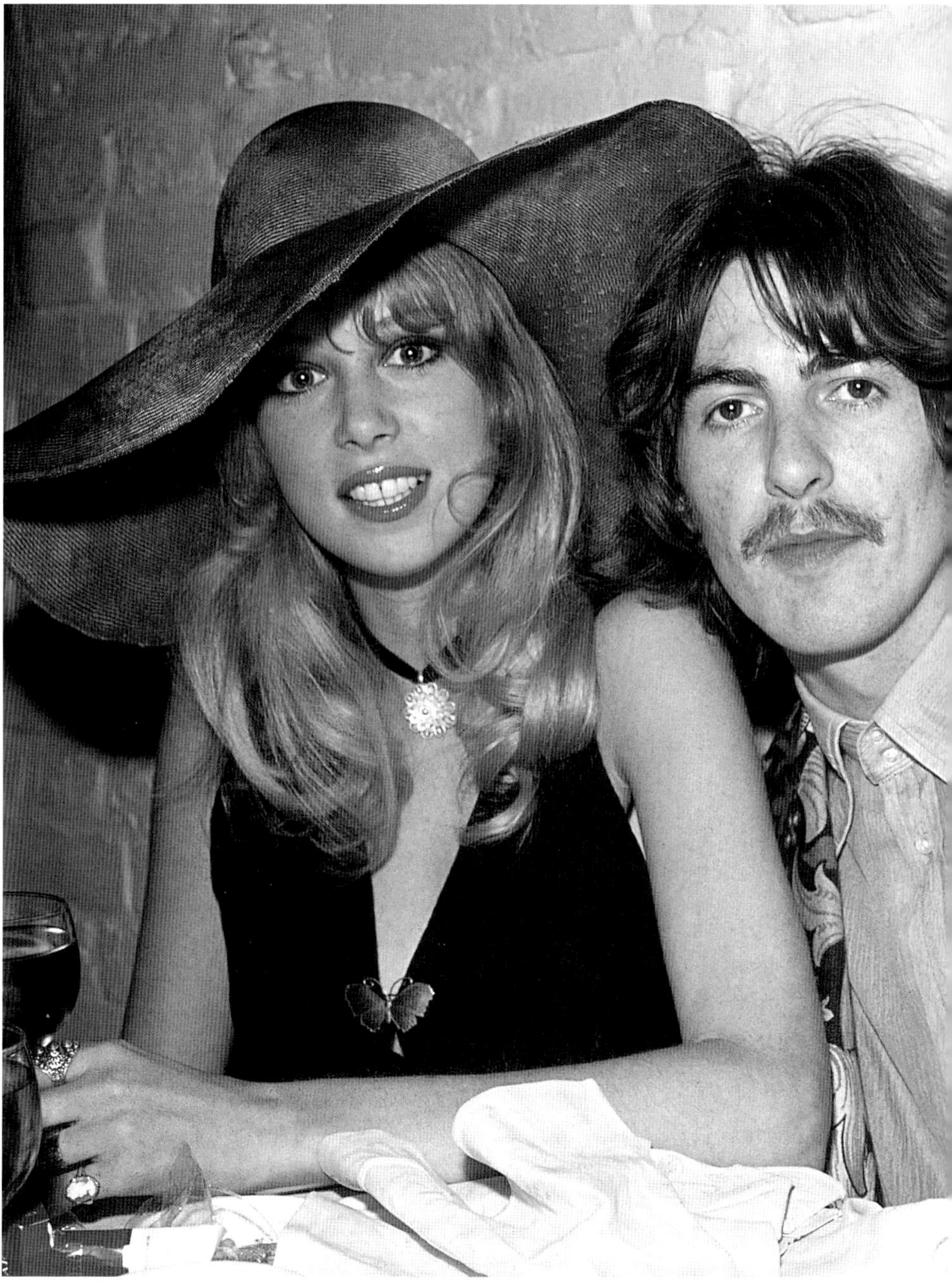

war die Hitze ganz einfach unerträglich. Nach einer Weile kehrte ein strahlender Terry zurück.

»Alles o.k. Peter überweist per Telex sofort das Geld. Es müsste in ein paar Stunden zur Verfügung stehen.«

Der Tag schien gerettet und vor allen Dingen Pattys Einkaufsbummel. Wir paddelten auf großen Luftmatratzen im Wasser herum, spritzten uns nass oder lagen einfach nur faul in den Liegestühlen, die man für uns am Beckenrand aufgestellt hatte. Nach einer Weile meinte George: »Terry, how about checking if the bread is there yet.«

Terry rannte unverzüglich los, um zu sehen, ob das Geld bereits angekommen war. Als er zurückkehrte, hatte sein Gesicht eine wesentlich blassere Färbung als noch vor wenigen Minuten.

»Was ist jetzt passiert, hat die Überweisung nicht geklappt?« George klang beunruhigt.

**Patty und George**

Der arme Terry konnte kaum sprechen. »Doch schon, aber, äh, nun ja, nicht so direkt.«

»Hey Mann, was heißt das, nicht so direkt. Ist das Geld da oder nicht da?«

»Nun ja, Geld ist schon da, aber nicht Pfund, sondern dreißigtausend Lire.«

Patty jubelte: »Oh, great, dann hat es ja geklappt. Warum machst du dann so ein Gesicht?«

George drehte sich langsam zu ihr und sagte mit extrem entspannter Stimme: »Darling, weißt du eigentlich, wie viel dreißigtausend Lire sind?«

»No.« Pattys Augen formten sich kugelrund.

»Nun, dann werde ich es dir sagen, aber tu mir bitte den Gefallen und fang nicht an zu schreien. Wir sind nämlich nicht allein in diesem Hotel.« George rückte noch näher an seine Patty heran. »Also, dreißigtausend Lire sind ungefähr zehn Pfund, aber vielleicht willst du dir ja nur ein T-Shirt kaufen. Dafür reicht es bestimmt.« Pattys Augen wanderten erst zu uns, dann zum armen Terry.

»Patty, glaube mir, ich habe alles versucht, aber an so etwas habe ich wirklich nicht gedacht.«

Mir tat Terry Leid. Nun nahm George die Sache doch selbst in die Hand. Er versuchte EMI England anzurufen, aber es war niemand mehr in der Buchhaltung, um Geld zu überweisen.

Er telefonierte wie ein Weltmeister, denn es ging eigentlich nicht nur darum, Pattys verständliche Kauflust zu befriedigen, sondern wir hatten ja alle kein Geld in der Tasche, und wie Patty richtig bemerkt hatte, war es zur damaligen Zeit nicht üblich, mit Kreditkarte zu bezahlen. Die Hotelrechnung war zwar gesichert, denn das Haus nahm American Express. Wir mussten also nicht auf der Parkbank übernachten. Verhungern wollten wir allerdings auch nicht. Also ließen wir uns vom Hotel eine Auflistung der Restaurants geben, die Kreditkarten akzeptierten. Das waren damals noch nicht allzu viele. Irgendwie erreichte George noch einen EMI-Mitarbeiter, der ihm den Tipp gab, sich doch an eine sehr bekannte italienische Künstlerin zu wenden, die damals ebenfalls bei EMI unter Vertrag war und zufälligerweise in Rom wohnte. Ich bin mir nicht mehr ganz sicher, aber ich glaube, es war Milva. Zumindest sah sie so aus und hatte auch diese herrliche rote Mähne. George notierte sich also die Adresse dieser italienischen Diva und alle zusammen machten wir uns auf den Weg, sie aufzusuchen. Dort angekommen, wurden wir auch tatsächlich eingelassen, nachdem George sich als Beatle ausweisen konnte. Die Sängerin war natürlich überrascht, uns zu sehen. Sie war noch überraschter, als sie den Grund erfuhr. Ich höre heute noch ihr schallendes Gelächter. Man muss sich das auch einmal vorstellen. Da klingelt es an der Tür und draußen stehen ein paar langhaarige, verwegen aussehende Menschen, von denen einer sagt: »Entschuldigen Sie bitte die Störung. Mein Name ist George Harrison von den Beatles. Könnten Sie mir bitte schnell dreißigtausend Pfund borgen?«

**Man wird es nicht für möglich halten**, aber Milva machte das. Sie rettete unser römisches Wochenende, und wir hatten noch viel Spaß mit ihr. Die Hitze lähmte unsere Aktivitäten, und, abgesehen vom Einkaufsbummel, blieben außer mir alle im Hotel und dort hauptsächlich im Swimmingpool. Ich habe heißes Klima immer schon gut vertragen, so spazierte ich allein durch Roms alte Gassen, bewunderte die wunderschönen Fassaden und war beeindruckt von der Atmosphäre der Stadt.

**P**lastic Ono Band, Toronto 1969. Von rechts: Eric, John, Yoko, Alan und ich

# 12. KAPITEL

## » A big, neverending happening «

**Die Popära gebar** viele spektakuläre Kultkonzerte. Man denke an das Woodstock Festival oder an das Concert for Bangladesh. Mit dazu gehört sicher auch der Live Gig von John Lennon und der Plastic Ono Band in Toronto. Ich muss lachen, wenn ich denke, wie easy und locker man damals an solche Auftritte ranging und welchen Aufwand und Stress man sich dagegen heute macht. Vielleicht sahen wir Dinosaurier die Dinge damals gelassener. Vielleicht waren wir engagierter und naiver. Vielleicht lag's aber auch ein bisschen an den Joints und Mr Jack Daniels.

John rief mich wieder einmal an und fragte, ob ich denn nicht Lust hätte, in der Plastic Ono Band zu spielen. Ich wusste überhaupt nicht, von welcher Band er sprach, und dachte mir, Mensch, der verscheißert dich mal wieder. Aber nachdem das Wort »Ono« darin vorkam, musste es wohl etwas mit Yoko zu tun haben. Vielleicht war es ja wieder irgend so ein Avantgarde-Gespinst, wo eine Truppe auf Plastikbechern herumtrommelte, mit Plastiktüten vor dem Schniedel. Das war den beiden ja zuzutrauen. Ich bat John also, mir doch ein bisschen genauer zu erklären, worum es sich da handeln würde.

»Na ja«, meinte er, »Yoko und ich möchten gern etwas zusammen aufziehen. Wir wollen ins Studio gehen und auch wieder Live Gig machen und unsere Ideen zu einer großen Sache zusammenschmelzen lassen. You know, Klaus, a big, neverending happening.«

John war nicht mehr zu stoppen und klang richtig begeistert. Eric hätte auch schon zugesagt und jetzt sei ich an der Reihe.

»Jetzt sag schon endlich Ja und zier dich nicht wie eine Primadonna.«

John war es ernst, das konnte ich ganz deutlich merken. Zusammen in einer Band mit John, das hatte schon was für mich. Also sagte ich Ja.

»Great, man, dann treffen wir uns morgen am Flughafen.«

»Wieso denn am Flughafen«, ich war mehr als überrascht.

John druckste herum. »Na ja«, er kicherte so merkwürdig, »wir haben da bereits den ersten Gig. Genauer gesagt: Die Plastic Ono Band soll morgen Abend in Toronto auf dem Festival auftreten.«

»Was?« Nun fiel ich doch beinahe vom Stuhl. »John, du hast mir gerade vor drei Minuten gesagt, dass du eine neue Band gründen willst, und jetzt redest du bereits vom ersten Gig, morgen Abend in Toronto?«

**»O.k., o.k., jetzt krieg dich wieder ein.** Das ist doch eine gute Gelegenheit anzufangen. Wir spielen ein paar von den guten alten Sachen, die jeder von uns im Schlaf draufhat, das ist doch ganz einfach? Wir brauchen nur noch einen Drummer, dann läuft der Laden.«

»Willst du damit sagen, ihr habt noch gar keinen Schlagzeuger? John, meinst du nicht, das alles ist ein bisschen knapp?« Ich war kurz vor einem Schreikrampf, während John die Angelegenheit scheinbar als ganz selbstverständlich und normal ansah. »Was hättest du denn gemacht, wenn ich nicht Ja zu deinem Angebot gesagt hätte«, fragte ich so nebenbei.

»Na ja, dann hätte ich nicht nur einen Drummer, sondern auch noch einen Bassisten bis morgen auftreiben müssen.«

»Aber wir müssen doch auch zusammen proben? Meinst du nicht?«

»Klar, dafür haben wir ja auch eine Menge Zeit. Mindestens acht Stunden.«

»Wieso acht Stunden, ich denke wir fliegen bereits morgen früh. Der Flug allein ist doch mindestens acht Stunden lang.«

»Sag ich doch.« John lachte. »Mindestens acht Stunden, um die Stücke mit euch zu proben. Don't worry, everything will be fine.«

Dieser Satz kam ihm innerhalb der nächsten vierundzwanzig Stunden auffallend oft über die Lippen. John erzählte mir nun die Geschichte, wie es überhaupt zu diesem Gig gekommen war. Irgendein Typ, den er kaum kannte, hatte ihn vor Monaten bereits angerufen und erzählt, dass er ein Konzert in Toronto vorbereiten würde, ein richtiges Rock 'n' Roll Festival. Zugesagt hätten bereits Little Richard, Chuck Berry, Jerry Lee Lewis, Gene Vincent und noch so ein paar Giganten, und jetzt fände er es toll, wenn John auch noch dazukommen würde. Na klar, mach ich, meinte John. Vor ein paar Tagen nun rief der Typ wieder an, um John mitzuteilen, dass das Konzert ja nun vor der Tür stehe, und ob John denn nun tatsächlich kommen würde. Na klar, sagte John wieder, klar doch.

»Ja, und mit welcher Besetzung?«
»Was für eine Besetzung, denn?«
»Wieso? Du hast doch nicht etwa vor, allein aufzutreten?«

Erst da begriff John, dass man ihn für einen Auftritt gebucht hatte, während er immer davon ausging, lediglich als Zuschauer geladen zu sein.

**Als John die Story erzählte,** wurde mir alles klar. Für den Veranstalter ging es darum, neben den ganzen Rock 'n' Rollern einen zusätzlichen und spektakulären Act zu haben, und das sollte John sein. Es würde ein historisches Ereignis sein. Jeder wusste nur zu gut, wie lange es her war, dass John bei einem Livekonzert auf einer Bühne zu sehen gewesen war. Es waren Jahre und damals noch zusammen mit den restlichen Beatles. In der Zwischenzeit war seine Popularität und die Zahl seiner Anhänger enorm gestiegen, was auch an seinen politischen Aktivitäten lag. John war weltweit bereits so etwas wie ein Love & Peace-Guru. John allein auf einem Festival mit seinem eigenen Act wäre damals eine Sensation.

Dass das allerdings schon am nächsten Tag stattfinden sollte, verursachte mir ein äußerst mulmiges Gefühl in der Magengegend. John musste etwas aus dem Hut zaubern. Diesem Missverständnis war also die Gründung der Plastic Ono Band zu verdanken. Nachdem

John den Hörer aufgelegt hatte, musste ich erst einmal in den Garten, um frische Luft zu schnappen.

»Was ist denn los, Klaus?« Christine kam mir nachgelaufen.

»Ich muss morgen zu einem Konzert nach Toronto.«

»Great, mit welcher Band?«

»Mit der Plastic Ono Band.«

»What?«

»Mit John und Yoko!«

»Aha, und ich flieg morgen mit dem Papst nach Tokio. Welches Zeug hast du denn geraucht?«

Sie drehte sich um, und ich wusste, sie glaubte mir kein Wort. Ich packte ein paar Klamotten zusammen, gut geübt durch die vielen Gigs und Tourneen mit Manfred Mann. Am nächsten Morgen wurde ich von einem Chauffeur abgeholt. Kaum am Flughafen angekommen, riss ein bleichgesichtiger Mal Evans die Autotür auf.

»Weißt du, wo Eric ist? Wir können ihn nicht erreichen und wissen auch nicht, wo er ist.«

Wir gingen zum Terminal, wo in der VIP Lounge John and Yoko warteten. Die Stimmung war ziemlich angespannt. John hatte einen weißen Anzug an. Er wirkte nervös und sah nicht besonders gesund aus. Seine dunkle Haarmähne und der lange Bart gaben ihm das Aussehen eines neuzeitlichen Messias, der seine zutiefst empfundene Friedensbotschaft unter die Massen zu bringen versuchte. Dass John und Yoko sich als Neuzeit-Apostel sahen, konnte man seit geraumer Zeit in allen Medien verfolgen. Aber wie sollte die Plastic Ono Band das auf einem Rock 'n' Roll Festival zwischen »Tutti Frutti« und »Good Golly Miss Molly« den Zuschauern vermitteln?

Ich zündete mir eine Zigarette an und bestellte einen Drink. »Wo ist Terry?«, fragte ich Yoko, nachdem ich John und sie mit inniger Umarmung begrüßt hatte.

»Er ist los, um Eric zu suchen.« Yoko klang leicht hysterisch.

John nahm Yoko in die Arme. »Well Darling, wenn er innerhalb der nächsten zehn Minuten nicht auftaucht, dann müssen wir die ganze Geschichte abblasen.«

Scheiße, dachte ich, so nah an einem weltbewegenden Ereignis, und dann findet es nicht statt, weil Eric verschollen ist.

Die zehn Minuten waren nicht ganz verstrichen, als ein breit grinsender Terry durchs Terminal stürmte, hinter ihm ein zerzauster und verstört blickender Eric Clapton, in der einen Hand den Gitarrenkoffer, in der anderen einen zerknautschten Beutel.

»Ich hab von dir nichts mehr gehört, also dachte ich, die Sache ist hinfällig«, entschuldigte er sich.

Terry hatte ihn aus dem Bett gejagt und so sah er auch aus. Plötzlich fiel mir der blonde Bub in unserer Truppe auf.

»Das ist Alan«, stellte John ihn vor, »unser Drummer.« Er grinste dabei über das ganze Gesicht, als ob er sagen wollte: »Hey, hab ich doch gesagt, dass das alles ganz einfach ist.« Seine langen Haare

**Die Plastic Ono Band probt im Flugzeug:
Alan ist links von mir aus dem Bild gerutscht**

wehten ihm ins Gesicht, und er hatte den Arm schützend um die kleine Yoko gelegt, die sich erleichtert an ihn schmiegte. Wenn auch ziemlich grün um die Nase, strahlten beide eine grenzenlose Zuversicht aus, und mir war klar, das war tatsächlich der Anfang eines neuen großen Abenteuers.

Meine Bedenken waren wie weggeblasen. Ich vertraute John voll und ganz, und mit Eric im Bunde, was konnte da schon groß in Toronto schief gehen. Kurz danach stiegen wir in das Flugzeug ein. John und Yoko saßen in der ersten Klasse, der Rest der Truppe verstreut auf den Billigplätzen. Wir waren kaum in der Luft, als John es doch tatsächlich schaffte, einige der Passagiere zu überreden, mit uns die Sitze zu tauschen. So hatten wir die letzte Reihe für uns. Es war ein Höllenlärm dort. Kein Wunder, wir saßen unmittelbar neben den Triebwerken, aber wir hatten jetzt wenigstens die Möglichkeit, uns näher über das geplante Vorhaben auszutauschen.

John kam mit seiner Gitarre zu uns und meinte zur Abwechslung mal wieder: »Don't worry. Everything will be fine. Wir spielen ein paar von den ollen Sachen, die wir alle im Schlaf kennen, und die neuen Songs, die werdet ihr dann schon noch kennen lernen.«

»Was kennen wir denn alle?«, fragte der noch etwas verschlafene Eric.

John zählte ein paar Titel auf, und die, bei denen alle mit dem Kopf nickten, wurden dann genommen. Das waren »Blue Suede Shoes«, »Money«, »Dizzy Miss Lizzy«. John gab uns die Tonart vor und wir stimmten die Songs an. Der Düsenlärm war schrecklich, und John brüllte wie am Spieß. Man hörte kaum seine Epiphone, ganz zu schweigen von Erics Gitarre und meinem Bass, die ja an keinem Verstärker angeschlossen waren. Alan patschte auf seinen Oberschenkeln herum und an Erics Handstellung konnte ich erkennen, dass wir beide uns zumindest in derselben Tonart befanden. Irgendwann schob Alan seinen Kopf unter meinen rechten Arm durch, um sein Ohr an den Klangkörper meines Basses zu legen. So konnte er vage ausmachen, was ich vorhatte, auf der Bühne zu spielen.

Bereits nach den ersten Takten eines jeden Songs schrie John »Great, great, stop it. Passt schon.«

»Ist das alles?«, fragte ich.

»Nein, nicht so ganz. Ich würde vorschlagen, wir machen noch ›Give Peace a Chance‹ und ›Cold Turkey‹. Kennt ihr doch, oder?« John blickte einen nach dem anderen tief in die Augen, als wolle er uns noch ein bisschen hypnotisieren. »Cold Turkey« hatten wir weder gehört noch gespielt. Wir gingen die Harmonien zusammen durch, und wieder ließ Johns Ungeduld es nicht zu, die Nummern vollständig durchzuüben.

»Great, great, passt schon, passt schon. Als Nächstes machen wir dann ...«

So ging das eine ganze Weile.

»Was macht eigentlich Yoko auf der Bühne?«

»Sie wird anfangs in einem Sack auf der Bühne sitzen«, klärte uns John auf.

Jetzt konnten wir uns alle das Lachen nicht mehr verkneifen.

»Können wir uns nicht auch dazusetzen?«, alberte Eric.

Wir gackerten ein Weile herum und es dauerte, bis wir uns wieder so einkriegten, dass wir konzentriert an die nächsten Stücke rangehen konnten.

»Und wann kommt dann Yokos eigentlicher Auftritt?«, hakte ich noch einmal nach.

»Nach ›Cold Turkey‹ kommt Yokos erster Solotitel, ›Don't Worry‹. Spielt einfach durchgehend diesen einen Akkord.«

**John versuchte** uns nun äußerst schonend auf etwas einzustimmen, doch keiner von uns hatte auch nur den blassesten Schimmer, was er eigentlich meinte.

»Wisst ihr, dieser Auftritt wird nicht nur ein Rock 'n' Roll Gig sein. Wir werden eine Menge Spaß haben, klar doch. Aber unser eigenes Anliegen, also der Grund, warum wir überhaupt die Plastic Ono Band aus der Taufe gehoben haben, ist, dass wir unsere Message unter das Volk bringen möchten. Versteht ihr, was ich meine?«

Wir verstanden sehr wohl, was John versuchte uns klar zu machen. Zu sehr waren er und Yoko bereits in politische Aktionen eingebunden. Für die beiden zählten Kunst und Musik größtenteils als Vehikel, um den Menschen auf diesem Planeten diese Love & Peace-Botschaft nahe zu bringen, und wenn es sein musste, auf sehr provokative Art. Für John und Yoko war Toronto nur eine weitere Plattform. Ja, es war ein Kampf, den sie führten, gegen die Sinnlosigkeit des Vietnamkrieges, gegen Machtgier und Korruption, gegen Völkermord. Die Plastic Ono Band sollte ihre Waffe sein.

»Was sind das für Songs, die Yoko singen wird«, wollten wir dann doch zu gern wissen.

»Na ja, wie soll ich euch das erklären, also es ist ganz easy, ganz easy.«

**John druckste herum,** griff dann seine Gitarre und schrubbte wieder diesen einen Akkord. »Also zum Beispiel immer nur so, diese Harmonie, sooo ... Hört ihr?«

»O.k.«, meinte Eric, »da kann ich ja so einen typischen Bo-Diddley-Groove drüberlegen und Yoko, singt sie dazu?«

»Na ja«, John wand sich und schaute zum Bordfenster hinaus, »na ja, singen kann man das nicht so nennen. Natürlich wird sie singen, aber eben nicht im üblichen Sinne, es wird ganz anders sein. Nicht nur bloßer Gesang. Es wird eine Botschaft sein. Also, ihr müsst das so sehen, was wir machen, hat auch etwas sehr Avantgardistisches. Ja, es wird ein Anti-Kriegs-Happening. Wir wollen die Menschen bewegen, ihre Gefühle in Wallung bringen, sie provozieren, dass sie uns wahrnehmen.« Während John mit immer größer werdender Begeisterung versuchte, uns in das Mysterium Plastic Ono Band einzuweihen, gesellte sich Yoko zu uns.

»Can we rehears my songs now?«, flötete sie.

»Nicht notwendig, Darling. Ich hab den Jungs schon alles erklärt, sie wissen ganz genau Bescheid. Komm, lass uns eine Tasse Tee trinken gehen.«

»Alles erklärt? Was meint er damit«, fragte ich Eric, nachdem die beiden auf ihre Plätze zurückgekehrt waren. »Hast du verstanden, was wir bei Yokos Songs machen sollen?«

»No«, antwortete Eric und packte seine Gitarre wieder ein. »Aber ich denke, das wird wohl die nächste Überraschung werden.«

Wir scherzten während des gesamten Fluges darüber, was uns wohl in Toronto alles erwarten würde. Die Art, wie John die Proben beendete, machte uns etwas misstrauisch. Aber wir vertrauten ihm doch. John war ein Vollprofi, er würde schon wissen, wie er mit seinem ersten Liveauftritt nach den Beatles umzugehen hat. So hofften wir zumindest.

Nach der Landung in Toronto, links Yoko und John, rechts Eric

Während des Fluges versuchte ich, näheren Kontakt zu Alan aufzunehmen. Wenn ich schon nicht wusste, wie er als Schlagzeuger spielte, so wollte ich zumindest erfahren, woher er kam und was er bislang so gemacht hat. Es stellte sich schnell heraus, dass er ein wirklich netter Kerl war. Einziges Problem zwischen uns beiden war die Sprache. Er sprach irgendeine Mischung zwischen schottischem und Yorkshire-Dialekt, und ich verstand nicht die Bohne.

**Kurz vor Sonnenuntergang** kamen wir in Toronto an. Wir wurden schon erwartet und von einer dieser schwarzen Stretch-Limousinen abgeholt. Wir hatten keine Zeit mehr, ins Hotel einzuchecken, um uns vielleicht ein bisschen frisch zu machen, denn das Konzert war schon in vollem Gange. Also brachte man uns sofort ins Stadion, eskortiert von einer Truppe Rocker mit ihren Harley-Davidson-Maschinen. Je näher wir dem Stadion kamen, desto mehr Menschen säumten die Straße. Das war schon ein tolles Gefühl. Einen derartigen Empfang hatten wir alle nicht erwartet. Unser Auto fuhr durch einen Tunnel, der sich unterhalb des Stadions befand. Als wir ausstiegen, geleitete man uns sofort zu unserer Garderobe. Es war einer dieser typischen, hässlichen Betonschläuche. In der Mitte befand sich ein Verstärker und eine Snaredrum. Wir hatten noch eine Stunde bis zu unserem Auftritt, und die wollten wir für eine kleine Probe nutzen. John, Eric und ich steckten unsere Instrumente in diesen einen kleinen Verstärker ein, und man kann sich vorstellen, was da für ein verzerrtes Geräusch rauskam. Draußen warteten zigtausend Menschen, die bis zu diesem Zeitpunkt Rock 'n' Roll vom Feinsten gehört hatten, und wir probten wie eine kleine Schülerband in der Betonschachtel, schwer bewacht von einer ganzen Kompanie an Sicherheitsleuten, die vor der Tür postiert waren.

Aber das störte uns alle überhaupt nicht, im Gegenteil. John lief richtig zu Hochform auf. Eric war hellwach und mein Adrenalinpegel hatte die Scheitelgrenze längst überschritten. Nach einer Weile klopfte es an der Tür, und herein kam Gene Vincent, einen Freund im Schlepptau. Gene und John kannten sich bestens aus der guten alten

Hamburg-Zeit. Sie hatten nicht nur so manche Session auf der Bühne zusammen gespielt, sondern auch viele Nächte durchzecht. Die Wiedersehensfreude war dementsprechend.

»Ich habe etwas ganz Besonderes für dich, John«, kündigte Gene mit äußerst geheimnisvoller Miene an. Dann ging er langsam ein paar Schritte zurück und zog aus dem geöffneten Mund seines Freundes einen kleinen Beutel, den er feierlich vor unseren Augen öffnete. Darin befand sich eine ansehnliche Sammlung von Uppers and Downers und sonstigen Pillen. Er dachte wohl, dass John und

Eric im Vordergrund und ich auf der Bühne in Toronto

der Rest in Verzückung geraten würden. So kannte er es noch aus der Hamburger Zeit, wo solche kleinen Geschenke nicht selten den Auftritt retteten und die Musiker vorm Einschlafen bewahrten. Aber jetzt schrieben wir das Jahr 1969, und es war die Zeit der kleinen Pilze, der triefenden Nasen und leider war der Buchstabe H in die

Szene eingezogen und hatte auch schon viele Opfer gefordert. Der arme Gene, die ganze Show für die Katz!

Und wieder klopfte es an der Tür. »Are you ready?«, fragte uns Kim, der hoch gewachsene, blonde Ansager.

### »Klar, immer«, antwortete John.

Das war übertrieben. Normalerweise hat man als Band einen richtigen Soundcheck und die Möglichkeit, die Stücke lange genug auf der jeweiligen Bühne zu proben. Nicht so die Plastic Ono Band. Die sprang ins eiskalte Wasser.

Wir schnallten uns die Gitarrengurte um und folgten John und Yoko, um von Kim zur Bühne geleitet zu werden. Nach ein paar Schritten stoppte John und fing plötzlich an, hysterisch zu lachen.

»Wait a minute, ich muss mal kurz ...«

Und bevor wir wussten, was geschah, rannte John um die Ecke und übergab sich fürchterlich. O Gott, dachte ich, bitte nicht auf den schönen, weißen Anzug.

Als ob nichts gewesen wäre, kam er zurück und rief: »O.k., lads. Let's go!«

Mich wunderte überhaupt nichts mehr, und so daddelten wir hinter ihm her. Kim kündigte uns an und das Publikum bereitete uns einen sensationellen Empfang. Schnell stöpselten wir unsere Kabel in die vorhandenen Verstärker, und ich hatte Mitleid mit dem lieben Alan, der sich hinter ein Schlagzeug klemmte, das er zum ersten Mal in seinen Leben vor sich hatte. Nachdem John eingezählt hatte, rockten wir los, als ob wir um unser Leben zu spielen hätten. Wir verständigten uns per Blickkontakt, und es dauerte nur Sekunden und wir wussten, wir hatten den Ball im Spiel.

Es war uns völlig wurscht, welche Fehler wir machten, welche Einsätze wir verpassten, welchen Akkord wir falsch spielten: Die Chemie stimmte. John stand da in seinen schneeweißen Klamotten und wirkte plötzlich auf mich wie ein Fels in der Brandung. Was hatte der Kerl doch für eine Courage. Es war wirklich eine Bombenstimmung, zumindest noch.

Mein zweiter Live Gig mit John, hier im Lyceum Ballroom in London 1969

Wir waren mitten in »Yer Blues«, als sich der Sack plötzlich öffnete, Yoko herauskrabbelte, und dann kam dieser markerschütternde Schrei. Mein Gott, dachte ich, jetzt ist sie doch tatsächlich in einen Nagel getreten. Aber ich merkte sehr bald, dass dies Yokos musikalischer Beitrag war. Mir war sofort klar, warum John im Flieger so komisch herumgedruckst hatte. Und er hatte Recht gehabt: Als Singen konnte man das wahrhaftig nicht bezeichnen. Bei jedem spitzen Schrei standen mir die Haare zu Berge. Als das dann immer so weiterging, dachte ich: Ja, warum plärrt sie denn so, sieht sie denn nicht die verstörten Gesichter der Zuschauer?

Ich blickte zu John, ob er das vielleicht auch so empfand. Aber John stand da und bearbeitete hingebungsvoll seine Gitarre. Diese Frau fürchtete sich vor nichts, und ich wünschte mir im gleichen Moment, auch nur die Hälfte ihres Selbstbewusstseins zu besitzen. Hilfesuchend guckte ich zu Eric, aber der stand mit gesenktem Kopf da und weigerte sich anscheinend wahrzunehmen, was sich da vor unseren Nasen abspielte.

Nun hatten wir ja das Glück, dass es auf der Bühne ziemlich laut war und wir deshalb gar nicht vollständig mitbekamen, was das

Publikum sich anhören musste. Aber an den hilflosen Gesichtern der Zuschauer konnte ich deutlich erkennen, dass sie sich von Johns Auftritt etwas anderes erwartet hatten.

Ich bin mir im Nachhinein sicher, hätte John nicht so viele Pluspunkte bei den zuhörenden Gästen gehabt, dann hätte es Tomaten und sonstige faule Substanzen gehagelt. Dann kam dieser »immer nur eine Akkord«, und was sich im Flugzeug noch als Bo-Diddley-Sound angehört hatte, entpuppte sich immer mehr als alles lähmender Urschrei. Was jetzt fehlte, war Bo Diddley. Keiner konnte sie mehr stoppen. Eric und ich blickten uns an. Sein Blick sagte: »Ich glaub, mich tritt ein Pferd!« Alan sackte immer weiter hinter seinem Schlagzeug zusammen, als ob er sich dahinter verstecken wollte. Und John? Tja, unser lieber John blickte stolz auf Yoko. Jetzt wusste ich zumindest, warum er sie im Flugzeug nicht mit uns hat proben lassen. Er hatte wahrscheinlich Angst, dass der Pilot eine Notlandung versucht hätte, im Glauben, dass jemand eine Frau abmurksen oder eine Passagierin ein Kind bekommen würde. Zumindest hätte Yokos Auffassung von Gesang für eine Menge Aufruhr in der voll besetzten Maschine gesorgt.

**Doch je länger wir ihrer Inbrunst** ausgesetzt waren, desto größer wurde mein Verständnis für ihr Anliegen. Ab einer gewissen Stelle zog sie mich regelrecht in ihren Bann. Ich habe niemals zuvor einen Menschen kennen gelernt, der mit einer solchen Wucht und Kraft Gefühle aus dem Bauch herausschleudern konnte wie sie. Sie wollte die Menschen dazu bringen, zu verstehen, zu begreifen: »John, let's hope for peace. John, let's hope for peace ... peace ... peace.« Und als ich so hinter ihr stand und dieses kleine Persönchen beobachtete, wie sie voller Verzweiflung ins Mikrofon röhrte, da war ich plötzlich sehr ergriffen.

Ich habe mir später oft die Schallplatte angehört und war immer wieder gerührt von dieser ehrlichen und mutigen Aktion. Dann kündigte John den letzten Titel an. Als er sich vor den Lautsprecher stellte, um mit seiner Gitarre für begleitendes Feedback zu sorgen, dachte ich: »Eigentlich wären The Who eine klasse Plastic Ono Band.« Doch irgendwann bei der letzten Nummer ging der Funke auf uns über, leider nicht auf das Publikum. Erschwerend war auch die Tatsache, dass Yoko kaum einen Ton richtig treffen konnte. Aber als John uns aufforderte, die Gitarren an die Lautsprecher zu stellen, und Yoko zu dem monotonen Klangteppich wie ein Krähe ins Mikro schrie, da bekam ich richtig Gänsehaut. Ich sah plötzlich zerbombte Dörfer vor mir, schreiende Kinder, die mit halb verbrannten Leibern zu flüchten versuchten, tief fliegende Helikopter und überall verstümmelte Menschenglieder. Wir gruppierten uns hinter Yoko und warteten auf sie. Die Gitarren standen immer noch an den jeweiligen Boxen und ihr Sound wirkte bedrückend und unheilvoll. Yokos Message war aufrüttelnd und großartig, es hat sie nur kaum einer da unten verstanden, zumindest nicht in diesem Augenblick. Nach einer Weile stellte sich John hinter sie, und während sie immer noch laut krächzte, legte sie ihren Kopf an seine Brust. John ahmte mit seinen langen Armen die Schwingen eines großen Vogels nach. Beide wirkten so verloren in dieser Welt. Wir packten unsere Sachen ein. Die große schwarze Limousine wartete bereits und brachte uns zu einem irrsinnig reichen Menschen auf dessen Landsitz, wo wir uns etwas erholen konnten.

John beim Abhören der Aufnahmen zu seinem *Rock 'n' Roll*-Album 1974, mit Jesse Ed Davis (ganz links), mir und Jim Keltner (rechts)

# 13. KAPITEL

## » Für dich, John, allzeit bereit «

**Johns Ton konnte sehr bestimmend** sein. Er akzeptierte nicht, dass man vielleicht anderen Menschen oder Dingen den Vorzug geben könnte. Wenn er rief, dann hatte man zu laufen. So war das. Er war schnell eingeschnappt, wenn man nicht mit seinen Erwartungen konform ging. Das war nicht immer sehr einfach. Ich konnte ganz gut damit umgehen. Zum einen kannte ich ihn noch aus einer Zeit, wo er noch nicht der Mega-Star war, andererseits bewunderte ich seine genialen Fähigkeiten und hatte deshalb kein Problem, mich zu fügen. Da nimmt man dann so manche Primadonna-Zickigkeit in Kauf. Manchmal gab er mir das Gefühl, mich zu besitzen. Als ob ich nur zu Hause sitzen würde, um darauf zu warten, von ihm gebraucht zu werden. Das war natürlich nicht so, denn ich musste wie jeder andere Sterbliche für meinen Lebensunterhalt sorgen. Die Plastic Ono Band war nun mal nicht eine der üblichen Musikerformationen mit gleichberechtigten Bandmitgliedern, wo auch jeder seinen finanziellen Bandanteil erhielt. Es war Johns und Yokos Band und die restlichen Musiker wurden ganz normal pro Session und Gig nach den damals üblichen Richtlinien bezahlt. Davon konnte ich nicht leben, also musste ich für andere Einkünfte sorgen, um meinen nicht gerade üppigen Lebensstil zu finanzieren. Das stellen sich außen stehende Betrachter anders vor. Sie glauben, dass jeder, der in irgendeiner Form an diesen Kultsongs und Auftritten mitgewirkt hat, in Geld schwimmen muss, ähnlich wie die jeweiligen Zugpferde. Das ist ein großer Irrtum. Wenn man das Leben von Sessionmusikern der ersten Garde näher durchleuchtet, wird man schnell erkennen, dass sich deren Standard nicht sehr von der durchschnittlich verdienenden Mittelschicht abhebt. Die eine oder andere Ausnahme gibt es natürlich. Aber das sind dann oft sehr geschäftstüchtige Burschen, die nebenher auch noch eigene Produktionen unterbringen oder den einen oder anderen selbst geschriebenen Titel auf sich gut verkaufenden LPs oder B-Seiten platzieren können. Zu denen zählte ich nie. Leider! Wäre ich bei der Plastic Ono Band auch an den Lizenzen beteiligt gewesen, dann hätte ich Tag und Nacht auf Johns Schoß gesessen, »Für dich, John, allzeit bereit«. Aber ich will mich nicht beschweren. Mitglied der Plastic Ono Band zu sein, wenn auch nur auf Honorarbasis, war für mich eine Auszeichnung. Ich genoss es sehr, zu dieser illustren Runde zu gehören.

### John zu einer Anfrage »Nein« zu sagen

war für ihn damals schwer zu verstehen. Er war es bis dahin gewohnt, Bandmitglied der Beatles zu sein, wo ja immer alles an instrumentaler Besetzung da war, was man gerade benötigte. Bei der Plastic Ono Band war das anders. Da musste John sich um die jeweilige Besetzung kümmern und, wie ich schon sagte, auch in Kauf nehmen, dass der eine oder andere keine oder nicht sofort Zeit hatte. Das ging Eric und Alan auch nicht anders. So kam es vor, dass John mich anrief, ich aber zum genannten Zeitpunkt bereits Studiotermine mit George vereinbart hatte. Zu meiner Freude passte sich John dann tatsächlich diesen Gegebenheiten an und verschob die Aufnahmetermine passend zu meinen Einsatzmöglichkeiten. Das war für mich immer ein großes Kompliment. Als ich ihn viele Jahre später im Dakota House besuchte, haben wir uns auch darüber unterhalten, wie bestimmend er war, manchmal sogar etwas ungerecht. Er hatte es verstanden, dass die Zusammenarbeit nicht sehr einfach war, und gab mir in mancher Hinsicht Recht. Aber damals, da war John noch nicht der weise, verständnisvolle Meister. Damals wollte er seine Ideen umsetzen, unter allen Umständen, und nur das war wichtig.

»Klaus, komm sofort ins Studio. Wir wollen einen Titel aufnehmen, den ich heute Morgen geschrieben habe.«

Ich packte also meine Sachen zusammen, den Fender Bass und

den Bassverstärker, und fuhr ins EMI-Studio. Auch etwas, das viele nicht wissen: Studiomusiker haben immer eine Menge zu schleppen, und wenn jemand glaubt, dass da ein Chauffeur oder Butler oder sonst jemand behilflich war, der irrt gewaltig. Studiomusiker, besonders Schlagzeuger, waren die reinsten Packesel. Als ich anfing, in den amerikanischen Studios zu arbeiten, war das anders. Da gab es eigene Firmen, die gegen Bezahlung das Equipment der Sessionmusiker schleppten und an Ort und Stelle aufbauten. Eine feine und wichtige Sache für die Schlagzeuger und Perkussionisten. In L.A. ließ sich jeder Gitarrist oder Flötist seine Utensilien ins Studio tragen. Ich war da immer sehr eigen. Ich wollte meine Sachen nicht aus der Hand geben. Selbst wenn ich mehrere Bassgitarren dabei hatte, um vielleicht einmal einen neuen Sound auszuprobieren. Bei dieser Gelegenheit fällt mir ein, dass ich bei Aufnahmen trotzdem nie ein anderes Instrument als meine alte, im psychedelischen Stil bemalte Bassfidel benutzte. Sie steht immer noch bei mir im Haus und bis heute habe ich die Saiten nicht gewechselt.

Im EMI-Studio angekommen, empfing mich Mal freudestrahlend. Mal Evans war bereits seit Jahren der Roadmanager der Beatles und war auch meist bei den Soloaufnahmen der einzelnen Beatles-Mitglieder hilfreich zugegen.

»Sag mal, was ist denn hier los«, fragte ich ihn, während eine Menge Leute eine große Anzahl noch größerer Geräte und Boxen vor und hinter uns vorbeischoben und -rollten.

»Ich weiß es selbst nicht«, antwortete Mal, »das geht schon den ganzen Vormittag so. Irgend so ein Amerikaner hat das angeordnet.«

Er schubste meinen Verstärker neben das Schlagzeug und öffnete seine Hand, um mir ein Dutzend Picks zu geben.

»Hey Mal, hast du mich jemals mit einem Pick spielen gesehen?«

»Oh, sorry, Klaus, ich hab vergessen. Du spielst ja mit den Fingern.« Mal lachte verlegen. Er war eine der treuen Seelen, die immer zur Stelle waren, wenn man sie brauchte.

Ich begrüßte Alan, der bereits sein Drumkit testete. Und dann betrat das weltweit unzertrennlichste Duo den Raum: John und Yoko. Sie sagten weder »Hallo« noch »Wie geht's«, sondern stürmten sofort ans Klavier, um uns ganz aufgeregt den neuen Titel vorzuspielen.

»Instant Karma is gonna get you ... gonna knock you right on the head ... you better get yourself together ... pretty soon, you're gonna be dead.«

**Man konnte spüren,** wie wichtig John dieser Song war. Keine Tasse Tee, kein Smalltalk. Nein, die beiden kamen sofort zur Sache. Das ist der Song und wir wollen sofort anfangen.

John wollte so schnell wie möglich das Lied aus seinem Kopf herauskatapultieren, und das war nur möglich, indem er auch so schnell wie möglich aufgenommen wurde. Wir verstanden die Message, ohne dass ein weiteres Wort gesprochen werden musste. Jeder ging an seinen Platz, setzte die Kopfhörer auf und fing an, mit John, der immer noch am Klavier saß, zu spielen. Das Backing kam sehr schnell zusammen. Wir begriffen, was John erwartete. Dann sprang er abrupt auf.

«Stop, hold on!« Johns Benehmen war eigentlich unmöglich. Er versuchte gar nicht erst, in irgendeiner Form gute Stimmung zu schaffen oder auf einen von uns einzugehen. Er wollte nur diesen Song aufnehmen und sonst nichts hören und sehen. Alles andere war ihm in diesem Moment egal.

Er rannte zum Kontrollraum. Yoko trippelte hinter ihm her. Man konnte schlecht erkennen, was in dem dunklen Raum vorging, und nur die schemenhaften Umrisse einiger Gestalten waren zur erkennen. John unterhielt sich aufgeregt mit einer kleinen Person, die eine Sonnenbrille trug. Minuten später stürmte er wieder ans Piano, Yoko dicht hinter ihm.

»O.k., one more time.« Ohne uns anzusehen, zählte er sofort ein. Der Ablauf des Songs war simpel, sodass wir schnell wieder in den Harmonien drinwaren. Wir spielten den Song mehrmals durch, bis eine piepsige Stimme aus dem Kontrollraum erklang.

»Hold it!«

Die Tür zum Aufnahmeraum öffnete sich und dieser kleine Mann kam auf uns zu.

»Wer zum Teufel ist das denn?« Alan und ich sahen uns fragend an. Er sah ein bisschen wie eine Maus aus. Um größer zu wirken, hatte er hochhackige Beatle-Stiefeletten an. Er trug ein adrett gebügeltes, strahlend weißes Hemd. Auf der Brusttasche waren die Initialen »PS« eingestickt. Ich konnte mit der Person vor mir immer noch nichts anfangen, vor allen Dingen war mir seine Funktion absolut unklar. Er verrückte hüstelnd ein paar Mikrofone und ließ uns das Stück noch einmal anspielen.

»Sounds good«, piepste der kleine Mann.

### »Mein Bass auch o. k.?«

»Sure, sounds great!« Freundlich lächelte mich das Mausgesicht an. Dann besprach er mit John noch ein paar weitere Änderungen und verschwand wieder an seinen Platz im Kontrollraum.

»Wir nehmen jetzt auf. Instant Karma ... take one.«

John fing an einzuzählen. »A one ... A two ...« Es klang gut. Das Piano hatten einen fantastischen Sound. Alan und ich harmonierten perfekt, und John sang, dass mir die Gänsehaut fast die Finger steif werden ließ.

»Kommt rein und hört es euch an«, forderte uns die kleine Piepsstimme auf.

Wir standen auf, um uns den ersten Take anzuhören. Als ich den Kontrollraum betrat, wollte ich meinen Augen nicht trauen. Was war das denn? War ich im falschen Raum? Das sah doch früher ganz anders aus. Vor mir blitzte und blinkte es aus allen möglichen Knöpfen und Lämpchen. Meterhohe Equipment-Türme und eine Vielzahl an Bandmaschinen füllten den Raum. Das war also bei meiner Ankunft an mir vorbeigeschoben worden. Der kleine Mann saß nun am Reglerpult, seine Hand auf dem Master-Control-Knopf, um die Lautstärke zu regeln.

»Ready?« Die Piepsstimme klang verheißungsvoll. Wir hörten

Als die ersten Töne
vom Band kamen, klebten
wir bereits an der Wand

John einzählen, und als die ersten Töne vom Band kamen, klebten wir bereits an der Wand.

**Noch nie zuvor** hatte ich Musik in einer derartigen Lautstärke gehört. Es war so laut, dass das gesamte Studio vibrierte. Ich schaute verängstigt auf die auf den Boxen abgestellten Gläser, die verdächtig klirrten. Yoko saß auf Johns Schoß. Der Stuhl, auf dem beide saßen, bog sich förmlich nach hinten. Ein scheppendes Echo durchwanderte alle Bänder, und mein Bass, das Piano und Alans Schlagzeug verschmolzen zu einem Echobrei. Und trotzdem war der Sound glasklar! Man konnte jedes Instrument heraushören. Das einzige Trockene auf dem Band war die Basstrommel und mein Bass. Da fiel es mir wie Schuppen von den Augen. Die einzige Person, die einen derartigen Sound schaffen konnte und dafür seit vielen Jahren weltweite Popularität genoss, war Phil Spector. Das war also der kleine Mann mit dem Mausgesicht und der Piepsstimme. Vor uns saß grinsend der geniale Phil Spector. Wir waren sprachlos.

Phil hing mittlerweile wieder in seinem Regiestuhl und er war auch der Erste, der wieder das Wort ergriff.

»Well, ich glaube, wir brauchen noch einen Chor: We all shine on, like the moon and the stars and the sun.« Mit hohem Quietschstimmchen versuchte er uns vorzusingen, was er meinte. Es war kurz vor Mitternacht, wo in Gottes Namen sollte John jetzt einen Chor auftreiben.

»Mal, komm her«, rief John.

»Was hast du vor?«, fragte Phil. »Willst du etwa jetzt in London alle Clubs abklappern und Leute anschleppen, die noch dazu betrunken sind?« Phil amüsierte sich sichtlich bei dem Gedanken, wie Mal versuchen würde, einigen angetütelten Nachteulen klar zu machen, wofür man sie um diese Uhrzeit noch brauchen würde.

»Klar, krieg ich geregelt«, sagte Mal und war bereits dabei zu verschwinden, als Phil ihn zurückhielt.

»Wait, wait, wait, just a minute. Du hast genau eine Stunde. In der Zwischenzeit mischen wir ein paar Spuren zusammen. Die brauchen wir nämlich für den Chor.« Er drehte sich zu John und Yoko. »Ist das o.k. mit euch beiden?«

**Das war genau nach Johns Vorstellung.** Wenn es nach ihm gegangen wäre, hätte jeder Song an einem Tag aufgenommen, gemischt und gepresst und bereits am nächsten Tag veröffentlicht werden müssen. John konnte manchmal sehr ungeduldig sein. Die Produktion von »Instant Karma« kam also seinen Vorstellungen schon sehr nahe. Es dauerte wirklich nicht lange, bis Mal mit einer Gruppe junger Leute zurückkehrte, unter ihnen ein paar äußerst merkwürdige Vertreter der menschlichen Rasse. Die wussten natürlich überhaupt nicht, worum es ging, und alberten ständig herum.

Phil gruppierte sie um ein Mikrofon herum und ließ das Tape ein paar Mal einspielen, und dann ging es los mit der Aufnahme. Ich glaube, es dauerte höchstens zwei Takes. Noch ein paar Handclaps mit uns allen zusammen und Phil war zufrieden. Der endgültige Mix wurde anschließend vorgenommen. Nachdem im EMI-Haus alle notwendigen Einrichtungen vorhanden waren, konnte der Song sofort auf Vinyl geschnitten werden. Das war das erste Mal in der Musikgeschichte, dass ein Song an einem Tag aufgenommen, gemischt und geschnitten wurde.

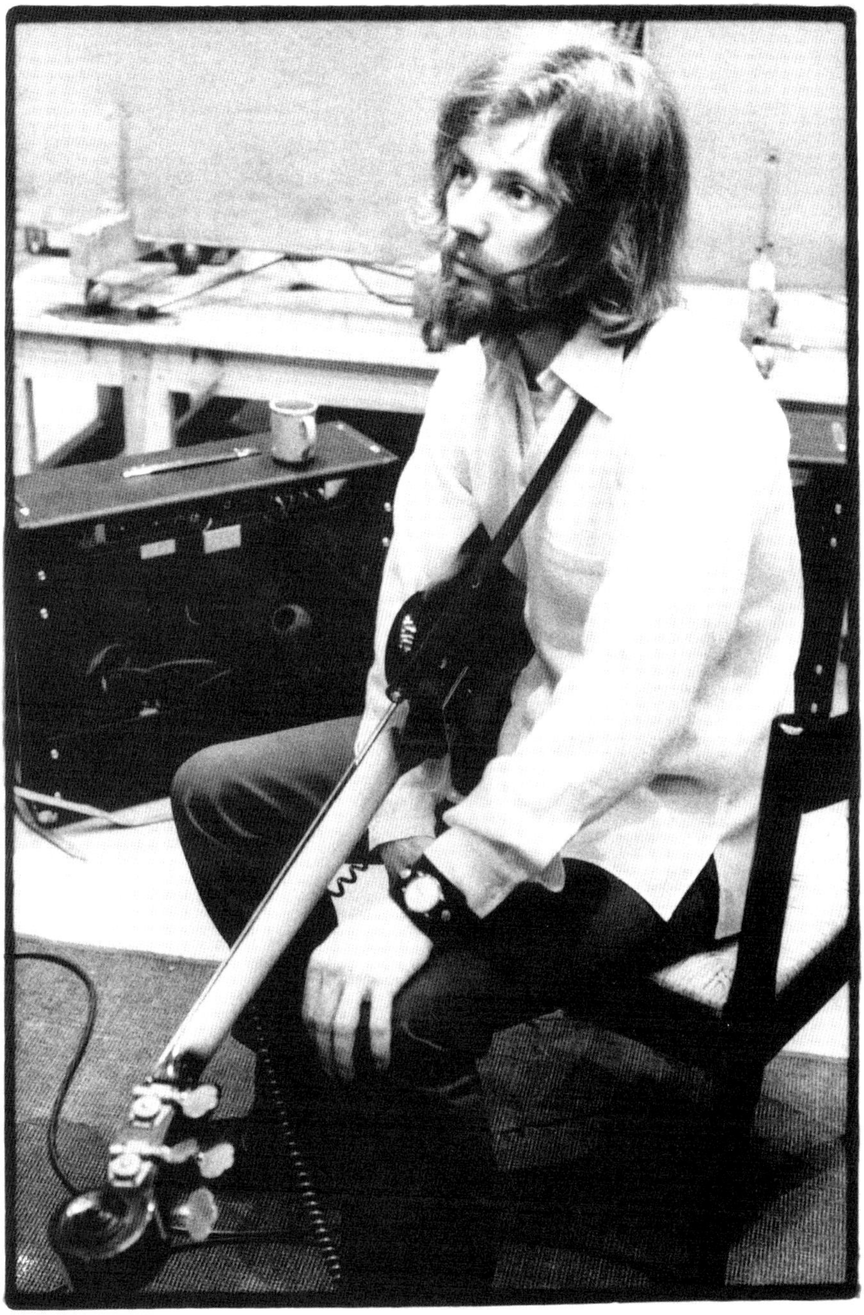

George, John, Yoko und ich in der Küche in Ascot. John hat mich gerade gefragt, was »Make love not war« auf Deutsch heißt: »Mack Liebe, nickt Krieg«

# 14. KAPITEL

## »... you may say I'm a dreamer ...«

**Es ist schon komisch,** dass ein Zyniker wie John Lennon Lieder geschrieben hat, die Menschen rund um den Erdball Trost und Hoffnung spenden. Sein Meisterstück war und ist zweifellos »Imagine«.

Als John uns das Lied damals in seinem Haus in Ascot zum ersten Mal am Klavier vorspielte, bekam ich Gänsehaut, und daran hat sich bis heute nichts geändert, obwohl ich es in all den Jahren bestimmt schon hunderte Male zu hören bekam. »Imagine« ist Kult, »Imagine« ist ein Gefühl. Es gibt den Menschen aller Generationen Kraft in allen Situationen. Als das schreckliche Attentat auf die Twin Towers in New York am 11. September 2001 verübt wurde, haben sich viele Künstler hingesetzt, um ihre Angst, Wut und Trauer in Worten und Tönen auszudrucken. Und die Radiostationen spielten »Imagine«. »Imagine« gibt Trost in Momenten schlimmster Verzweiflung. Es ist diese Schlichtheit und gleichzeitige Stimmigkeit, was die Faszination dieses Songs ausmacht, ergänzt durch Johns Worte, die, wie immer bei seinen Texten, aus dem Bauch kamen. Das Lied ist zu Tönen gewordene Hoffnung.

Die Aufnahmen zur gesamten LP fanden in erster Linie in Johns Privatvilla in Ascot statt. Ich habe mir neulich wieder einmal die Dokumentation *Gimme Some Truth* angesehen. Es ist schon interessant, wie man nach so vielen Jahren die Dinge sieht. Ich erkenne jetzt im Nachhinein noch viel deutlicher die Unruhe und Rastlosigkeit, die sich auch in dieser Sessionarbeit wieder etabliert hatte. John war gereizt und ungeduldig, das Produktionsergebnis zählte, alles andere war zumindest in diesen Momenten immer nebensächlich. Aber es ist die alte Geschichte vieler schreibender Künstler. Erst wenn das »Kind« geboren ist, stellt sich wieder innere Ruhe ein. Hinzu kam auch, dass das ständige Kommen und Gehen von unbeteiligten Gästen, egal ob erwünscht oder nicht erwünscht, eine zusätzliche Unruhe hereinbrachte. Ich weiß nicht, wie es anderen Betrachtern des Films geht, aber ich glaube schon, dass das nicht schwer zu erkennen ist. Da kamen Presseleute, Fans, Typen von der Plattenfirma, und dann war auch noch ständig dieses Filmteam um uns herum. Die Aufnahmeräume in Johns Haus waren sehr klein, das kommt im Film nicht so rüber, aber das Ganze hatte die Größe eines kleinen Demostudios. Auch die Besetzung des Toningenieurs war nicht glücklich. Phil McDonalds war ein unglaublich lieber Kerl, aber nicht besonders schnell und flexibel. Man kann das an der Szene erkennen, in der John mit Phil Spector Backing Vocals singen soll, und McDonalds ständig das Band an die falsche Stelle fuhr, begleitet von Yokos unaufhörlichem Geschnatter. Während John doch manchmal sehr schnell zur Ungeduld neigte, war Phil Spector erstaunlich ruhig.

**Die beiden waren wirklich** ein optimales Gespann. Spector, der ja immer schon als Exzentriker galt und unberechenbar sein konnte, war ein ruhiger und ausgleichender Pol. Bewundernswert, wie er es auch verstand, mit Yoko umzugehen. Spector verlor nie die Ruhe. Irgendwie hatte er als einer der Wenigen begriffen, wie sehr John seine Yoko brauchte. Es war ja nun nicht jedermanns Sache, von ihr Anweisungen zu erhalten, auch in Bereichen, von denen sie nicht besonders viel Ahnung hatte. Sie quasselte ständig und machte Vorschläge. John spielte uns »Imagine« erstmals am kleinen Klavier im Aufnahmeraum vor. Die Idee, den Song am weißen Flügel aufzunehmen, scheiterte an technischen Problemen. Mein Vorschlag, ein Mikro im Flügel zu installieren, half da auch nicht viel weiter. Zwischendurch ärgerte sich John auch über eine

Gruppe von Hare-Krishna-Leuten, die sich im kleinen Tempel im Park eingenistet hatte. Sie sollten verschiedene Aufgaben im Haus dafür übernehmen, dass sie keine Miete zahlen mussten. Reparaturen, Gartenarbeit, alles Mögliche, was in einem großen Anwesen so tagtäglich anfällt. Das schien wohl alles nicht so zu klappen, wie John sich das vorgestellt hatte. Statt Zäune zu reparieren oder Rasen zu mähen, war die Truppe mehr mit tief entspannenden Übungen beschäftigt. Johns Textzeile »... you may say I'm a dreamer, but I'm not the only one ...« nahmen einige der Hare-Krishna-Anhänger anscheinend sehr wörtlich. Das war aber nicht in Johns Sinne. »Lazy buggers!« war noch eine milde Bezeichnung, die ihm in diesem Zusammenhang über die Lippen kam. Mir ist auch aufgefallen, dass in der Filmproduktion bei »Jealous Guy« Streicher zu hören sind. Die wurden aber erst nachträglich in New York aufs Band gesetzt. Wir haben in Johns Haus nur mit sehr kleiner Besetzung gearbeitet, da war ja auch gar kein Platz für eine größere Gruppe.

**George war bei einigen Aufnahmen** dabei und Jim Keltner spielte auch auf ein paar Stücken Schlagzeug. Wir haben viel experimentiert. So spielte ich auf »Crippled Inside« ausnahmsweise Stehbass, und als ich in Slapping-Manier die Saiten ans Holz klatschen ließ, packte Alan White seine Sticks und unterstützte mich, indem er auf die Bassseiten schlug. Während wir beide herumflachsten, rief Phil Spector: »Hey, das klingt gut. Das nehmen wir gleich so auf.« Und so kam es, dass bei diesem Titel kein richtiges Schlagzeug zu hören ist.

Für »Give Me Some Truth« musste ich im Nachhinein extra nach New York reisen, um noch einmal meinen Part zu spielen. Man hatte festgestellt, dass ich auf der Mischung kaum zu hören war. Also packte ich mein Köfferchen, sprang ins Flugzeug, leistete kurz im Record Plant Studio in New York meinen Beitrag und düste mit der nächsten Maschine wieder zurück nach England.

Ich glaube, ich habe das schon mehrmals erwähnt, aber für einen Menschen, der so scharfsinnig und intelligent wie John war, muss

John und George bei Aufnahmen zu *Imagine*

das Leben sehr hart gewesen sein. Den Durchblick zu haben, die Wahrheit als das zu erkennen, was sie tatsächlich ist, nämlich nicht selten ein kleines Stück Scheiße, das einige versuchen, mit rosa Bonbonpapier zu umwickeln, das ist ein schweres Los. Und damit umgehen zu lernen ist eine große Herausforderung, der nicht jeder gewachsen ist.

Wenn man das Gespräch verfolgt, das an der Haustür zwischen John und diesem Buben stattfand, der wissen wollte, wie sein Idol denn nun wirklich war, zeigt sich bei genauem Hinsehen und Hinhören nicht nur die Tragik eines Superstars, sondern die zusätzliche Last, ein besonders kluger Superstar zu sein. Was im ersten Moment vielleicht als Arroganz rüberkommt ist doch in Wirklichkeit ein verkappter Hilferuf von John: »Mensch, Leute, versteht mich doch endlich. Ich finde es ja toll, dass ihr meine Lieder so toll findet und meine Platten kauft, aber dann ist es auch gut. Ich bin ein Mensch aus Fleisch und Blut, mit ganz normalen Empfindungen, wie ihr sie auch habt. Also nehmt das, was ich euch gebe, meine Songs, meine Texte, meine Musik, aber lasst mich ansonsten doch bitte in Ruhe, so wie ich euch auch in Ruhe lasse.« Wenn man Johns Gesicht aufmerksam betrachtet, dann sieht man einerseits diesen ungeduldigen Ausdruck. Da ist aber auch in den Augen diese Angst, ein kleines verzweifeltes Flackern, als ob er schon ahnte, was ihm bevorstand. Es war immerhin ein Fan, der John vor seinem Haus in New York neun Jahre später erschossen hat.

**Zurück zum Frühsommer 1971.** Das Haus in Ascot hatte eine wunderbare Atmosphäre. Es war ein sehr wohnliches und gemütliches Haus und die Änderungen, die John vorgenommen hatte, verletzten nicht die Harmonie des Gebäudes, nein, es waren praktische Ergänzungen. Der Park war unendlich groß, größer als Georges Friar Park. Ein Gartenarchitekt hatte sich große Mühe mit der Gestaltung gegeben. So wurden zum Beipiel Bäume aus unterschiedlichsten Regionen der Welt an Stellen angepflanzt, wo sie bestmöglich Wasser bekommen konnten. So gab es eine bestimmte

Baumart, die Wasser über die Rinde bezog, und andere Bäume wieder, die sich über unterirdische Bachläufe nährten. Es war ein sehr harmonisches und der Natur angepasstes Konzept, mit Pflanzen, die normalerweise in England keine Chance gehabt hätten zu wachsen. Der Architekt hatte offenbar auch ein sehr feines Gespür für Zen.

**Auch wenn John,** wie gesagt, eher ruhelos und ungeduldig wirkte, so bekam die Session die ruhigen Inputs von außen. In einer solchen Umgebung musste etwas ganz Eigenes und Besonderes entstehen. Das Anwesen in Ascot hatte eine positive Energie, egal wer dort wohnte, der Platz war ein friedvoller, meditativer Ort. Das konnte man von Georges Anwesen Friar Park nicht behaupten. Es hatte im Gegensatz zu Ascot für mich immer etwas Unheimliches und Gruseliges. Es würde mich auch nicht wundern, wenn der verrückte Bauherr Sir Francis tatsächlich immer noch umhergeistern würde. Ascot dagegen war ein Ort der Ruhe und Ausgeglichenheit. Ich wohnte damals bereits bei George in Friar Park westlich von London und düste jeden Tag zwischen Ascot, was sich südlich von London befindet, und Friar Park hin und her. Anfangs fingen die Sessions so um die Mittagszeit an und endeten am Abend. Die letzten Stücke wurden erst spät am Abend gestartet und dauerten bis in die frühen Morgenstunden. Das war aber eine ganz typische Entwicklung bei Studioaufnahmen. Da wurde schnell die Nacht zum Tag gemacht. Während der Pausen saßen wir oft in der Küche am großen Tisch. Dann kam eine familiäre Atmosphäre auf und John wurde bei solchen Gelegenheiten entspannter und ruhiger. Dann machte er seine Witze und ließ für kurze Momente den zufriedenen John durchscheinen.

4th Sep 74.

dear klaus/cyn,

    thanks for letteretcera.your place sounds good.me, i got a view of east river.beautiful.have just finished album.sounds good.i ended up with 24 minutes on side one/22 on side two.-even after dropping m.s.L!but decided to put up with loss of 2 d.b.s...hope you like it.will try to send bring something to l.a.will be there for 2 days 19/20 th.will try and call.have to do fuckin" promotion!at my age!tut!tut!

    did i tell you i/we saw a flying saucer!!..not far away in the sky,but VERY CLOSE UP.right on next doors roof.im sick of typing/telling the story.i will when i see youse.i/we were staight byn the way!

    dass all for now.
    we're in good shape
    so are you,
        love,
            nhoj/yam.

**In einem Brief von 1974 beschreibt John ganz »nüchtern« eine Begegnung der dritten Art**

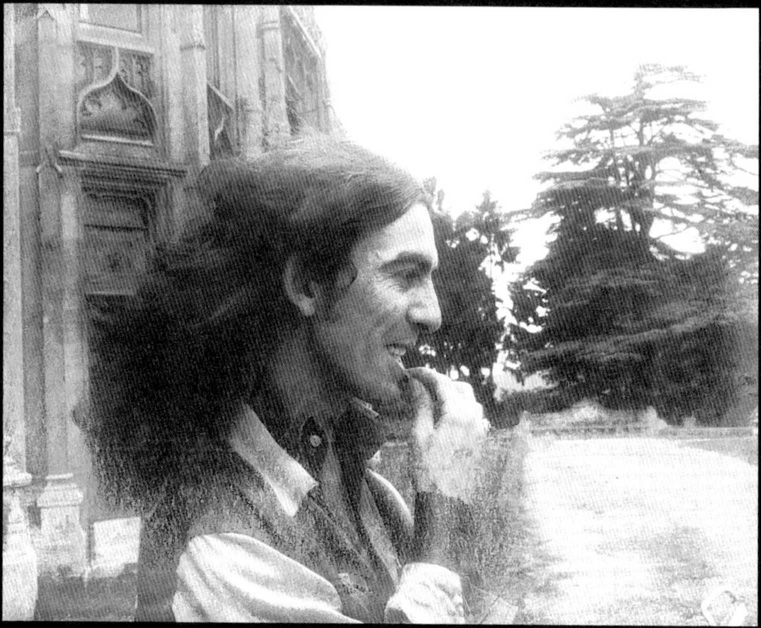

# 15. KAPITEL

## Verschollen in Friar Park

**Die Freundschaft zu George** wurde sehr intensiv. Zum einen, weil auch unsere Ehefrauen gut miteinander klarkamen, zum anderen war da auch eine gewisse Seelenverwandtschaft zwischen ihm und mir. Ich hatte das Gefühl, dass er sich meiner besonders annahm. Er wollte immer alles von mir wissen. Er registrierte meine Schüchternheit und versuchte immer, mich nach vorn zu schubsen. Er konnte mir tief ins Herz blicken, und wenn er etwas entdeckte, was mir zu schaffen machte, war er auch schon dabei, es auszumerzen. Diese enge Beziehung begann, als Christine und ich von Hampstead nach Rainspark zogen.

Während meines Aufenthalts auf Teneriffa hatte ich mich mit der Familie Davies angefreundet, deren Wohnsitz sich in London befand. Mrs Davis kam ursprünglich von den Kanarischen Inseln und man hatte wieder Lust, für ein Jahr dorthin zurückzukehren. Damit ihr Londoner Haus nicht leer stand, bat sie Christine und mich, so lange dort zu wohnen und das Haus zu hüten. Die Gegend war nicht besonders. Der einzige Vorteil war, dass ich näher bei George wohnte, der damals noch seinen Wohnsitz in Esher hatte. Wir sahen uns fast täglich, da er auf seinem Weg zur City jedes Mal an unserem Haus vorbeifahren musste. Es war die Zeit, in der George mehr und mehr über das Leben nachdachte. Wir saßen mehrmals in der Woche zusammen und philosophierten stundenlang. Er wurde und wird ja immer noch als der stille Beatle bezeichnet und das sicher auch wegen seiner Hinwendung zur indischen Philosophie und zur Meditation. Meditierende Inder werden gern als immer in sich ruhende Menschen gesehen. Der Meinung war ich auch, bis ich anfing, mit indischen Musiker zusammenzuarbeiten. Ich konnte meinen Augen und Ohren nicht trauen. Die rockten ihre Socken heiß. George war voller Spannung, Emotion und Kraft, und mit ihm zu arbeiten war so ganz anders als mit John.

### Nachdem die Beatles ihre Trennung

bekannt gegeben hatten, begann George umgehend mit der Verwirklichung seiner dritten Solo-LP nach *Wonderwall* und *Electronic Sound*. Als er mich bat, darauf Bass zu spielen, war ich sofort dabei. George hat immer sehr viel Wert auf gute Stimmung im Studio gelegt. Wir hatten bereits die ersten Songs zu *All Things Must Pass* aufgenommen, als er eines Morgens ganz aufgeregt ins Studio kam. Er war spät dran, weil er einen Termin mit einem Immobilienmakler wahrgenommen hatte. Es ging um die Besichtigung eines Anwesens in Henley-on-Thames. George hatte zum ersten Mal Friar Park gesehen und war vollkommen benommen von den Eindrücken.

»Ihr glaubt es nicht. Unter dem Park sind Höhlen und Gänge, wir haben uns mehrmals verirrt, und plötzlich kamen wir an Seen heraus. Du kannst gehen auf diesen Seen, übers Wasser, wie Jesus.« George war nicht zu bremsen.

Friar Park

»Und dahinter ist eine Art Bergkette, da kannst du das Matterhorn besteigen.« Wir schauten George besorgt an und dachten schon, die ganzen LSD-Trips haben ihm nun tatsächlich den Verstand geraubt.

»Was guckt ihr denn so komisch? Glaubt ihr mir nicht? Ich zeig's euch. Wir gehen alle zusammen hin und dann könnt ihr euch überzeugen. Hier.« Er breitete Fotos vor uns aus. Sie zeigten ein riesengroßes, düsteres schlossähnliches Anwesen. Es fröstelte mich. Ich konnte mir überhaupt nicht vorstellen, wie man sich in einem derart großen Gebäude wohl fühlen konnte. Dann noch diese unüberschaubaren Gartenanlagen mit Gewächshäusern, Tennisplätzen, Teichen und Seen. Dann waren da noch drei weitere Cottages und und und … Mir wurde ganz schwindelig bei dem Gedanken, dass unser kleiner George mit seiner süßen Patty sich an diesem Ort zu Hause fühlen sollte. Aber George redete und war überhaupt nicht zu stoppen. Ich habe ihn vorher nie so gesehen, er war wie verzaubert. Es war für George klar, dass er Friar Park kaufen würde, obwohl er noch gar keinen Zuschlag vom Verkäufer hatte. Aber das war typisch für ihn. Er war ausdauernd, und wenn er sich etwas in den Kopf gesetzt hatte, dann schaffte er es auch.

»Ihr müsst alle mitkommen. Ihr werdet euch genauso in den Ort verlieben wie ich.«

Kaum hatte er die letzten Silben ausgesprochen, nahm er seine Gitarre und fing an, uns den nächsten Song vorzuspielen.

»Und jetzt hängt nicht so herum, wir wollen ja auch noch was aufs Band bringen.«

**Georges Art** mit seinen Musikern im Studio umzugehen, war, wie gesagt, so ganz anders, als es bei John der Fall war. Während John gern die Ideen im Alleingang oder zusammen mit Yoko entwickelte, bildete die Band mit George immer ein richtiges Team. Wir arbeiteten oft die Stücke zusammen aus, und unsere Meinung dazu war ihm wichtig. Selbst bei seinen Gitarrensoli war er empfänglich für positive Anregungen. Im Gegensatz zu seinem Freund Eric Clapton war er nicht der große Improvisator. Er hat Ton für Ton erarbeitet und daraus dann eine richtige kleine Solomelodie entwickelt, die er, egal wie oft er sie spielte, nur minimal veränderte. Während bei John die Ideen schnell auf Band umgesetzt wurden, war bei George »Geduld« nicht nur ein Wort. Dieser Weg der Zusammenarbeit schweißte unsere Gruppe eng zusammen. Wir wurden zu einem Team, das wohl auch jahrelang auf einer kleinen Insel funktioniert hätte. Die Beziehungen untereinander entwickelten sich über die Zusammenarbeit hinaus zu echten Freundschaften. Das war mit Sicherheit Georges Verdienst. Ich möchte als Beispiel Gary Wright nennen. Er war Gründungsmitglied der Kultband Spooky Tooth. Nach der Bandauflösung spielte ich auf einigen seiner Soloaufnahmen. Gary war immer ein außergewöhnlich liebenswürdiger und herzlicher Mensch, mit dem es immer viel zu lachen gab. Ich schlug Gary als Keyboardspieler für Georges LP vor. Gary kam, spielte und siegte, und von da an waren er und George enge Freunde. Das Gleiche mit Jim Keltner. Wann immer George sich in Jims Heimatstadt aufhielt, klingelte er wenigstens durch, und wenn Jim Zeit hatte, trafen sie sich zumindest auf einen Drink.

**Doch zurück zu Friar Park.** Es dauerte nicht lange, und George konnte das Anwesen sein Eigen nennen. Natürlich gab es eine Einweihungsparty, zu der aber nur engste Freunde geladen waren, auch seine Musikercrew. Wir spazierten alle kreuz und quer durch das Haus und über das Grundstück und konnten uns nicht satt sehen. Es war überwältigend. Achtzig Räume, voll gestopft mit Kunstwerken, Holzschnitzereien, Statuen, Möbeln, man konnte die vielen Eindrücke gar nicht verarbeiten. Ich erinnere mich merkwürdigerweise genau an zwei löchrige Bratpfannen. (Das hatte natürlich im Englischen einen Doppelsinn: *two holy friars*.) Es war ein gewisser Sir Francis, der sich diese exklusiven und bizarren Dinge hatte einfallen lassen. Irgendwann in früherer Zeit war das Haus zum Kloster umfunktioniert worden, und die Nonnen hatten nichts Besseres zu tun gehabt, als den kleinen, pausbäckigen Engelchen, die verschmitzt von den Zimmerwänden auf uns herunterlächelten, ihre kleinen

Schniedel mit Gips zu überpinseln. Daran hatte George natürlich seinen besonderen Spaß. Wohin man sich auch begab, überall spürte man die Präsenz des alten Schlossherrn. Einige Dorfbewohner behaupteten sogar, dass er immer noch durch die Räumlichkeiten spuken und sein Unwesen treiben würde. Wer immer also hier glücklich werden wollte, musste mit dem Hausgespenst Sir Francis klarkommen.

»**Na, Klaus, gefällt es dir?**«, fragte Patty mit geröteten Bäckchen.

»Es ist sehr beeindruckend, wirklich, ich habe so etwas noch nie gesehen. Aber wie willst du hier kochen?«

»Was meinst du?« Patty sah sich um. Wir standen in einer riesengroßen Küche, in der eine ganze Familie hätte wohnen können.

»Gefällt dir die Küche nicht? Ich finde sie großartig. Das ist alles viktorianisch. Ich freue mich schon darauf, hier zu werkeln.«

»Klar machst du das, Patty. Und wenn du mit dem Kochen fertig bist, dann rennst du jedes Mal drei Meilen weit, um George das Essen ins Speisezimmer zu bringen, das liegt nämlich am anderen Ende des ewig langen Korridors. Und noch etwas, Patty, diese Küche liegt am Nordende des Schlosses. Ihr werdet aber in den Räumen am Südende wohnen, da, wo man diesen unglaublichen Blick auf die unglaublichen Gartenanlagen hat.«

Patty stöhnte. »Stimmt. Und wenn wir im großen Speisezimmer essen wollen, dann müssen wir erst einmal durch die drei Schwingtüren längs des anderen Korridors laufen.«

»Und wenn du das Salz vergessen hast«, fiel George ein, »dann kannst du noch einmal eine Expedition durchs ganze Haus starten. Ich wette, das hält dich schlank und fit.« Er drehte sich zu mir. »So, Mister Voormann, was machen wir da? Hast du einen Vorschlag?«

George wusste, dass meine beiden älteren Brüder Architekten waren, und hoffte, dass ein bisschen von diesem Talent auch an mir hängen geblieben war. Tatsächlich hatte ich mir bereits einige Gedanken durch den Kopf gehen lassen, wie man das Problem lösen könnte.

**D** »Du kannst gehen auf diesen Seen, übers Wasser, wie Jesus.«

»Nun ja, ich hätte da eine Idee, aber ich weiß nicht, ob sie gut ist.«

George war neugierig. »Komm, spann uns nicht auf die Folter.«

»Also, ich würde einen dieser schönen Räume im südlichen Trakt in eine Küche umbauen.«

»No!«, rief Patty, »das macht den ganzen Charakter des Hauses kaputt!«

»Halt, halt. Ich spreche nicht von einer gewöhnlichen Küche. Ich meine einen urgemütlichen Raum mit Sofa und Essplatz mit schönen Bildern an der Wand, einem schönen, dem Rest des Anwesens angepassten Zimmer, in dem auch eine Küchenzeile integriert ist.«

Patty stand immer noch zweifelnd vor mir, und ich versuchte, ihr meine Idee noch klarer zu machen.

»Schau, Sir Francis hatte vierzehn Bedienstete, die für ihn hin und her rannten. Und wenn eine größere Gesellschaft geladen war, dann galoppierten sogar mehr als zwanzig Angestellte durchs Haus. Hinzu kommt, dass dieser Raum hier auch der Aufenthaltsraum für die Bediensteten war. Damals machte das Sinn. Aber willst du wirklich hier allein in der Küche das Essen vorbereiten, während sich deine Gäste meilenweit von dir entfernt amüsieren?«

Es dauerte nur ein paar Tage, bis George mich bat, einige Entwürfe anzufertigen, wie man eine neue Küche am besten integrieren konnte. Und nach einem dieser Entwürfe wurde sie auch ausgeführt.

Patty liebte den neuen Raum. Er war mit Art-Nouveau-Möbeln ausgestattet und lag in der Mitte des Schlosses. In einem praktischen

Bereich konnte Patty arbeiten, während sie die Enten auf dem Teich oder Morris, den Gärtner, beobachtete, wie er die Büsche und Hecken stutzte. Eine Küchentür ging in den Garten, die andere in die Halle, wo George oft am Kamin saß und Gitarre spielte und ich ihn manchmal am Piano begleitete.

Bald gab es neue Mitbewohner.

»Schau mal, sind die nicht süß?« Patty zog ihr Stubsnäschen noch höher, um ihrem Entzücken glaubwürdig Ausdruck zu verleihen, und zeigte mit dem Finger auf zwei kleine Zicklein, die vor uns im Garten wie auf einem idyllischen Gemälde grasten. Zwei Tage später fand ich eine aufgelöste Patty vor. Die beiden Jagdhunde, zwei überdimensionale Tiere, hatten die zwei Zicklein fast zerfleischt. Die Ziegen mussten eingeschläfert werden, und die Hunde wurden zur Strafe weggegeben.

Ihr nächstes Spielzeug waren Tauben. Als sie allerdings Georges Schlossdach fast vollständig zugekackt hatten, mussten die auch weg.

**Mit Friar Park** konnte ich mich nie so richtig anfreunden.

Wie schon erwähnt, erstreckte sich unter Friar Park ein weitläufiges, altes Tunnelsystem. Eines Tages lud George Christine und mich sowie ein paar weitere Kumpels zur Begehung ein. Zuvor wurden noch ein paar Joints herumgereicht, um für die unterirdischen Schwingungen noch aufnahmefähiger zu sein. Im Gegensatz zu George war uns allen ganz mulmig zumute. George hatte davor mit einem langem Verlängerungskabel etwas Licht in die Schächte gelegt, damit wir nicht nach zehn Metern den Rückzug antreten mussten. Wir waren ungefähr zu acht und begaben uns also gackernd und albernd in den Untergrund. Wir waren aufgedreht wie eine Gruppe Schulkinder, was nicht nur an den Joints lag, sondern auch an der Tatsache, dass uns der Ort nicht behagte. George spazierte vor uns her und spielte den Reiseleiter. Er erzählte uns blutrünstige Geschichten aus der Vorzeit, von Hexen und mordlüsternen Mönchen, und hatte sichtlich Spaß an unseren blassen Gesichtern.

Wir waren bereits eine Weile unterwegs und keiner von uns hatte noch eine Ahnung, wo wir uns befanden, als George anhielt und sagte: »Tja, jetzt weiß ich auch nicht mehr so recht weiter. Ich dachte, jetzt würde der Ausgang zum Teich kommen, aber nun sind wir wieder an der Gruft, wo wir ja vor zehn Minuten schon waren, hmm.«

Kaum hatte er den Satz beendet, hallte ein unheimliches Gelächter durch die Gänge. Uns standen die Haare zu Berge. George drehte sich erschrocken zu uns um. Die Frauen stießen spitze Schreie aus und mein Magen ballte sich zusammen. Nach einem gespenstischen Moment der Stille kam Mal Evans um die Ecke – mit einem Lachsack in der Hand.

»Darf ich vorstellen, seine Königliche Hoheit Sir Francis der Lachsack.«

Erleichtertes Lachen machte sich breit, und nach kurzer Zeit fand George auch tatsächlich wieder den Ausgang zum Teich. Wir zogen es vor, den Rückweg zum Haus überirdisch anzutreten.

Später saßen wir bestimmt schon ein halbe Stunde um den Kamin, als George plötzlich sagte: »Wo ist denn eigentlich Madeleine?«

Wir sahen uns an. Keiner wusste es. Mal fiel auf, dass er sie bei seinem Lachsack-Auftritt schon nicht mehr bei uns gesehen hatte.

»Wir werden die Gute doch hoffentlich nicht in den Katakomben verloren haben?«, sagte George schelmisch grinsend.

»Das wäre gar nicht gut«, sagte Patty, »ich habe nämlich vor zwanzig Minuten unten das Licht ausgeschaltet.«

Jetzt blickte George dann doch etwas besorgt. »Ich glaube, wir sollten sie besser suchen.« So machten wir uns alle auf den Weg, Madeleine zu finden.

George sorgte für Licht und wir stiegen noch einmal die Stufen hinab in die Katakomben. Wir riefen Madeleines Namen, doch es kam keine Antwort. Das fand nun keiner mehr witzig.

»Hoffentlich hat sie nicht der Schlag getroffen, als sie deinen blöden Lachsack gehört hat.« George sah Mal an, der sichtlich ein schlechtes Gewissen hatte. Es gab viele verschiedene Ein- und Ausgänge: am Teich, im künstlichen Gebirge, hinter einer großen Baumgruppe. Es war wirklich alles sehr verwirrend. Wir marschierten mehr als eine Stunde alle unterirdischen Wege ab. Keine Madeleine! Ich glaube, wir alle waren inzwischen stocknüchtern.

»Kommt«, sagte irgendwann George, »wir gehen noch einmal ins Haus, vielleicht ist sie ja mittlerweile aufgetaucht.«

Schweigend marschierten wir auf das Schloss zu. Wir waren kaum angekommen, da lief uns Patty, die bei der Suchaktion nicht dabei gewesen war, schon entgegen.

»Sie ist da, sie ist da!«

»Und warum hast du uns das nicht schon früher gesagt?« George war leicht verärgert.

»Ich wusste doch nicht, in welchem Teil der Katakomben ihr seid. Oder möchtest du vielleicht, dass ich mich auch noch verirre?«

Im Haus erwartete uns schon Madeleine. »Na, hab ich euch einen Schrecken eingejagt? Wie schön, dass sich so viele Männer um mich Sorgen machen.«

Was war passiert? Madeleine schilderte uns, wie sie plötzlich während Georges Führung im Untergrund dringend musste. Sie dachte, sie könnte mal schnell die Gelegenheit und den Ausgang zum Teich nutzen, um hinter einen der vielen Büsche zu hüpfen. Als sie wieder die Treppe nach unten gestiegen war, um uns zu folgen, waren wir verschwunden. Sie lief also den Weg zurück, den wir mit ihr gekommen waren, und kurz bevor sie den Haupteingang erreichte, ging das Licht aus. Madelcine kroch nun auf allen vieren langsam weiter und rief immer wieder nach George, aber keiner von uns konnte sie natürlich hören. Irgendwann fand sie dann die Tür, die nach draußen führte. Doch im Haus angekommen, waren wir schon wieder unterwegs, um sie zu suchen.

»Hattest du denn keine Angst?«, fragte Christine.

»Na ja, ein bisschen schon, aber ich hatte noch einen Joint dabei, den habe ich mir erst einmal reingezogen, und dann sah ich die Sache sehr viel entspannter.«

»Dann hat dich also Sir Francis nicht belästigt?« Sir Francis schien wohl Mitleid mit unserer kleinen Madeleine gehabt zu haben, oder er hatte ganz einfach in einem anderen Teil des Anwesens zu tun.

George und Ravi Shankar
auf der Pressekonferenz für
das *Concert for Bangla Desh*

# 16. KAPITEL

## The Concert for Bangla Desh

**Es war Ravi Shankar,** der George vom Leid und Elend der Menschen in Bangladesh erzählte. Die breite Masse erfährt kaum, was auf diesem Erdball tatsächlich alles vorgeht, gäbe es nicht engagierte Menschen, die die Wahrheit ans Licht zerren. Wir wussten jedenfalls nichts über die tragische Situation in Bangladesh. Bangladesh? Was war das denn nun wieder? Irgend so ein Land in Asien, oder?

Ich bin mir nicht sicher, ob Ravi die Möglichkeit eines Benefizkonzerts überhaupt im Hinterkopf hatte, oder ob er einfach nur bei einem Freund sein Herz ausschütten wollte. Wie auch immer, George ergriff sofort die Initiative und beschloss aktiv zu werden. Hier zeigte sich deutlich, wozu der »stille Beatle« imstande war, wenn ihm etwas über die Hutschnur ging oder er zutiefst von einer Sache überzeugt war.

Die Vorbereitungen sollten in Los Angeles laufen, wo George ein Haus in Benedict Canyon gemietet hatte. Ich war zu diesem Zeitpunkt voll im Liebesrausch, nachdem ich meinen großen Schwarm Rita Coolidge anlässlich einer Studiosession in London wiedergetroffen und sich daraus eine Romanze entwickelte hatte, die mir fast den Verstand raubte. Ich lief herum wie ein baldrianberauschter Kater und hatte Schwierigkeiten, die Realität um mich herum wahrzunehmen. George hoffte, dass ich durch meine Teilnahme am Konzert und den Vorbereitungen dazu wieder zum Arbeitsalltag zurückfinden würde. Tatsächlich ging das auch schnell, allerdings unter sehr schmerzhaften Umständen, anders, als George es wollte.

Georges Einladung, nach L.A. zu kommen, um als Bassist an der

Singleproduktion für Bangladesh mitzuwirken, kam mir ursprünglich sehr gelegen, da Rita in Hollywood wohnte und ich somit ganz in ihrer Nähe sein würde. Ich wohnte in Georges Bungalow in direkter Nachbarschaft zu Ricky Nelson, seit vielen Jahren ein großer Star, besonders in der Countryszene. Ricky war nicht nur ein gut aussehender Mann, sondern auch ein sehr sympathischer Bursche. Als er Jahre später mit seinen Musikern bei einem Flugzeugabsturz ums Leben kam, waren wir alle zutiefst schockiert.

**Ich kam also in L.A.** mit rosaroter Rita-Brille auf der Nase an und wurde erst einmal von der Hitze aus der Bahn geschmissen. Trotzdem starteten wir gleich am ersten Tag mit den Studioaufnahmen. Georges Musikerbesetzung bestand aus den alten Kumpels wie Jim Keltner, Jesse Ed Davis, Jim Horn und auch Ringo. Ich nahm alles nur wie in Trance war, alles wirkte auf mich wie ein Traum: Kalifornien, Hollywood, Georges wunderschönes Haus, das Studio, einfach alles. Die Session war für den übernächsten Abend angesetzt. Ich hatte also Zeit, mich auf die Suche nach Rita zu machen.

Wir hatten seit unserem Zusammensein in London regen Briefkontakt gehabt, und so wusste ich, dass sie sich auf Tournee befand und eigentlich jeden Moment zurückkommen müsste. Wer konnte mir also weiterhelfen? Mir fiel ein, dass die Ehefrau von unserem Saxophonspieler Bobby Keys sehr gut mit Rita befreundet war. Also rief ich sie an. »Du Glückspilz«, sagte sie, »Rita kommt heute zurück. Ruf doch mal an, vielleicht ist sie schon da.«

Das tat ich. Eine Freundin nahm das Telefon ab und teilte mir mit, dass Rita wohl im Laufe des Abends eintreffen würde.

»Warum kommst nicht einfach vorbei und überraschst sie?« Ich fand, das war eine sehr gute Idee, und marschierte sofort los. Zu Fuß vom Studio durch Beverly Hills über den Sunset Strip, wo dann auch noch Yul Brynner an mir vorbeihastete, bis zu Ritas Haus, das sich in den Hollywood-Bergen direkt unter dem berühmten Schriftzug befand. Wer die Distanzen in Amerika und speziell in L.A. kennt, wird sich jetzt an den Kopf fassen. Aber so ist es, wenn ein Mann verliebt ist. Besonders ein Voormann. Ich muss stundenlang unterwegs gewesen sein.

Als ich in Ritas Appartement ankam, ließ ihre Freundin mich in die Wohnung, und mir fiel nichts Besseres ein, als mich gleich ins Bett zu legen. Und da wartete ich dann mit klopfendem Herzen, und wartete und wartete, bis ich irgendwann einschlief. Die Überraschung war groß, als Rita schließlich die Tür öffnete und mich schnorchelnd in ihrem Bett vorfand. Wir verbrachten die ganze Nacht dort und für mich hätte die Welt stehen bleiben können.

Was war ich doch für ein verliebter Gockel. Ich war völlig aufgedreht und machte den Fehler, zu viel zu reden. Ich hatte genaue Vorstellungen, wie wir beide unsere Zukunft gestalten könnten. Das war der noch größere Fehler. Ich schlug vor, sie solle doch ganz mit dem Singen aufhören, denn sie sei ja sowieso keine übermäßig gute Sängerin. Das war natürlich mein allergrößter Fehler.

Am nächsten Morgen fuhren wir gleich nach dem Frühstück in den Malibu Canyon auf die Ranch von Booker T., der mit Ritas Schwester Priscilla verheiratet war. Auf dem Dach des Haupthauses turnte ein gut aussehender Indianer herum, um Reparaturen vorzunehmen. Er hatte sein langes schwarzes Haar zu einem Pferdeschwanz gebunden. Wie sich bald herausstellte, handelte es sich um Ritas Vater. Er war Vollblut-Indianer. Ein wunderbarer und charismatischer Mann. Eigentlich so, wie man sich in Deutschland Indianer vorstellte.

Meine große Liebe:
Rita Coolidge

**Bevor wir das Haus betreten** konnten, musste erst einmal eine Klapperschlange verscheucht werden, die zusammengeringelt vor der Tür lag. Das Innere des Hauses war sehr gemütlich, und wir saßen zuerst ein Weile mit der Familie zusammen.

Das gute Aussehen musste Rita vom Papa haben. Das stellte ich fest, als ich ihre »Pass-the-Bisquits-Mama« kennen lernte. Sie kam aus Memphis und war nicht ganz so mein Fall.

Kurze Zeit später schlug Rita vor, einen Ausritt zu machen. Es war ein wunderschöner Tag. Wir ritten stundenlang durch die urwüchsige Landschaft. Nach dem Essen, das Mama Coolidge für uns alle zubereitete, bot Rita an, mich zu Georges Haus zurückzufahren. Als ich dort aussteigen wollte, ließ sie dann die Katze aus dem Sack. Nichts mit gemeinsamer Zukunft und schon gar kein Gedanke, mit dem Singen aufzuhören.

Sie teilte mir das Ende unserer Beziehung in knappen zwei Sätzen mit. Dann brauste sie mit wehendem Haar in ihrem schicken VW Cabrio davon, ohne sich auch nur einmal umzudrehen, und ich stand da, wie vom Blitzschlag getroffen. Ich schleppte mich in Georges Haus, in mein Zimmer und ließ mich dort auf den Boden fallen, wo George mich Stunden später fand.

Für ihn war es natürlich das totale Kontrastprogramm. Zwölf Stunden vorher der Freund als verliebter Kater und jetzt ein vom Liebestraum in einen Albtraum gestürztes Häufchen Elend. Ich hatte Liebesschmerz in dieser Form niemals zuvor gefühlt. Ich war zu nichts mehr imstande und dachte sogar daran, mich in den Pool zu stürzen, in der Hoffnung, nicht mehr an die Oberfläche zu kommen. George hatte eine schwere Zeit mit mir.

Am nächsten Tag ließ er mir von seinem Hausangestellten das Frühstück ans Bett bringen, mit einem Zettel auf dem Tablett.

»Klaus, wenn du dich wieder annähernd wie Klaus fühlst, dann komm bitte ins Studio. Die Menschen in Bangladesh brauchen dich.« Ganz so einfach war es natürlich nicht, aber es wirkte. Wir waren alle hier, um eine Mission zu erfüllen, was zählte da das kleine gebrochene Herz eines Klaus Voormann. Und die Arbeit mit George und all den Musikern sowie die ganzen Vorbereitungen haben mir wirklich sehr geholfen, meinen eigenen Kummer in den Griff zu kriegen.

Bei den Konzertvorbereitungen hatte George die Fäden auf bewundernswerte Weise in der Hand. Ein Meeting jagte das andere. Das Telefon klingelte fast ununterbrochen. Musiker, Anwälte, Plattenbosse, Presseleute gaben sich ständig die Türklinke in die Hand. Im Haus wimmelte es ständig von Menschen und dazwischen war immer Harry, Georges Papa, ein zurückhaltender und sehr lieber Mann. Seine Art sorgte dafür, dass hin und wieder etwas Ruhe einkehrte.

Wenn es George zu viel wurde, hechtete er kurz in den Swimmingpool, um dann sofort weiterzuarbeiten.

**Eine Veranstaltung** in dieser Größenordnung zu organisieren ist ein Kraftakt. Und dann noch dafür zu sorgen, dass alle Beteiligten umsonst mitmachen, und zwar wirklich alle bis hin zu den Verlagen, Schallplattenfirmen, Anwälten, das grenzt schon an ein Wunder. George schaffte es! Wohltätigkeitsveranstaltungen waren für uns nichts Ungewöhnliches. Wir alle hatten schon auf Events gespielt, deren Erlös Waisenkindern, Krankenhäusern oder sonstigen gemeinnützigen Zwecken zufloss. Geld für ein ganzes Land zu sammeln, das war allerdings etwas noch nie Dagewesenes.

Die Hitze in L.A. wurde fast unerträglich. Trotzdem behielt Don Nix immer seine Kappe auf. Es gehörte einfach zu seinem Image. George hatte ihn nur wenige Tage zuvor kennen gelernt und ihn sofort gebeten, einen Soul-Backgroundchor für das Konzert zusammenzustellen. Don war Produzent und ein Klasse-Saxophonist und spielte unter anderem bei den Mar-Keys, der Band, die später als Booker T. and the MGs mit vielen Hits die Charts eroberte. Ich war froh, als die Konzertvorbereitungen Mitte Juli abgeschlossen waren.

**Don Nix fragte mich:** »Klaus, warum kommst du mich nicht zusammen mit Georges Dad besuchen. Ich zeig euch Memphis, so wie es ist, die schöne und die hässliche Seite.«

Die Idee gefiel uns. Zusammen mit Georges Vater flogen wir drei zuerst nach Nashville, von wo aus uns Don mit seinem Rolls-Royce persönlich nach Memphis fuhr. Eigentlich hätte ein Pick-up oder ein Range Rover besser zu ihm gepasst. Die schöne, champagnerfarbene Limousine hatte nur einen Schönheitsfehler: Die Klimaanlage war defekt. Wer einmal den amerikanischen Süden mit seiner Bullenhitze und neunzig Prozent Luftfeuchtigkeit erlebt hat, weiß, welche Qual das im Auto sein kann. Sogar in einem Rolls. Ich weiß noch, dass ich ständig an den Film *In der Hitze der Nacht* denken musste. Don zeigte uns die Studios in Nashville, die Grand Old Opry. Wir fuhren nach Memphis und hörten Al Jackson von Stax zu, der gerade Schlagzeug auf einer Session spielte. Als wir an Elvis' Geburtshaus hielten, fing Don an, einen ganzen Sack passender Anekdoten auszupacken. Er kannte Elvis auch sehr gut und seine Geschichten über ihn ließen uns Tränen lachen. Wir fuhren zu Marlin Greene, der mit seiner Frau als Backgroundsänger beim Bangla Desh-Konzert mitmachen sollte. Marlin wohnte mit seiner Familie in einem Haus, das er aus Vulkangestein selbst gebaut hatte. Ich war schwer beeindruckt. Den Abend verbrachten wir bei der Gitarristenlegende Furry Lewis. Es heißt, dass er das Slide-Gitarre-Spielen erfunden haben soll. Fast blind und mit einem Holzbein saß er da mit seiner sehr dicken Freundin, die Whiskeyflasche immer griffbereit. Das Häuschen bestand aus einem Raum, darin befanden sich ein Bett, ein Schrank, ein Tisch und ein paar Stühle, sein Holzbein und eine Gitarre. Es war ein einfaches Modell. Don, der sich seit langem um Furry kümmerte, bezahlte ihm nicht nur diverse Augenoperationen, sondern überraschte ihn eines Tages mit einer nagelneuen, teuren Gitarre. Kurze Zeit später wurde er wiederum von einem sternhagelvollen Furry überrascht, der wieder die alte Klampfe im Arm hielt.

»Ich habe sie zum Pfandhaus gebracht, hat nicht mehr so viel Geld gebracht«, lachte der.

Als wir ihn besuchten, dauerte es nicht lange, bis er zum Instrument griff und wir Memphisblues lauschen durften, wie ihn nur ein schwarzer, fast blinder Musiker mit Holzbein zu spielen vermag. Ich habe den Abend auf Tonband aufgenomen, danach auf Schellack überspielt und es George als Dankeschön, dass er mir diesen wunderbaren Trip in das Herz des Blues ermöglicht hat, geschenkt.

**Das Konzert war im** Madison Square Garden für den 2. August 1971 angekündigt. George mietete die komplette siebenundzwanzigste Etage des Park Central Hotel. Die Zimmer waren für alle Beteiligten samt Anhang reserviert. Wir bekamen alle kleine gelbe Buttons, die wir auch immer sichtbar tragen mussten, um von den vielen Bodyguards und Sicherheitsleuten zu unseren Zimmern durchgelassen zu werden. Dies diente vor allen Dingen als Sicherheitsmaßnahme, falls tatsächlich alle vier Ex-Beatles-Mitglieder auftauchen sollten. Ringo war aktiv dabei und John sollte ebenfalls mitspielen. Der allerdings wirkte nur am Anfang der Proben mit. Er sollte zwei Chuck-Berry-Songs singen. Als er die Bedingung stellte, dass Yoko auch auf die Bühne gelassen werden sollte, und George dies ablehnte, packte er am dritten Tag seine Gitarre in den Koffer und flog mit Yoko nach Paris. Es hieß, er hätte sich nicht einmal verabschiedet. George hatte für sich und Patty ein Suite gebucht, in der jede Nacht eine Party gefeiert wurde. Es war ein Kommen und Gehen, und alle ließen aus praktischen Gründen ihre Zimmertüren offen. Wir waren ja sowieso unter uns. Hätte ich nicht so sehr mit meinem persönlichen Liebesschmerz zu kämpfen gehabt, dann hätte ich die ganze Atmosphäre wesentlich mehr genießen können. Es war wirklich eine tolle Stimmung. Ich möchte behaupten, dass es sehr stark an Georges unglaublichem Talent lag, alles harmonisch miteinander verknüpfen zu können.

**Wir probten in einer Halle** über dem Baldwin Piano Showroom in Manhattan. Das war praktisch, weil diese Räumlichkeiten direkt hinter dem Hotel lagen. Wir mussten über den Hinterhof laufen und gelangten dann über eine Außentreppe in das obere Stockwerk des Gebäudes, wo unsere Anlage aufgebaut war. Der einzige Haken war, dass wir immer durch die Hotelküche laufen

»While My Guitar Gently Wheeps«:
George, Jesse und ich auf der Bühne des
Madison Square Garden

mussten. Das fanden die Köche nicht ganz so witzig.

Bei den Proben war nur der harte Kern der Band anwesend, bestehend aus George, Jim Keltner, Billy Preston, Ringo, der Gruppe Badfinger, der Bläsergruppe, dem Backgroundchor, mir und, wie ich bereits erwähnte, für die ersten drei Tage auch John. In der Woche vor dem Konzert stieg die Spannung fast ins Unerträgliche. Nicht ganz unschuldig daran war auch die Präsenz von Allen Klein, der das Geschäftliche der Beatles und der Stones teilweise regelte, sowie dessen Assistenten Pete Bennett. Don Nix nannte Pete nur die Kröte, was eine passende Umschreibung für diesen Menschen war. Ich bewunderte nur, wie George die Situation meisterte. Er kümmerte sich wirklich um alles, war Organisator, Seelenklempner, Bandleader, er war wie ein Übermensch.

Die Generalprobe fand am Abend vor dem Konzert auf der Bühne im Madison Square Garden statt. Wir wussten bis zur Hälfte der Show nicht, ob nun Bob Dylan tatsächlich auftreten würde oder nicht. Zumindest stand keiner seiner Titel auf dem Probenplan, den George handschriftlich für jeden von uns Musikern noch vorher anfertigte. Kurz bevor wir mit der Generalprobe durch waren, erschien Bob. Ich habe es gar nicht mitbekommen, aber Jim erzählte mir später, dass die Kröte sofort alle Kameras der anwesenden Pressefotografen einsammelte. Es waren zwei Konzertveranstaltungen geplant, eine nachmittags um zwei und die Abendvorstellung um sieben Uhr.

**Das Publikum war fantastisch,** die Show war perfekt und George stand wie der große Guru vor uns, dem wir bereitwillig und gern folgten. Wenn ich mir drei Dinge wünschen dürfte, die ich vor meinem Einstieg in die Gruft noch mal erleben möchte, dann wäre einer davon das Konzert für Bangla Desh. Zusammen mit George und all diesen Musikerlegenden daran teilhaben zu dürfen, das war einer der wirklich großen Augenblicke in meinem Leben (auch wenn Leon Russell es bei seinen Stücken vorzog, mit eigenem Bassisten zu spielen). Einziger Wermutstropfen war, dass nicht die von Apple gebuchte Filmcrew das Konzert filmte, weil die amerikanische Gewerkschaft vor Ort darauf bestand, das die hauseigenen Filmleute, also die Crew vom Madison Square Garden, die Aufnahmen machte. Wirklich schade, denn was die dann auf Band brachten, war wirklich nicht das Gelbe vom Ei.

George gab allen die Anweisung, nach dem Konzert ins Hotel zurückzukehren und für eine Stunde das Licht auszuschalten. Man hatte uns vor allzu eifrigen Fans gewarnt, die, mit Fotoapparaten und Fernrohren ausgerüstet, gegenüberliegende Zimmer gemietet hatten, in der Hoffnung, eines ihrer Idole zu erhaschen. Wir blieben also eine ganze Weile im Dunkeln. Irgendwann bekamen wir das Zeichen: Die Luft ist rein. Wir fuhren mit dem Küchenlift ins Untergeschoss, wo wir durch einen Hinterausgang ins Freie gelangten. Danach schlichen wir die dahinter liegende Gasse entlang, an deren Ende dann bereitgestellte Limousinen auf uns warteten, um uns zu einem kleinen Club zu bringen, den George für die ganze Gesellschaft gemietet hatte. Die Party ging die ganze Nacht durch bis weit in den Morgen hinein. George bedankte sich bei jedem Einzelnen, und er gab uns wirklich das Gefühl, an einem sehr wichtigen Ereignis nicht nur mitgewirkt, sondern an der Erfüllung einer guten Mission gearbeitet zu haben. George machte uns alle sehr stolz.

Ich hatte immer noch mit meinen Gefühlen für Rita zu kämpfen, was sich darin äußerte, dass ich kaum sprechen konnte oder wollte. Ich erledigte meinen Job so gut es ging und war auch immer da, aber eigentlich nur körperlich.

**R**ingo spielte Billard, als es ihm mit Elvis zu langweilig wurde

# 17. KAPITEL

**Elvis meets the Beatles**

**Nachdem ich die Illustrationen** zu dem Buch *Hamburg Days* beendete hatte, erhielt ich einen höchst interessanten Auftrag von einem großen deutschen Zeitschriftenverlag in München. Auf Anregung meines Freundes, des Fotografen Fryderyk Gabowicz, sollte ich zwei Bilder eines legendären Treffens im Rock-Olymp anfertigen: Am 25. August 1965 begegneten sich erst- und letztmalig die Giganten der Musikszene: Elvis Presley und die Beatles.

Unter strengster Geheimhaltung fand das Ereignis in den privaten Räumlichkeiten der Presley-Villa in Bel Air, Perugia Way 525, statt und nicht, wie oft angenommen, in Graceland. Von diesem Treffen gibt es keine Fotos, Interviews, Tonbänder oder Filmaufnahmen. Dies war ausdrückliche Bedingung beider Parteien. Abgesehen von Chris Hutchins, der den Einfall dazu hatte, durften keine Journalisten oder sonstigen Medienleute anwesend sein, lediglich ein paar geladene Freunde, Manager, Bodyguards und die »Memphis Mafia«.

Mein Auftraggeber wollte, dass ich mehrere Motive dieses Geheimtreffens nach Angaben authentischer Zeitzeugen fotorealistisch malte, um einen Eindruck zu vermitteln, wie es tatsächlich gewesen war. Es folgte ein Jahr intensiver Recherche, und als langjähriger Aktiver der Musikszene und Freund der Beatles war es nicht schwer, Zugang zu diversen Beteiligten zu bekommen.

Da es sich bei den geplanten Bildern wieder um Fotorealismus handelte, musste ich genau wissen: Wie sah das Haus von innen und außen aus, was hatten die Herrschaften an, wer war überhaupt alles dort. Zusammen mit Christian Eckart, einem Musikjournalisten, der zufällig kurz bevor ich den Auftrag bekam, eine Elvis-Presley-Filmdokumentation produziert hatte, setzte ich Christina an, alles über das Ereignis ausfindig zu machen.

Sie spielte wie so oft Sherlock Holmes, eine Rolle, die ihr immer schon auf den Leib geschnitten war.

**George erzählte mir seine Version,** als wir uns im Januar 1998 in Tirol beim Stanglwirt trafen. Zusammen mit Fryderyk fuhr ich nach London, um Ringo und Paul gleichzeitig zu befragen, ein Treffen, das auch von Fryderyk gefilmt wurde. Es war derart komisch, den beiden zuzuhören, vor allen Dingen, als sie sich immer wieder widersprachen. Fryderyk konnte vor Lachen kaum die Kamera gerade halten, jedenfalls wackelt die Aufnahme ziemlich. Joe Esposito, Elvis' damaligen Personal Manager, ließen wir extra für zwei Tage nach München einfliegen und nahmen seine sehr überzeugende Aussage ebenfalls auf Video auf. Und dann löcherten wir noch Neil Aspinall. Wir sichteten Berge von Buch-, Zeitungs- und Filmmaterial, um den Ablauf des Abends bis ins kleinste Detail rekonstruieren zu können. Wir ergatterten bislang unveröffentlichtes Fotomaterial von Priscilla und Elvis aus deren und Joe Espositos Privatschatulle, und sowohl Priscilla als auch Paul und Ringo fertigten sogar Zeichnungen und Skizzen an. Mit Chris Hutchins führte ich stundenlange Telefonate und schreckte auch nicht davor zurück, diverse Presley-Fanclubs zu kontaktieren, die erstaunlich viele, gute Hinweise geben konnten.

Zum Zeitpunkt des Gigantentreffens, also im Sommer 1965, war ich selbst so stark mit meinen eigenen Aktivitäten beschäftigt, dass ich eigentlich nur am Rande mitbekommen habe, und das auch nur über die Presse, dass es dieses Meeting überhaupt gegeben hatte. Ich habe mich bis zum Zeitpunkt des Illustrationsauftrags auch nie sonderlich dafür interessiert und nur irgendwann einmal von John fast nebenbei gehört, dass Elvis für ihn eine große Enttäuschung gewesen war. Die Presseartikel wurden damals von den jeweiligen Pressesprechern der einzelnen Parteien vorgefertigt und dementsprechend lasen sie sich auch. Obwohl ich von John also wusste, dass das

Geschriebene mit Sicherheit nicht den wirklichen Tatsachen entsprach, sammelte Christina für mich viele dieser alten Artikel. Dann gab es auch noch die vielen Veröffentlichungen von Gästen, die glaubten, dabei gewesen zu sein. So geisterte zum Beispiel immer die Behauptung durch die Medien, dass sich das Haus am Perugia Way 565 befunden habe und der bekannte Architekt Frank Lloyd Wright für den Grundriss verantwortlich gewesen sein soll. Ich konnte es erst gar nicht fassen, dass Elvis' Geschmack sich derart zum Positiven verändert haben sollte. Wir setzten uns also mit der Frank-Lloyd-Wright-Gesellschaft in Taliesin in Verbindung.

»Frank Lloyd Wright und Perugia Way 565? Darüber haben wir keine Aufzeichnung. Aber versuchen Sie es doch mal bei seinem Sohn.«

**»Was, Elvis Presley** in einem Frank-Lloyd-Wright-Haus? Nein, das können wir uns nicht vorstellen.«

Wir klapperten Familienmitglieder ab, hatten ganz wunderbaren Kontakt zu seinem Sohn Eric, wir interviewten ehemalige Mitarbeiter und Schüler. Irgendwann landeten wir in einem Archiv der Los Angeles University, wo wir einen sehr kooperativen Sachbearbeiter vorfanden. Wir trieben tatsächlich die Originalgrundrisse des Hauses am Perugia Way 565 auf, das vom großen Meister selbst entworfen worden war. Nun hatten wir von Priscilla Fotos erhalten, die das Haus von verschiedenen Seiten zeigten. Wir konnten alles drehen und wenden, wie wir wollten, aber Fotos und Grundriss passten einfach nicht zusammen. Irgendwann, nach Monaten, erfuhren wir, dass es sich eben nicht um die Nummer 565 handelte, sondern dass Elvis' Villa am Perugia Way 525 stand. Sie wurde von irgendeinem unbekannten Menschen als Bungalow gebaut, so wie es der gute Memphisboy eben haben wollte.

Die ganzen Nachforschungen waren wirklich nicht einfach. Elvis war nicht mehr da und John auch nicht. Bei Priscilla bekamen wir wie schon erwähnt eine Audienz, die von Christina in Beverly Hills wahrgenommen wurde. Priscilla konnte nicht sehr viel von dem Abend berichten, da sie nur kurz vorgeführt worden war und dann

**Die Beatles bewundern Elvis' Wurlitzer, der immer denselben Song spielt: »Mohair Sam«**

**D**wieder verschwand. Aber sie konnte Skizzen der Räume anfertigen, und sie war sehr hilfreich bei der Beschreibung der Einrichtung und Ausstattung des Anwesens. Als äußerst schwierig erwies sich auch, herauszufinden, wie die Hauptbeteiligten denn nun gekleidet gewesen waren.

**Die gesamte Recherche** dauerte ein Jahr, bevor ich genug glaubwürdiges Material gesammelt hatte, um starten zu können. Die Widersprüche der einzelnen Zeugen waren teilweise derart komisch und kontrovers, dass der ganze Abend im August 1965 sich immer mehr als Slapstick der feinsten Art darstellte.

Für den Außenstehenden wirkt die Geschichte amüsant und witzig. Weniger witzig und teilweise sogar brisant war sie für die damals Anwesenden. Dies lag vor allen Dingen an der doch sehr konträren Lebensanschauung der Hauptbeteiligten. Besonders John und Elvis hatten Probleme miteinander, was für John sehr frustrierend gewesen sein muss, schließlich war Elvis lange Zeit wie ein Gott für ihn. Nach Zeugenaussagen flüchtete sich John in seinen für ihn typischen Humor: Er sprach meist mit französischem Akzent wie Peter Sellers in seiner Rolle als Inspektor Clouseau. Auf der einen Seite also die Liverpooler Jungs, deren innigster Wunsch es war, ihr großes Vorbild kennen zu lernen, auf der anderen Seite der nicht mehr ganz so erfolgreiche King, der in den Fab Four ärgerliche Konkurrenz sah und ihnen den Erfolg zutiefst neidete. Während die

Beatles anlässlich einer Pressekonferenz am Flughafen in New York bei ihrem ersten Besuch in den Staaten auf die Frage, wen sie am liebsten sehen würde, einstimmig den Namen »Elvis« riefen, lehnte der ein Zusammentreffen lange ab. John sagte immer: »Ohne Elvis hätte es die Beatles nie gegeben!« Und dann diese Ernüchterung am 25. August. Ich bekam mehr und mehr den Eindruck, dass sich die Zeitzeugen vielleicht gar nicht mehr so gern an dieses Treffen erinnern wollten, und sich aus dieser Haltung Widersprüche ergaben. Paul sagte, Priscilla hatte eine Beehive-Frisur mit Diadem.

»Nein. Sie hatte das Haar offen getragen, allerdings stark toupiert«, sagte Ringo. George wiederum war der Auffassung, dass Priscilla »gar nicht da« war. Paul wusste noch genau, dass sie ein Minikleid trug. Ringo korrigierte: »Nein, es war ein langes Kleid mit einem Popart-Muster.« Priscilla wusste von einer schwarzen, eleganten Robe. Tja, und George hat sie sowieso nicht gesehen. Es war zum Verrücktwerden. Zum Glück gab es die zuverlässigen Aussagen von Joe Esposito.

George hatte eine einleuchtende Erklärung dafür, warum sich keiner der Beatles mehr so richtig erinnern konnte.

»Wir waren zu, bis zum Scheitel. Wir waren total hysterisch und fürchterlich aufgeregt. Also haben wir uns bekifft, was das Zeug hielt. Ich erinnere mich noch an die große dunkle Limousine, die uns abholte. Wir hatten frisch gereinigte Anzüge und strahlend weiße Hemden an. Richtig schick sahen wir alle aus, einschließlich unserer Kumpels wie Neil Aspinall und Mal Evans. Brian war natürlich auch da. Irgendwann verloren wir die Orientierung und wussten überhaupt nicht mehr, wo wir waren. Wir waren so schrecklich nervös und haben die ganze Zeit nur gelacht. Als wir nach stundenlanger Fahrt vor Elvis' Haus ankamen, purzelten wir buchstäblich aus dem Wagen.«

Es ist schwer zu glauben, aber für Elvis waren die vier Liverpooler Musiker eine richtige Bedrohung. Er fühlte sich nicht nur von ihnen vom Thron gestoßen, sondern sah in diesen bekifften Jungs eine echte Gefahr für die anständige amerikanische Jugend. Warum lud Elvis die Beatles also überhaupt zu sich ein? Das konnte keiner erklären, wahrscheinlich nicht einmal Elvis selbst. Vielleicht wollte er dem Feind einfach persönlich ins Auge sehen, um ihn besser einschätzen zu können.

Als die Beatles das Haus am Perugia Way betraten, saß Elvis auf einem großen Sofa und spielte laut Bass zum laufenden Programm eines überdimensionalen Fernsehers. Die Beatles gingen auf ihn zu, und es entstand für beide Parteien eine merkwürdige Situation. Paul, John, George und Ringo waren immer noch nervös, und Elvis zeigte sich wiederum als sehr scheuer Mensch.

**John sagte also** mit seiner Inspektor-Clouseau-Stimme: »You must be Elvis?« Darüber konnte Elvis offenbar überhaupt nicht lachen.

Im Haus befanden sich seine Kumpels, die so genannte »Memphis Mafia«. Es wurde wohl kein Alkohol getrunken, sondern nur Pepsi und Wasser. Die Beatles setzten sich zu Elvis aufs Sofa, der spielte immer noch seinen Bass.

»Was ist das?« George deutete auf einen Gegenstand, der auf dem Glastisch vor ihnen lag.

Elvis legte den Bass zur Seite, um den Beatles die drahtlose Fernbedienung vorzuführen. Sie waren fasziniert, so etwas hatten sie vorher nicht gesehen. Elvis wechselte nun ständig die Kanäle, um dann wieder zu seiner Bassgitarre zu greifen und laut zum Fernsehprogramm zu spielen. Dann stoppte er plötzlich und schaltete wieder hektisch von Programm zu Programm. So ging das ständig.

Da keine richtige Unterhaltung aufkam, griffen Paul und John zu bereitstehenden Gitarren, um zusammen mit Elvis am Bass einige Stücke zu improvisieren. Ringo wurde es zu langweilig, und er widmete sich dem riesengroßen Pooltisch, der sich im Nebenzimmer befand.

Irgendwann ging eine Nebentür auf und Priscilla Presley wurde den Anwesenden vorgeführt.

»Sie sah aus, wie eine schwarzhaarige Barbie-Puppe«, erinnerte sich Paul. »Ihr Haar war zu einer dieser typischen Beehive-Frisuren hochgestylt und sie trug ein kariertes langes Kleid. Man konnte schlecht erkennen, wie sie tatsächlich aussah, denn sie hatte dickes Make-up aufgetragen.«

Nach einem kurzen Auftritt verschwand sie wieder. Sie muss in diesem von Männern bewohnten Haus wie ein Fremdkörper gewirkt haben.

**Der Raum, in dem Elvis und die Beatles** sich aufhielten, war riesengroß. In der Mitte befand sich ein riesiger Kamin. Außer der riesigen Sitzgruppe und dem riesigen Fernseher gab es noch eine Bar und eine riesige Jukebox. Fast den ganzen Abend wurde nur »Mohair Sam« von Charlie Rich gedudelt. Was die Jungs irgendwann genauso nervte wie Elvis' ständiges Bassspiel. Paul hatte das Glück, über die Bassgitarre mit Elvis etwas Gesprächsstoff zu finden, zumindest für kurze Zeit. John versuchte sein Glück, indem er sich über ein anstehendes Filmprojekt erkundete. Aber offenbar wollte oder konnte Elvis sich nicht unterhalten. Die Beatles hatten den Eindruck, dass er einfach kein Interesse an ihnen hatte.

Zusammengefasst kann man sagen, dass das Treffen für die Beatles eine große Enttäuschung war. Noch enttäuschter waren sie allerdings, als sie erfuhren, dass Elvis über seine guten Kontakte zum FBI tatsächlich versucht hatte, sie des Landes verweisen zu lassen. War seine Angst wirklich so groß? Empfand er sie wirklich nur als Drogen fressende Bürschchen, die seinem geliebten Amerika Schaden zufügen könnten? Umso deprimierender, dass Elvis zwölf Jahre später selbst Opfer seines immensen Drogenkonsums wurde.

Mit Jim Keltner (links) bei den Sessions
zu *B.B. King in London*, 1971

# 18. KAPITEL

**Sessions, Sessions, Sessions**

**Das Leben als Studiomusiker** unterscheidet sich sehr stark von der Arbeit als Bandmitglied. Während man in einer Band in den meisten Fällen alles teilt, Erfolge und Flops, wird man als Sessionmusiker nur für die tatsächlich erbrachte Arbeit entlohnt. Das kann nach Zeitaufwand berechnet werden oder auch nach Anzahl der Titel. Für LP-Produktionen, wo mehrere Songs garantiert sind, werden auch heute noch oft Pauschalen vereinbart. Ich war nie der große Bühnenmensch, und es kommt auch nicht von ungefähr, dass mir die Studioarbeit von Anfang an mehr Spaß bereitete. Ich konnte immer wieder neue Bekanntschaften machen und arbeitete lange Zeit mit den Besten der englischen-amerikanischen Studioszene zusammen.

Als ich 1979 wieder nach Deutschland zurückkehrte, war es für mich fast ein Schock, als ich mich mit der heimatlichen Musikszene auseinander setzen musste. Abgesehen von Trio, die für mich immer noch ein außergewöhnliches Dreigestirn auf dem deutschen Musikmarkt sind, fiel mir sofort die Schwerfälligkeit und gleichzeitig auch eine gewisse Arroganz auf. Selbst Rock und Pop trugen damals, ein paar Acts ausgenommen, diesen ernsten Stempel. Steifheit und Unflexibilität überall. Alles wurde und wird ja auch heute noch gern in Schubladen gesteckt. Ganz unten der verpönte Schlager, dann kommt die Populär- und Rock-Musik, der Jazz steht schon einen gewaltigen Sockel höher und ganz oben natürlich die »Ernste Musik«, die Klassik. Ich habe das immer anders gesehen. Wenn ich für Bob Dylan und Mozart eine Bewertung abgeben müsste, dann würde Dylan das Prädikat »ernsthaft« und Mozart für viele seiner Stücke »leicht und kommerziell« bekommen. Dieses vermauerte Schubladen-

Denken hat sich in den letzten Jahren gottlob sehr zum Positiven verändert. Aber vor fünfundzwanzig Jahren war das noch nicht so. Nur wenige deutsche Jazzpianisten hätten sich damals herabgelassen, einen klassischen Drei-Harmonien-Rock-'n'-Roll über die Klaviertastatur zu fingern. In Amerika war das immer schon etwas anders. Wenn ich daran denke, mit welchen Jazzgrößen ich zusammenarbeiten durfte und welchen Heidenspaß die hatten, über die schwarzweißen Tasten zu rocken, dann geht mir immer noch das Hemd hoch. Ich habe in Deutschland oftmals diese Leichtigkeit vermisst, mit der man in amerikanischen Studios gewohnt ist zu arbeiten. Vielleicht liegen die Gründe in der Mentalität, vielleicht hat es aber auch mit Minderwertigkeitskomplexen zu tun. Lange hat man in Deutschland versucht, englischsprachige Erfolge nachzuahmen. Erst mit der Neuen Deutschen Welle ist einigen Künstlern endlich der Abnabelungsprozess gelungen. Das Handicap der steifen deutschen Sprache wurde erstmals positiv umgesetzt. Inzwischen kann man erfreut feststellen, dass zwischen deutschen Produktionen und amerikanischen oder englischen Aufnahmen kaum noch Qualitätsunterschiede bestehen. Da spielt natürlich die Technik auch eine große Rolle, aber ich denke schon, dass die junge Generation lockerer und entspannter an die Sache herangeht.

**Ab 1971 verbrachte ich sehr viel Zeit** in den amerikanischen Studios. Es gibt kaum Produktionstage, an die ich nicht gern zurückdenke. Und es gibt ein paar Künstler, mit denen ich mich besonders verbunden fühlte. Harry Nilsson ist so ein Beispiel. Harry war für mich einer der liebenswertesten und gutmütigsten Menschen, die diesen Erdball je bewohnt haben. Dieser Mann hatte so viel Herzenswärme, dass er damit wahrscheinlich eine ganze Kommune hätte beheizen können. Unsere erste Zusammenarbeit war 1971, als ich auf seiner LP *Nilsson Schmilsson* den Bass spielen durfte. Er kam hinterher zu mir und sagte: »Klaus, dein Beitrag ist so wertvoll, dass ich dir neben deinem Studiohonorar auch etwas von meiner Plattenlizenz abgeben möchte.«

**Mit Harry (Mütze) im Studio**

Ich weiß nicht, wie viel es war, bestimmt nicht sehr viel, aber allein die Geste bezeugte, was er für ein großartiger Mensch war. Hochintelligent, mit Weitsicht und mit Scharfblick. Gleichzeitig war er sehr unsicher und litt unter vielen Komplexen, was auf seine völlig verkorkste Kindheit zurückzuführen war. In Brooklyn aufgewachsen als Sohn zweier Alkoholiker, wusste er als Kind schon, was das Wort Blues im Leben tatsächlich bedeutete. Harry, der begnadete Musiker und Sänger, ist ja nie live auf einer Bühne aufgetreten. Das hätten seine Nerven nicht gepackt. Ich habe nie zuvor und danach einen Künstler getroffen, der mehr Lampenfieber hatte als der liebe Harry. Er war ein großer Bewunderer von John Lennon. Man kann es schon als Ehrfurcht bezeichnen, was Harry für John empfand. Verglichen mit ihm fühlte er sich wie ein Wurm. John war schon fast so etwas wie ein Guru für ihn. Die Zusammenarbeit der beiden kam auch deshalb zustande, weil John sich zu einem Zeitpunkt selbst wie ein Wurm vorkam. Harrys LP Pussy Cats, die John produzierte, fiel in eine Zeit, die als Johns »lost weekend« bekannt wurde. Er hatte sich von Yoko getrennt, die bis dahin seine Lebensstütze gewesen war, und lebte mit May Pang zusammen. Die Geschichte ist ja ausführlichst breit getreten worden. Nur weil John also selbst in einer persönlichen Lebenskrise steckte, wagte Harry die Zusammenarbeit mit dem großen Kumpel aus England. So war es auch nicht verwunderlich, dass die Aufnahmen zu Pussy Cats äußerst chaotisch verliefen und auch nur mit großer Anstrengung zu Ende gebracht werden konnten. Alkohol war ständiger Sessionbegleiter, was dazu führte, dass der eine oder andere der beiden immer wieder einmal verschwunden war. Dann ging man auf die große, oft vergebliche Suche durch die Bars der Stadt. Meistens gingen die beiden Typen zusammen auf die Piste. Einmal waren sie volle zwei Tage verschwunden, obwohl das Studio gebucht war und alle Musiker auf ihren Einsatz warteten. May Pang wusste schon gar nicht, wo John abgeblieben war.

**Fast die gesamte Crew** wohnte in einer Villa in Malibu. Sie gehörte dem Schauspieler Peter Lawford, und soweit ich mich erinnern kann, wurde das Haus auch für eine Weile von Marilyn Monroe bewohnt. Die Crew, das waren Harry, John und May Pang sowie Keith Moon, Ringo und ich.

Der Gitarrist Jesse Ed Davis, der in Santa Monica ein eigenes Haus hatte, hing tagsüber auch bei uns rum. Er zählte zur festen Studiobesetzung fast aller Lennon-, Nilsson- und Harrison-LPs. Ein begnadeter Gitarrist indianischer Herkunft. Jesse war Vollblut-Indianer vom Stamm der Cherokee. Das sah man auch auf den ersten Blick. Er war ein sehr gut aussehender, großer Mann mit langen schwarzen Haaren. Aber er war auch das typische Beispiel für viele seines Volkes. Ein Mensch, dem man das Rückgrat fast gebrochen hatte, indem man ihm und seinesgleichen Identität und Kultur geraubt hatte. Indianer übten auf mich schon immer eine starke Anziehungskraft aus. Das haben viele andere Deutsche und ich größtenteils dem alten Karl May zu verdanken, der in seinen Romanen ein Indianer-Bild schuf, das zwar nicht so ganz der Wirklichkeit entsprach, aber doch einer Sehnsucht Ausdruck gab, die in uns allen schlummert. Der wortkarge, lässige Jesse kam vom Äußeren diesem Mythos sehr nahe. Doch wie viele Indianer hatte auch er schwere Drogenprobleme, die ihn

Eine dieser Harry-Nilsson-Mammut-Sessions mit (in der Mitte von rechts) Ringo, Jesse und mir

schließlich das Leben kosteten. Jesse und ich freundeten uns an, unterstützt auch durch die gute Beziehung, die zwischen seiner Freundin und meiner damaligen Lebensgefährtin Cynthia Webb bestand. Ich besuchte ihn oft in seinem gelben Holzhaus in Venice Beach, nahe am Pazifischen Ozean. Das klingt zwar sehr romantisch, aber Kenner der Gegend wissen, dass diese Region als die Drogen- und Dealerecke schlechthin galt. Jesse befand sich also mitten in der Hölle, und er kam auch nicht mehr heil raus. Ich habe mich oft gefragt, warum so ein interessanter Mensch, der über außergewöhnliche Fähigkeiten verfügte und mit seinem Gitarrenspiel seine Zuhörer verzaubern konnte, warum so ein wunderbarer Kerl am Leben scheiterte. Seit meine jetzige Frau Christina und ich seit Jahren ein Hilfswerk im Pine-Ridge-Reservat der Sioux-Indianer unterstützen, bekomme ich die Antwort fast täglich. Diesen Menschen hat man den Boden unter den Füßen weggezogen und sie gedemütigt. Wir sehen das auch beim Versuch, für dieses indianische Hilfsprojekt bei offiziellen Institutionen Gelder zu bekommen. Christina sagt immer: »Wenn ich für obdachlose Meerschweinchen Spenden sammeln würde, hätte ich mehr Erfolg.« Das indianische Volk und ihre Kultur sind vom Aussterben bedroht, ohne dass es die restliche Welt bemerkt. Manche schaffen den Sprung in die weiße Welt, wie Jesse, aber sie können nie vergessen, was die weiße amerikanische Gesellschaft ihnen eingetrichtert hat: Ihr seid keine Menschen, ist seid nur primitive Kreaturen, nur wenn ihr euch anpasst, habt ihr eine Chance. Diese Einstellung und die damit verbundene Hoffnungslosigkeit trieb bislang die meisten Indianer in Alkoholismus und Drogensucht. Jesse war eines von vielen Opfern.

**Flower Power hat sicher** dazu beigetragen, Drogenkonsum zu verniedlichen. Ob sie den Weg für viele zu den harten Stoffen geebnet hat, ist fraglich. Mir erzählte einmal ein amerikanischer Psychologe, der in einer Drogenklinik für Jugendliche arbeitete, dass viele über Alkohol zu harten Drogen kommen und viele Drogensüchtige auch gleichzeitig der Alkoholsucht verfallen.

Jesses Tod ist vor dem tragischen Hintergrund eines sterbenden Volkes noch dramatischer.

Wie viele Indianer besaß Jesse einen herrlich trockenen Humor. Ich erinnere mich, wie wir mit Harry zusammen nach Wilshire zum Einkaufen fuhren. Harry wollte für sich und seine Frau Klamotten einkaufen gehen. Das Problem war nur, dass Harry zu diesem Zeitpunkt eine schwere Stimmbandentzündung hatte. Wir gingen also alle zusammen erst einmal mit Harry zum Arzt, der ihm absolutes Sprechverbot verordnete. Es war das Ergebnis vorangegangener Alkoholexzesse, verbunden mit einer kühlen Nacht am Strand von Malibu, wo Harry sturzbetrunken eingeschlafen war, nachdem er nicht mehr nach Hause gefunden hatte. Obwohl seine Stimme bereits schwer angegriffen war, wollte er die Gesangsaufnahmen im Studio nicht unterbrechen. Es war wohl auch ein bisschen die Angst, dass John abspringen könnte. Irgendwann kam nicht mal mehr ein Krächzen aus seinem Mund, sondern nur mehr Luft. Jesse besorgte ihm einen Notizblock, damit Harry alles aufschreiben konnte, und damit er sich nicht zu blöd vorkam, verordnete Jesse uns allen auch Sprechverbot. Wir alle bekamen von ihm also Notizblock und Stift in die Hand gedrückt, und von da an kommunizierten wir an diesem Tag nur noch über Papier. Das ging natürlich auch in dem Bekleidungsladen so weiter. Wir bauten die Situation so aus, dass wir uns nicht nur Harry gegenüber per Notizzettel verständigten, sondern auch untereinander, worauf Harry dann uns wieder eine Notiz zuschob, die lautete: »Was gibt es denn da schon wieder hinter meinem Rücken zu kritzeln?« Die Verkäuferin war die Einzige, die sprach, während wir ihr nur unsere Zettel zeigten. Sie hatte mit dieser Situation natürlich ihre Schwierigkeiten. Kurz bevor ihre Nerven völlig blank lagen, drückte Jesse ihr einfach die Hälfte seines Blocks in die Hand und deutete an, sie müsse sich auch an das Sprechverbot halten. Zuerst dachte ich, sie schmeißt uns raus, stattdessen aber nahm sie nach kurzem Zögern die Notizblätter aus Jesses Hand. Von da an hörte man nur noch ihr hohes Gekicher und unser lautes Lachen. Worauf wir von Harry sofort die schriftliche Order erhielten, gefälligst laut-

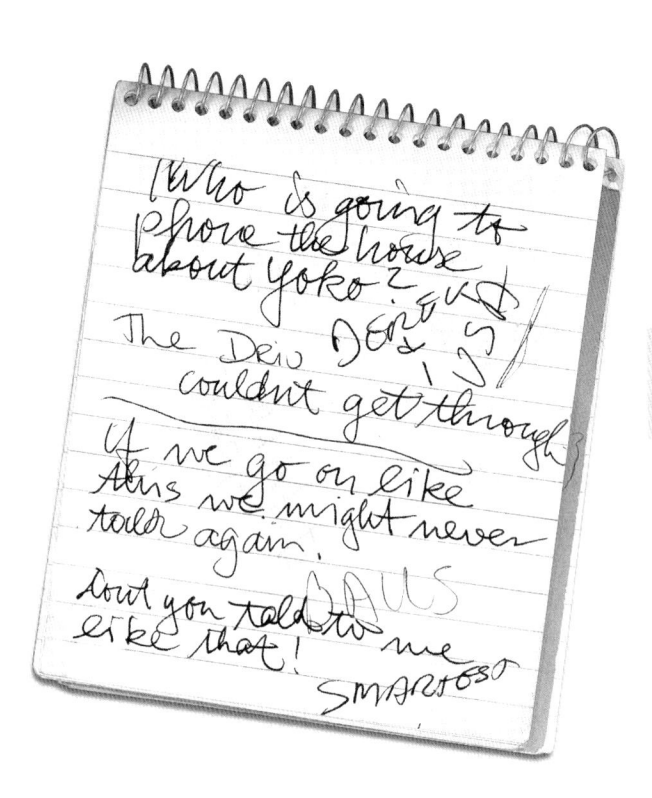

**Kommunikation zwischen Harry, Jesse und mir per Block. Lustig, aber auf Dauer anstrengend**

los zu lachen. Wir hatten so viel Spaß, dass Harry beinahe den halben Laden aufgekauft hätte.

Mit Harry habe ich oft zusammengearbeitet. Er war ein richtiger Familienmensch, und so hat er auch seine Musiker behandelt. Über Harry gäbe es viele schöne Geschichten zu erzählen, angefangen von der Zeit, die wir zusammen im Studio oder bei ihm zu Hause verbrachten, über die Dreharbeiten in Malta zu Robert Altmans Film *Popeye* mit Robin Williams, wo ich nicht nur als Bassist, sondern auch als Schauspieler verdonnert wurde, bis hin zu seinen privaten Überraschungsaktionen, die er immer für die gesamte Musikercrew arrangierte. Harry war immer für verrückte Dinge zu begeistern.

Einmal engagierte er die Bewohner eines Seniorenheims als Chor. Zwei Busse voll mit Grauen Panthern wurden zum Studio gekarrt, um den Song »I'd rather be dead« mit ihren Stimmen zu begleiten. Die gesamte Titel gebende Songzeile lautet: »I'd rather be dead than wet my bed.« Das war vielleicht ein skurriler Haufen, so ganz nach Harrys Geschmack.

**Irgendwann beim Abhören** sagte der Toningenieur: »Was knackt denn da so merkwürdig?« Er spulte immer und immer wieder das Band zurück, und wir konnten uns überhaupt nicht erklären, was das für ein Percussioninstrument sein konnte. Auf alle Fälle war es dem Rhythmus angepasst und traf regelmäßig ziemlich genau die Zwei des Beats.

Ich wollte eigentlich nur einen Witz machen, als ich sagte: »Das hört sich ja fast wie ein Holzbein an.« Allein schon der Gedanke, dass einer der Opas da draußen mit einem Holzbein hinter dem Mikro stehen würde, ließ uns alle laut lachen. Der Tontechniker drückte einige Knöpfe, in der Hoffnung, der Sound würde verschwinden. Kaum hatte er das Band neu gestartet, fing das Geräusch wieder an, diesmal war sogar ein leichtes Quietschen zu hören.

»Jetzt wird mir das zu blöd. Ich schau mal, was da draußen bei den alten Herrschaften los ist.« Er gab uns vom Aufnahmeraum das Zeichen, das Band neu zu starten, um dann vor Ort dem Geräusch nachgehen zu können. Kaum lief das Band von neuem, schon ging das Geknarre wieder los. Wir sahen den Tontechniker suchend umherirren und tatsächlich, er wurde fündig. Er wechselte ein paar Worte mit einem freundlichen alten Herrn, drehte sich zu uns um und klopfte an den Oberschenkel des Mannes: ein Holzbein. Und jedes Mal, wenn der Rhythmus ihn ergriff, konnte er es nicht mehr still halten. Harry wäre vor Lachen beinahe vom Stuhl gefallen. Dieser Vorfall wurde natürlich noch lange von allen Beteiligten bei jeder Gelegenheit ausgeschlachtet.

Harry ließ sich die verrücktesten Dinge einfallen, um seine Truppe bei Laune zu halten. Einmal machten wir nachts alle zusammen einen Busausflug zum nahe liegenden Militärflughafen. Wir lagen im Dunkeln versteckt zwischen Sandsäcken, und Harry gab uns Bakelit-Kopfhörer, um den Flughafenfunk mithören zu können. Dazu gab es literweise Brandy Alexander.

Eines der schlimmsten Erlebnisse war allerdings die Bootsfahrt, die Harry für alle seine Musiker, Produzenten, das gesamte Studioteam und alle Familienangehörigen organisiert hatte. Es war der reinste Horrortrip. Harry hat es natürlich gut gemeint mit dieser Einladung, aber es gab etliche, die sich voll danebenbenahmen und für schlechte Stimmung sorgten. Fast jeder war schon betrunken oder stoned, bevor die Fahrt überhaupt losging. Harry hatte für viel Geld eine große Jacht gemietet und wollte mit uns auf eine Insel, auf der wir alle übernachten sollten. Meine Lebensgefährtin Cynthia war schwanger und hatte während der ganzen Fahrt mit Übelkeit zu kämpfen. Sie hielt sich nur in unserer Kabine auf und ich wich nicht von ihrer Seite. Als sie irgendwann erschöpft einschlief, versuchte ich aufs Deck zu gelangen. Wie gesagt, ich versuchte es, was nicht so einfach war. Ich musste über sturzbetrunkene und völlig fertige Musiker klettern. Es herrschte dichter Nebel, und ich erfuhr, dass sich der Kapitän verirrt hatte. Es war leichter Wellengang, sodass das Boot nur schlingerte, was schlimmer war als das Auf und Nieder bei Sturm. Um mich herum kotzten Harrys Gäste auf allen Seiten ins Meer. Der Nebel wurde immer dichter, sodass der Kapitän beschloss, den Anker zu werfen. Als sich der Nebel langsam lichtete, sahen wir fast direkt vor uns eine Bucht, die zu einer kleinen Insel gehörte. Wir kletterten in die Rettungsboote und steuerten auf die Bucht zu. Dort angekommen, spielten wir Piraten auf der Jagd nach einem vergrabenen Schatz. Wir tobten wie die kleinen Kinder umher und Harry, der erstaunlicherweise nicht betrunken war, hatte eine Riesenfreude. Am nächsten Morgen gehörte er auch zu den wenigen katerfreien Passagieren. Er hatte sich so sehr auf diesen Bootstrip gefreut und wollte sich nichts entgehen lassen. Schlimm war, dass Harry für alles bezahlen musste: die teure Jacht, die Schiffscrew, die Getränke, das Säubern des Schiffs, bis auf das Kokain einfach alles.

**Ich habe für viele Stars gearbeitet,** mit vielen Musikerlegenden Musik gemacht. Einige davon haben einen besonderen Platz in meinem Herzen. Dazu gehören Harry und auch Carly Simon. Ich habe sie durch Richard Perry kennen gelernt, der ihre ersten LPs produzierte. Carly ist eine faszinierende Frau und eine hoch begabte Künstlerin. Gleichzeitig aber auch eine sehr scheue und unsichere Person. Zwischen Carly und mir war von Anfang an eine gewisse Seelenverwandtschaft da, so war es auch nicht verwunderlich, dass sie mich eines Tages fragte, ob ich nicht ihre nächste LP produzieren wolle.

»Warum hast du noch nicht selbst produziert? Hast du keine Lust?«

»Lust schon, ich habe es halt nur noch nicht probiert.«

»O.k., dann fang mit meiner nächsten LP an.«

Sie lachte, und ich war mir nicht sicher, ob sie das auch ernst meinte. Aber sie meinte es ernst. Sie spielte mir ein paar der neuen Stücke vor und kurz darauf waren Studio und Musiker bereits fest gebucht. Und was machte ich? Ich bekam kalte Füße und sagte den Produzentenjob ab. Es war immer wieder die gleiche Geschichte bei mir. Ich habe mir vieles einfach nicht zugetraut. Carly war fürchterlich enttäuscht, und sie hat richtig geweint. Ich fühlte mich schlecht, aber es half nichts. Ich konnte die Produktion nicht durchziehen. Heute ist mir klar, dass auch das ein riesiger Fehler war, genauso wie die Tatsache, nie Stücke geschrieben zu haben.

**Abschrecken ließ ich mich** durch meine damalige Zusammenarbeit mit Lon und Derek Van Eaton. Ich sah, wie viel Arbeit und vor allen Dingen Verantwortung in so einer Produktion stecken. Alles im Griff und unter Kontrolle zu haben und vor allen Dingen auch mit harter Hand reagieren zu können, wenn die Dinge nicht so liefen, wie sie sollten. Mein mangelndes Selbstvertrauen hat mir mit Sicherheit den Sprung ins große Geschäft vermasselt.

Ich zupfte den Bass, manchmal auch eine Gitarre, galt bei allen als der liebe und zuverlässige und vor allen Dingen nicht aufdringliche Klaus. Ich bekam den doppelten Honorarsatz und das war es dann auch. Nur Harry gab mir einen kleinen Anteil seiner Lizenzen.

Er wollte mich auch immer zum Songschreiben animieren. Ich

habe mir einmal von Harry tausend Dollar geborgt. Als ich sie ihm nach sechs Monaten zurückgeben wollte, war er ganz erstaunt.

»Bist du verrückt? Du bist der Einzige von all den Leuten, denen ich Geld gegeben habe, der es wieder zurückzahlen will. Behalte es, Klaus, allein deshalb schon.«

Ich weigerte mich, das anzunehmen, und steckte ihm das Geld einfach in die Jackentasche.

Ja, so war Harry. Und Carly? Die ist genauso. Sie rief mich vor zwei Jahren an, um mir mitzuteilen, das Janet Jackson ihren Hit »You're So Vain« wieder aufgenommen hatte.

»Weißt du was, Klaus, die haben deinen Basslick übernommen. Er ist einfach nach wie vor gut!« Carly hat mir von den Janet-Jackson-Lizenzen einen kleinen Teil abgegeben. Das Geld kam genau zum richtigen Zeitpunkt. Klasse war das.

Ich wurde oft darauf angesprochen, wie ich dieses Bassintro auf »You're So Vain« hingekriegt und wie lange ich daran geübt hätte. Ich muss jedes Mal lachen. Ich erinnere mich noch genau, wie wir alle im Studio saßen, die Kopfhörer noch über den Ohren und vor uns hinlümmelten. Carly und Richard hörten im Kontrollraum die aufgenommenen Tracks an. Währenddessen klimperte ich auf meinem Bass herum, wie man das so als Studiomusiker gern macht, bis es mit den Aufnahmen wieder weitergeht. Also ließ ich meine Finger mehr spielerisch über die Basssaiten gleiten, als ich Richards Stimme plötzlich im Kopfhörer hatte.

**»Hey, Klaus, das klingt gut.** Kannst du das nicht als Intro spielen?« Ich hätte nie gedacht, dass es das Erkennungsmerkmal für das Stück werden würde.

Als ich Carly kennen lernte, war sie noch mit James Taylor verheiratet. Aus unserer Zusammenarbeit entwickelte sich eine schöne Freundschaft, und ich habe sie oft privat besucht. Auch in New York, nachdem sie ein großes Appartement direkt gegenüber vom Dakota House bezogen hatte. Sie konnte John direkt in die Stube gucken.

Eines Tages saß ich in Carlys Wohnzimmer und klimperte auf einer der herumliegenden Gitarren vor mich hin, als ein ziemlich übernächtigter James auf mich zukam, sich neben mich ans Klavier setzte und meinte: »Hey Klaus, was hältst du von der Zeile?« Er hatte einen neuen Song im Kopf, besser gesagt die Strophe, und es fehlte noch ein passender Refrain. Wir probierten beide zusammen an den einzelnen Phrasen herum und versuchten die noch fehlenden Fragmente zu einem brauchbaren Stück zusammenzufügen. Aber es war bei mir wie so oft. In dem Moment, wo es den Anhauch von ernsthaftem Komponieren oder Produzieren hatte, verließ mich mein Selbstbewusstsein.

**Die englische und amerikanische** Sessionszene verschmolz in den späten Sechzigern über viele Jahre zu einer großen Musikfamilie. Mal wurde in London produziert, mal in L. A. oder New York. Man sah fast immer die gleichen Gesichter und verbrachte auch privat sehr viel Zeit zusammen. Es war wirklich wie bei einer Großfamilie. So kam es vor, dass plötzlich Mick Jagger bei Carlys Produktion von »You're So Vain« auftauchte und einfach Lust hatte, sich als Backgroundsänger hinters Mikro zu stellen. Robbie Robertson, Mitbegründer und Leader der Kultgruppe The Band, lief mir oft über den Weg. Für mich zählten die einzelnen Gruppenmitglieder zu den besten Sessionleuten, die die Szene vorzuweisen hatte. Kein Wunder, dass sie so viele Stars begleiteten, angefangen bei Bob Dylan bis hin zu Joni Mitchell. Robbie war immer ein zurückhaltender und sehr sympathischer Mensch. Erstaunlich für mich, dass er so lange seine indianische Herkunft verschwieg. Aber das hat sich inzwischen stark verändert. Er tritt nun als der auf, der er ist: ein Mohawk-Indianer, der sich engagiert für die Belange seiner indianischen Landsleute einsetzt. Als er 1999 erfuhr, dass meine Frau Christina ein Hilfswerk für die Sioux-Indianer des Pine-Ridge-Reservats ins Leben gerufen hatte, schickte er sofort eine E-Mail. Er teilte uns mit, dass wir nach Wahl einen Titel seiner Kompositionen gern für eine eventuell geplante Benefiz-CD verwenden könnten.

**Im Studio für *Ringo*
mit Robbie Robertson**

Mit Robbie arbeitete ich unter anderem bei den Studioaufnahmen von »Mocking Bird« zusammen, welche Carly mit Ehemann James Taylor auf den Markt brachte.

Als die Vorbereitungen zu der Musikdokumentation *The Last Waltz* liefen, spielte Robbie auch mit dem Gedanken, mich als Gastbassist für einige Stücke mit einzuplanen. Ich weiß nicht mehr genau, warum mein Auftritt nicht zustande kam, ich weiß nur, dass ich das bis heute sehr bedaure.

Ich hatte immer Schwierigkeiten, die Arbeit als Sessionmusiker als wirkliche Arbeit anzusehen. Für mich war fast jede Session wie ein kleines Fest. Freunde treffen sich, man trinkt etwas Gutes, bestellt sich was zum Essen, manchmal kommen noch Bekannte oder Partner dazu, und dazwischen macht man schöne Musik.

Bei den Studioaufnahmen zu Ringos Solo-LPs hatte ich dieses Partygefühl besonders stark. Bei ihm kam auch noch hinzu, dass die meisten Musiker, so auch ich, einem Freund helfen wollten, der Hilfe besonders benötigte: with a little help from his friends eben.

Das fing schon beim Songschreiben an. Ringo hatte meist eine Idee im Kopf, ein paar Riffs oder ein paar Textzeilen, aber dann kam er nicht weiter. Er setzte sich hin und spielte uns diese Bruchteilchen vor. Wir schoben dann die einzelnen Steinchen herum, wie bei einem Puzzle, so lange, bis es passte. Solche Sitzungen fanden bei ihm zu Hause statt oder bei George, manchmal auch bei mir. War das Werk vollendet, dann konnte Ringo sich freuen wie ein Kind. Für mich ist er sowieso ein Mensch, den ich ständig hätte knuddeln können. Er war meist guter Dinge, locker und witzig. Wenn er allerdings etwas nicht so ganz hingekriegt hat, dann wirkte er so verloren und hilflos, dass man ihm ganz einfach helfen musste.

**Ich erinnere mich noch sehr gut** an die Aufnahmen zu der LP, die schlicht seinen Namen trug: *Ringo*. Ich flog von London nach Los Angeles, wo Ringo für uns beide einen Bungalow innerhalb der bekannten Beverly-Hills-Hotelanlage gemietet hatte. Allein die Unterkunft und die Atmosphäre in diesem Hotel verwandelten jede Arbeit in Urlaub. Kein Wunder, dass die Eagles in ihrem Hit »Hotel California« dieses Traumanwesen verewigten.

Am ersten Morgen nach meiner Ankunft klopfte der Zimmerkellner an die Tür, um das Frühstück zu servieren. Er trug schwarze Hosen zu schwarzen Lackschuhen und ein strahlend weißes, frisch gebügeltes Jackett, perfekt ergänzt durch ebenso strahlend weiße Handschuhe. Ringo hatte Frühstück für drei Personen bestellt. Warum auch immer. Er schlief noch, und ich wollte ihn auch nicht stören, denn es war noch sehr früh. Ich kannte L. A. und Santa Monica noch nicht sehr gut, also beschloss ich, mir die Umgebung näher anzusehen und dann anschließend zum Strand zu fahren. Ringo hatte für mich einen amerikanischen Sportwagen, einen Camaro, angemietet.

Ich hinterließ einen kleinen Zettel mit einer Zeichnung und der Nachricht, dass ich zum Strand fahren würde. Das fand Ringo so niedlich, dass meine kleinen gezeichneten Nachrichten zum festen Kommunikationsmittel im Bungalow wurden.

Richard Perry war der Produzent und aufgenommen wurde im Sunset Sound Studio im Los Angeles. Wir hatten bereits einige Stücke im Kasten, als George eines Tages Ringo im Kontrollraum den Titel »Sunshine Life for Me« vorspielte. Ringos Gesicht wurde länger und immer länger.

**George hielt mitten im Song inne.** »Hey Mann, was schaust schon wieder so merkwürdig aus der Wäsche.«

Ringo wand sich wie ein Aal. »Meinst du nicht, dass das für mich zu schwer zu singen ist? Ich weiß nicht, aber ich glaube, ich kann das nicht so gut wie du, George.«

»Blödsinn!« George kannte seinen Freund ja gut genug und wusste auch gleich eine Lösung. »Hör zu, ich singe das bei den Aufnahmen mit, und wenn das Playback fertig ist, dann singst du einfach zu meiner Stimme dazu. Die löschen wir natürlich, wenn deine drauf ist, o.k.? Das geht doch Richard, oder?«

Mit John Mayall auf irgendeiner Party irgendwann in den Siebzigern

George wandte sich Richard Perry zu, der eben das Studio betrat. Wie immer zu spät und wie immer gleich nach dem »Hello« ein »Sorry for being late«.

Während George für Richard noch einmal den Song spielte, schlichen sich hinter ihnen leise ein paar Jungs in den Kontrollraum. Kaum war Georges letzter Akkord verklungen, fing die Gruppe laut an zu applaudieren.

Es waren Levon Helm, Robbie Robertson, Rick Danko, Garth Hudson, kurz und gut: The Band. Und David Bromberg hatten sie auch noch mitgebracht. »Spitzenlied, habt ihr noch Platz auf dem Band für ein paar kleine Straßenmusiker?« Wir mussten natürlich lachen. Alle hatten große Lust, mit den Bandmitgliedern zu spielen, und waren ganz gierig darauf, loszulegen. Natürlich kamen sie nicht zufällig vorbei. George hatte sie kurz zuvor getroffen und einfach gefragt, ob sie nicht Ringo zuliebe ein bisschen aushelfen würden. With a little help from your friends. Wir marschierten alle zusammen in den Aufnahmeraum.

**Die Stimmung war einmalig,** kaum zu beschreiben. Nicht böse sein, wenn ich manchmal kritisch mit der deutschen Musikszene umgehe. Das hat seinen Ursprung in der Zusammenarbeit mit solch erstklassigen Musikern, die gleichzeitig eine Lockerheit an den Tag legten, wie ich sie persönlich niemals in Deutschland erleben durfte. Garth packte sein Akkordeon aus, Rick und David standen schon mit der Fidel bereit. Robbie und George übernahmen die Gitarrenparts, und ich? Ja, ich hatte die spezielle Aufgabe, den Kontrabass zu spielen. Das war ungewohnt für mich, und ich muss gestehen, dass ich mich anfangs gar nicht wohl fühlte. All die fantastischen Musiker um mich herum und ich am ungewohnten Kontrabass. Aber irgendwie zupfte ich mich nach ein paar Takes zurecht. George verschwand in einer der Gesangsboxen und übergab Robbie die Aufnahmeleitung für den Instrumentalpart. Das war eigentlich gar nicht nötig, denn die Bandmitglieder hatten innerhalb weniger Minuten sowieso das Studiozepter in der Hand. Aber das auf ganz natürliche Art und Weise, ohne Egotrips oder Wichtigtuerei. Diese Band stellte einfach durch ihr Können alles in den Schatten, und Robbie war immer schon ein diplomatischer und großartiger Bandleader. Alles lief wie am Schnürchen.

**Es war eine dieser Sessions,** wo man sich als Musiker wünscht, sie möge niemals zu Ende gehen. Hin und wieder kam Richard Perry in den Aufnahmeraum, um mit Robbie oder George ein paar Worte zu wechseln, dann wurden Mikrofone ausgewechselt oder umgestellt. Ich musste aufpassen, dass mein Kontrabass nicht zu viele Nebengeräusche produzierte. Das klobige Ding musste ganz ruhig gehalten werden, um den Abstand zum Mikro nicht zu verändern. Ich gab mir große Mühe, denn ich wollte nicht aus technischen Gründen in eine der Isolierboxen verbannt werden. Ich wollte mitten unter diesen tollen Kollegen stehen, sie beobachten und genießen, mit ihnen zusammen sein zu können.

Wir hatten einige Probeläufe und dann ging es an die Aufnahme. »Sunshine Life for Me ... take one.« Ein kleines Intro auf der E-Gitarre mit anschließendem Juchzer aus Davids Kehle und ab ging die Lucy. Ringo war so inspiriert, dass er wie ein Pferd vor dem Start im Kontrollraum hin und her rannte. Er brannte förmlich darauf, das Lied endlich singen zu dürfen, und als er dann ans Mikro gelassen wurde, feuerten wir ihn alle an. Er sang mit glänzenden Augen und strahlte wie ein sonniges Honigkuchenpferd. What a sunshine day for Ringo!

**Mit der Geburt meines Sohnes** Otto im August 1975 begannen sich meine Prioritäten zu verschieben. Statt nächtelang in irgendwelchen Studios herumzuhängen, baute ich lieber unser eigenes kleines Haus in Mount Washington, Los Angeles. Es war keine Luxusvilla, sondern ein einfaches, aber kuscheliges Holzhaus mit Avocado- und Zitronenbäumen im Garten und einem traumhaften Blick aufs Meer. Allerdings nur an smogfreien Tagen. Ich verbrachte sehr viel Zeit mit meinem Kind und verlor so nach und nach den Anschluss an die Szene, die all die Jahre davor meinen Terminkalender in regelmäßigen Abständen mit Sessions gefüllt hatte. Irgendwann rief mich Mick Jones aus New York an. Ich kannte ihn bereits seit längerer Zeit und ich fand ihn sehr sympathisch und talentiert. Er hatte eine neue Gruppe gegründet und wollte mich als Bassisten gewinnen.

»Wie heißt die Band denn? Kenn ich die Musiker?«

»Nein, ich glaube außer mir dürfte dir niemand bekannt sein. Wir werden uns den Namen Foreigner geben.«

»Ihr wollt doch sicher auch auf Tournee gehen?«, fragte ich ihn. »Klar, ich denke, wir werden bestimmt die Hälfte des Jahres auf Achse sein.«

Das reichte mir, um das Angebot dankend abzulehnen. Der Gedanke, meine kleine Familie gegen verrauchte Garderoben und seelenlose Hotelzimmer einzutauschen, jagte mir Unbehagen ein.

1979 war ich bereit, das Kapitel »Klaus Voormann, der Musiker« zu beenden. Aber dann bekam ich ein Angebot, das mich ganz schnell dazu brachte, meine Entscheidung rückgängig zu machen.

Meine erste kleine Familie 1975: Cynthia, Otto und ich

»Willst du in meiner Band spielen? Ich brauch einen neuen Bassisten.«

Mac Rebennack, alias Dr. John, blickte mich mit gewinnendem Lächeln an. Er saß, wie fast immer, am Klavier und seine Finger glitten über die Tasten von einer komplizierten Harmonie zur anderen. Mac war erstaunlich. Er war ein Tastengenie. Ich liebte seine Musik und seinen eigenwilligen Gesang, seitdem ich ihm zum ersten Mal begegnet war und das lag schon sehr lange zurück. Er war bereits in den früher Sechzigerjahren einer der begehrtesten Sessionmusiker der amerikanischen Musikszene. Sein Klavierspiel prägte viele Produktionen und nicht wenige Charts-Erfolge waren ihm zu verdanken. Er war nicht nur ein genialer Sessionmusiker, sondern hatte auch eine der fantastischsten Livebands. Dr. John, lange Zeit Geheimtipp für Insider und Liebhaber erstklassiger Songs, gespielt von erstklassigen Musikern.

**Ich habe ihn und seine Band** zum ersten Mal im Londoner Club Bag of Nails erlebt. Erlebt ist das richtige Wort, denn es war wirklich ein Erlebnis. Es hat mich buchstäblich vom Hocker gehauen, als mir der Livesound um die Ohren wehte. Noch nie zuvor habe ich eine derartige Perfektion, verbunden mit Lebendig- und Leichtigkeit, gehört. Es war die beste Show, die ich jemals gesehen hatte, und bereits damals wünschte ich mir inbrünstig, einmal in so einer Band zu landen. Jeder Musiker war ein Ereignis für sich und Mac gab jedem Einzelnen den Spielraum, innerhalb der Gruppe optimal sein Talent entfalten zu können, ohne die Gruppenharmonie zu gefährden. Ich habe oft erlebt, dass das Zusammenspiel verschiedener Top-Musiker und Musikerstars missriet, weil jeder versuchte, sich besonders in den Vordergrund zu drängen. Das Gefühl blieb dabei auf der Strecke. Technisch perfekt, aber seelenlos. Bei Dr. John war es ganz anders. In Macs Band mitspielen zu dürfen, war eine Auszeichnung, wie ein Ritterschlag, die Aufnahme in König Artus' Tafelrunde.

**Und plötzlich sitzt** dieser freundliche Mensch mir gegenüber und fragt mich so ganz nebenbei, ob ich in seine Band einsteigen möchte.

»Mac, du kannst jeden Bassspieler der Welt haben, warum um Gottes willen fragst du mich? Du hast mich doch nie richtig live spielen hören, oder?«

Mac grinste und wanderte noch ein paar Mal über die großen weißen und kleinen schwarzen Tasten, bevor er in seinem breiten New-Orleans-Nuschel-Slang antwortete: »Klaus, wir haben bei so vielen Studioaufnahmen zusammengearbeitet. Ich weiß, wie du spielst. Das reicht mir, um zu wissen: Du bist mein Mann!«

Ich wusste, dass es bei Mac nichts nützte, einen John Lennon zu kennen oder der Cousin vom Papst zu sein. Das würde ihn nicht die Bohne beeindrucken. Gut musste man sein, ein guter Musiker mit dem richtigen Gefühl im Herzen und in den Fingern.

Wir verabredeten uns zwei Tage später in seinem Haus in Studio City, L.A. Als ich ankam, tobten seine Kinder im Garten und seine Frau bot mir sofort eine Tasse Tee an. Mac und ich unterhielten uns lange, über Musik allgemein, die eine oder andere Band. Auch über die Zeit, als Drogen sein Leben bestimmten und dies nicht zu seinem

Besten war. Und dann erzählte er mir lange über das Leben in New Orleans, seiner Heimatstadt. Plötzlich stoppte er mitten im Redefluss, seine Augen, die er fast ständig geschlossen hielt, öffneten sich plötzlich und er packte mich fest bei der Hand, um mich zu seiner Garage zu schleppen. Genauer gesagt zu einem kleinen Raum, der sich innerhalb der Garage befand. Er öffnete die Tür und wir begaben uns in eine dunkle Kammer. In der Mitte befand sich ein runder Tisch mit einer Kristallkugel darauf. Die Wände waren mit schwarzem Stoff bedeckt und auf den Regalen lagen eine Menge Skelette verschiedener Tiere. Dazwischen Schrumpfköpfe in allen Variationen. Merkwürdigerweise empfand ich das alles überhaupt nicht als unangenehm oder unheimlich. Man konnte deutlich erkennen, welchen tiefen Respekt Mac vor der Voodoo-Religion hatte. Er betrachtete mit zufriedener Miene seine außergewöhnliche Sammlung und sagte: »Mein Frau kommt nie hier herein. Sie mag das ja überhaupt nicht. Ich glaube, sie fürchtet sich sogar davor.« Dabei machte er ein ganz ungläubiges Gesicht, als ob es das Selbstverständlichste der Welt wäre, kleine, grinsende Schrumpfköpfe bei sich zu Hause herumliegen zu haben. Ich fühlte sein Bedauern, dass seine Frau diese Leidenschaft nicht so recht teilen konnte.

»Schade, Mac. Ich fühle mich eigentlich ganz wohl hier drin.«

Er strahlte mich an. »Yeah, me too! Aber lass uns zurückgehen, sonst sorgt sie sich um uns und denkt, wir machen vielleicht irgendeinen Voodoo-Zauber.« Mac war wirklich ein unglaublich rücksichtsvoller Mensch. In seiner Art erinnerte er mich manchmal sehr an Jimi Hendrix. Als ich diesen zum ersten Mal in London getroffen hatte, vermittelte er ebenfalls dieses angenehme und warmherzige Gefühl. Jimi war klasse!

Zurück im Haus gab Mac mir eine Kassette.

**»Hier hast du alle Stücke,** die wir spielen. Es ist eine Probe mit der alten Besetzung. Wie ich dich einschätze, musst du nur ein paar Mal reinhören, dann weißt du schon Bescheid.«

Zu Hause angekommen, hörte ich mir die Stücke an und fing auch

# M

**Mac Rebennack
alias Dr. John**

sofort an zu üben. Ein paar Tage später hatte die gesamte Band die erste Probe, die in Macs Wohnzimmer stattfand. Als ich eintraf, war das Schlagzeug bereits aufgebaut, sowie eine B3-Hammond-Orgel. Die Besetzung bestand neben meiner Person aus einem Schlagzeuger, einem Gitarristen, einem zusätzlicher Klavierspieler, einer Sängerin und natürlich Mac an der Orgel. Die Probe ging sehr locker und doch auch wieder in hochkonzentrierter Form voran. Jeder dieser Typen war in Insiderkreisen bereits eine Musikerlegende. Und trotzdem saßen sie ruhig und bescheiden auf ihren Stühlen. Aber das kennt man von vielen dieser genialen Sessionleute. Man registriert ihre Namen nur, wenn man die Hüllen der Schallplatten genau liest. Es ist ihr Sound, die Art, wie sie spielen, die sie unsterblich werden lässt. Wer kennt denn zum Beispiel noch all die tollen Motown-Sessionleute? Die Hits pfeifen heute die Spatzen von den Dächern, die Stars sind Interpreten wie Diana Ross, Marvin Gay, The Temptations, aber wer kennt James Jameson?

Bereits einen Tag später, also am Samstag, hatte wir unseren ersten Gig, und zwar in Pamona. Wir trafen uns in Macs Haus und fuhren alle zusammen in einem Bus. Das Wetter war grauenvoll, denn es schüttete wie aus Kübeln. Auf dem Weg zum Gig klärte uns Mac auf, was uns erwartete.

»Hört zu, Jungs, wir spielen heute auf dem Pamona Festival. Es ist ein bekanntes Gay Festival, die Pointer Sisters treten auch auf und eine Menge Leute, die wir kennen, o.k.?«

**Pamona war ein bekannter** Vergnügungspark. Als wir dort ankamen, regnete es immer noch in Strömen. Das Publikum bestand lediglich aus ein paar swingenden Gruppen, die tropfnass, aber tapfer versuchten, dem Wetter zu trotzen. Die Atmosphäre entsprach nicht unbedingt dem, was man sich so unter einem kalifornischen Beach-Nachmittag vorstellte. Trotzdem waren wir ganz wild darauf, auf die Bühne zu gehen und zu spielen. Wir gingen in unsere Garderobe und heizten uns mit Witzen und guter Laune gegenseitig an. Komme was wolle, und selbst wenn nur zwei Dutzend Leute da draußen saßen, wir wollten eine tolle Show liefern. Mac öffnete seinen Bühnenkoffer und ich erblickte ein wunderschöne grüne Robe mit langen Federteilen exotischer Vögel. Er fing an, sein Make-up sorgfältig aufzulegen. Es war fast wie ein feierliches Ritual. Wir schmissen uns Konfetti ins Haar, sangen aus vollem Hals und tanzten in einer Polonaise durch den Raum. Währenddessen verließ Dave, unser Agent, die Garderobe, um mit dem Veranstalter die letzten Details zu besprechen. Nach einer Weile kam er zurück. Leichenblass. Was war geschehen, hatte er einen von Macs Schrumpfköpfen in seiner Tasche entdeckt? Mac sah ihn besorgt an.

»Was ist passiert, Dave, du siehst ja zum Fürchten aus!«

Dave setzte sich hin, ohne ein Wort zu sagen. Nach einer Weile setzte er an: »Also, ich bin doch zu diesem Veranstalter gegangen.

Ich war kaum in seinem Büro, sprang der wie ein wild gewordener Ochse auf mich zu, und hielt mir eine Pistole an die Brust. Er schrie mich an: ›Deine Leute spielen für fünfhundert Dollar oder sie werden nie wieder spielen!‹«

**Wir waren fassungslos,** so etwas sieht man doch nur im Film.

»Und, wie bist du heil aus der Nummer rausgekommen?« Mac drehte sich um, um sich zu vergewissern, dass der verrückte Veranstalter nicht Dave hinterhergerannt kam.

»Ich weiß nicht, wie ich das gemacht habe, aber irgendwie habe ich ganz ruhig den Finger an den Pistolenlauf gelegt und ihn einfach weggeschoben, und dann habe ich mich umgedreht und bin ganz langsam wieder rausgegangen.«

»Ja und, was hast du ihm denn gesagt?« Mac war fast so bleich wie sein Agent.

»Nichts«, sagte Dave, »nichts. Mir hat es buchstäblich die Sprache verschlagen, und ich glaube, das war auch gut so. Ich habe mich einfach umgedreht und bin raus.«

»Fünfhundert Dollar für die ganze Band«, nuschelte Mac, »das sind ja mal gerade etwas mehr als achtzig Dollar für jeden von uns.«

»Falsch«, sagte Dave, »etwas mehr als siebzig Dollar. Du hast mich vergessen bei deiner Rechnung.«

»Na prima«, sagte der Schlagzeuger, »das deckt dann wenigstens das Benzingeld und die Tacos, die wir uns vor einer Stunde reingehauen haben.« Wir konnten gar nicht so richtig lachen, die Situation war verdammt brenzlig. Das Publikum wurde hörbar unruhig und verlangte nach uns. Besonders Ungeduldige hämmerten bereits an die Garderobentür und fingen an, uns zu beschimpfen. Die Stimmung drohte überzukochen. Mac grübelte vor sich hin.

»Also, für fünfhundert Dollar treten wir mit Sicherheit nicht auf. Raus können wir auch nicht, ohne von der aufgebrachten Menge da draußen gelyncht zu werden. Ich schlage vor, wir bleiben erst einmal hier.«

Sprach's und setzte sich vor den großen Spiegel, um sich abzuschminken.

»Mac hat Recht«, sagte Dave, der langsam wieder Farbe ins Gesicht bekam. »Ich schlage vor, ihr bleibt so lange hier, bis sich alles etwas beruhigt hat. Ich gehe nach draußen, und wenn ich der Meinung bin, dass die Luft rein ist, dann hauen wir ab, und zwar ganz schnell.«

Als Dave die Garderobe verlassen hatte, schlossen wir die Tür hinter ihm ab. Das Geschrei wurde immer lauter und mir war überhaupt nicht mehr nach Spielen zumute. Ich setzte mich auf den Boden, der Orgelspieler neben mich. Mac war dabei, sein fantasievolles Bühnenkostüm wieder in seinen Koffer zu verstauen. Er erzählte kleine Anekdoten aus seiner schillernden Bühnenvergangenheit und jeder Einzelne von uns konnte da ergänzend einen Beitrag leisten. Bald übertönte unser Lachen die grölende Gruppe vor der Tür. Irgendwann war dann wieder New Orleans das Thema und Mac packte seine ganzen Horror- und Voodoo-Geschichten aus. Mittendrin stand plötzlich der Orgelspieler neben mir auf und fing an, mit Kugelschreiber einen gekreuzigten Jesus an die Wand zu malen.

**»Jesus is watching you«, sagte er.**

»Na hoffentlich beobachtet er auch die Meute vor der Tür«, lachte ich. »Und hoffentlich auch die Pistole von diesem verrückten Veranstalter.«

Mit solchen Kommentaren versuchten wir, uns gegenseitig aufzumuntern. Es vergingen Stunden, bis endlich Ruhe vor der Garderobe einkehrte. Es klopfte.

»It's me ... Dave.«

Wir schlossen die Tür wieder auf und als wir sahen, dass die Luft rein war, packten wir schnell unsere Sachen zusammen und rannten zum Bus. Der gute Dave hatte es tatsächlich geschafft, während der letzten Stunden mit einigen Helfern Macs Hammond-Orgel und das Schlagzeug ins Auto zu schaffen. Wie er das hingekriegt hat, ist mir bis heute noch schleierhaft.

Das war traurigerweise mein einziger Live Gig oder besser gesagt Beinahe-Live-Gig mit Dr. John.

Während wir nach Hause fuhren, wurden natürlich Witze über die ganze Situation gemacht, aber ich wurde immer nachdenklicher. Wollte ich das überhaupt noch? Dieses Herumreisen, in irgendwelchen Garderoben herumhängen, von Stimmungen irgendwelcher Veranstalter abhängig sein, auf Teufel komm raus dem Publikum gefallen. Wollte ich das wirklich noch? Auch wenn ich die Besten der besten Musiker als Kollegen habe? Nein, dachte ich. Nein, nein, nein. Ich fühlte mich plötzlich sehr müde. Mein Entscheidung, den Musikerberuf endgültig an den Nagel zu hängen, wurde durch ein trauriges Ereignis zusätzlich bestätigt.

**Ich bekam einen Anruf** von meinem Bruder Max aus Deutschland. Er erzählte mir mit brüchiger Stimme, dass seine kleine Tochter im hauseigenen Swimmingpool ertrunken war. Es war, als ob mir jemand den Boden unter den Füßen weggezogen hätte. Ich wusste, jetzt muss ich nach Hause. Meine Beziehung zu Cynthia war seit längerem nicht mehr gut. Es war mein Sohn Otto, der mich bislang davon abgehalten hatte, nach Deutschland zurückzukehren. Ich wusste, dass es keine gemeinsame Zukunft mit Cynthia gab, zu verschieden waren unsere Lebensanschauungen, unsere Wege mussten sich trennen.

Ich machte mich auf den Weg in die Heimat. Zurück ließ ich einen Sohn, den ich über alles liebte, ein selbst gebautes Haus am Meer, meine goldenen Schallplatten. Vor mir lag erst einmal ein großes Nichts. Ich konnte keinen Ballast gebrauchen. Deshalb packte ich nur ein paar Sachen, meine Bassgitarre, einen Bruchteil meiner Schallplattensammlung. Es war fast so wie damals, vor vielen Jahren, als ich mich von Hamburg auf den Weg nach London gemacht hatte. Nur mit dem Unterschied, dass ich 1963 voller Hoffnung und Lebensfreude war, während 1979, sechzehn Jahre später, die Ereignisse deutliche Spuren hinterließen. Sehe ich mir jetzt die Bilder von damals an, dann erblicke ich einen ausgemergelten, müden Menschen, der Ruhe brauchte.

Ich kam nach Deutschland und wusste nicht, wie es weitergehen sollte. Sollte ich doch wieder zurück zu Cynthia? Undenkbar. Mein erste Ehefrau Christine, zu der ich über sehr viele Jahre keinen Kontakt mehr hatte, war kurz zuvor gestorben. Sie hinterließ eine vierjährige Tochter, die kurz nach der Geburt meines Sohnes zur Welt gekommen war. Das Leben erschien mir zu diesem Zeitpunkt sehr trostlos.

Ein Freund verschaffte mir einen Job als Talentscout in einer großen Plattenfirma. Ich hatte ein kleines Büro, mit meinem eigenen Schreibtisch und all dem Kram, den man üblicherweise in solchen Büros herumstehen hat. Nach all den vielen Jahren im Ausland war die heimatliche Szene für mich wie eine kalte Dusche. Nicht dass ich mich für so toll und erfahren hielt. Im Gegenteil. Ich war überrascht von der selbstherrlichen Arroganz, die unter nicht wenigen deutschen Interpreten herrschte, und gleichzeitig entsetzt von der bereits geschilderten Steifheit, die in der Musikszene den Ton angab. Alles wurde auf die Goldwaage gelegt, alles war so wichtig, vor allen Dingen die beteiligten Personen. Das mag überheblich klingen, aber wenn ich daran dachte, wie locker und lässig in den englischen und amerikanischen Studios gearbeitet wurde, und mit welchen Ergebnissen, dann war das Eintauchen in die deutsche Musikszene schon gewöhnungsbedürftig.

**Ich konnte nicht verstehen,** warum man so versessen war, die angloamerikanische Szene ständig nur zu kopieren. Natürlich gab es auch positive Ausnahmen. Ich denke an meine Zusammenarbeit mit Marius Müller-Westernhagen, bei dessen LP *Stinker* ich nicht nur das Cover entwickelte, sondern auch bei einigen Titeln als Bassist mitwirkte.

Als sich die Neue Deutsche Welle ausbreitete, war das für mich wie eine Befreiung. Endlich fing die deutsche Musikszene an, sich zu befreien, um sich mit etwas Eigenständigem und wirklich Neuem zu emanzipieren. Joachim Witt oder Ideal fand ich richtig gut. Als mir Louis Spielmann von der Phonogramm ein Demoband der Gruppe

Trio vorlegte, wusste ich, jetzt ging es nicht nur vorwärts, sondern sogar aufwärts. Ich bin nach wie vor der Meinung, dass Trio das Zeug zur großen internationalen Karriere hatte. Sie waren so anders, so lässig und wirklich gut. Hinter dem ganzen Klamauk steckten hochtalentierte Persönlichkeiten. Die Zeit und Arbeit mit Trio war, zumindest anfangs, ein Hochgenuss. Mein Tätigkeit für sie öffnete mir auch Türen zu anderen deutschen Stars, die ich produzierte, oder produzieren sollte. Das war nicht immer so lustig. So fiel es mir nicht schwer, 1991 den Bass endgültig an den Nagel zu hängen und mich auch als Musikproduzent zu verabschieden. Mitauslöser war wieder einmal mein privater Hintergrund. Mittlerweile war ich mit meiner jetzigen Frau Christina verheiratet. Unser Sohn Maximilian kam 1989 auf die Welt, drei Jahre später seine kleine Schwester Ruscha. Diese Kinder sind für mich das Wichtigste in meinem Leben. Sie sind mein Leben! Kontakt habe ich noch zu dem einen oder anderen Dinosaurier-Kollegen, zum Beispiel zu Tom McGuinness von der Manfred Mann Band, Gary Wright, Jim Keltner oder Paul McCartney. Es werden ja auch immer weniger. Geblieben sind die vielen Erinnerungen, einen Teil versuche ich mit meinen Illustrationen auf Papier festzuhalten. Der Kreis beginnt sich immer mehr zu schließen.

In ein paar Tagen werde ich nach langer, langer Zeit meinen lieben alten Freund Jürgen Vollmer wiedersehen und fest in die Arme schließen. Er gehört ebenso wie ich zu den vielen kleinen oder größeren Mosaiksteinchen, die eine spannende Geschichte erlebt und zeitweise mitgeformt haben. Mit ihm werde ich noch einmal in die guten und manchmal auch schlechten alte Tage eintauchen, alte Anekdoten ausbuddeln, und wir werden sie wieder einmal vermissen: John, George, Paul und Ringo.

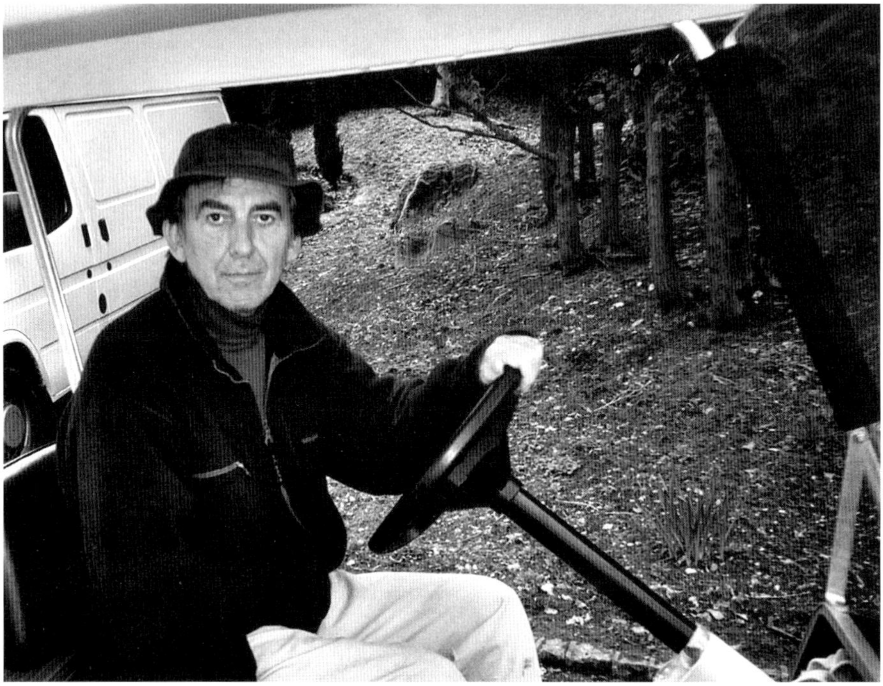

# 19. KAPITEL

## »Kick him off the road!«

**Über meinem Schreibtisch** hängt ein Foto an der Pinnwand. Es zeigt George. Ich habe es ein paar Monate vor seinem Tod gemacht, als ich ihn und Olivia in Friar Park besuchte. Ich hatte eine Ausstellung in England und nutzte die Gelegenheit, den guten, alten Freund wiederzusehen. Ich kann mich noch gut erinnern, wie stinkig er mit mir war, weil ich ohne Vorwarnung auf den Auslöser drückte.

»Oh no, Klaus! Stop it!« Und zur Strafe guckte er ganz griesgrämig in die Kamera. Ich ahnte damals nicht, dass er nur noch wenige Monate zu leben hatte. Doch wenn ich mir das Bild jetzt genau ansehe, bin ich sicher, dass George bereits zu diesem Zeitpunkt wusste, dass die Sanduhr des Lebens nicht mehr viele Körnchen für ihn übrig hatte. Zusammengesunken sitzt er da in seinem kleinen, einem Golfcart ähnlichen Wagen und sieht traurig und sehr verloren aus. Jedes Mal wenn ich dieses Bild ansehe, kämpfe ich mit den Tränen. Georges Blick trifft mich direkt ins Herz. Dann streiche ich mit den Fingern über seine Wange und würde so viel darum geben, seinen Tod ungeschehen zu machen.

Er fuhr damals mit mir in dem kleinen Wagen durch den Park, um mir die Veränderungen zu zeigen, die er persönlich vorgenommen hatte. George war Gärtner aus Leidenschaft. Er und Olivia schufteten manchmal tagelang, pflanzten hier ein Bäumchen, dort neue Sträucher. Damals fiel ihm schon das Atmen sehr schwer. Er keuchte bereits nach kurzen Wegstrecken wie ein alter Großvater. Seine Lungen waren schwer angegriffen, aber das hielt ihn nicht davon ab, mir voller Stolz den Park zu zeigen: jeden Busch, den Teich, die großen Bäume. Ja, der Park, er war wirklich wunderschön anzusehen, ein kleiner Garten Eden, ein spiritueller Kraftplatz, Georges ganzer Stolz.

Er ging sehr ernsthaft und bedacht mit seiner Gesundheit um, oder sollte man besser sagen, mit seiner Krankheit. Der traurige Blick auf dem Foto täuscht. Selbst zu diesem Zeitpunkt feixte er noch und machte seine Witze, sodass wir die meiste Zeit eigentlich mit Lachen verbrachten. Ich wusste um Georges Liebe zu diesem Park, doch hatte ich besonders zu diesem Zeitpunkt das Gefühl, als habe er ein Bündnis mit ihm geschlossen. Der Park hatte immer schon so etwas Verwunschenes und Fantastisches, aber als ich mit George in seinem kleinen Wägelchen langsam die Wege entlangfuhr, vorbei an den Teichen, den kleinen Brücken, Tempelchen und Statuen, da glaubte ich mich in einer anderen Welt. Es war ein unbeschreibliches Gefühl, das ich sofort zu Papier bringen musste, in Form vieler Zeichnungen, die ich in einem kleinen nepalesischen Büchlein aus handgeschöpftem Papier festhielt. Ich wollte es George und Olivia zu Weihnachten schenken, nicht ahnend, dass einer von den beiden Weihnachten nicht mehr erleben würde. Ich habe Friar Park seither zwei Mal wiedergesehen.

**Nach unserem kleinen Ausflug** haben wir lange zusammengesessen und er wollte wissen, wie es meiner Familie geht. Er hat immer nach ihr gefragt, es war für ihn wichtig, zu wissen, ob auch wirklich alles im Lot war.

»Was macht Christina, hat sie immer noch ihr Hilfswerk bei den Sioux?« George wusste von dem Problem der Indianer in den USA. Olivias Bruder arbeitete als Lehrer bei den Navajos und beide waren sich der katastrophalen Zustände in den indianischen Reservaten bewusst.

»Ja, es ist wohl so eine Art Berufung in ihrem Leben.«

George nickte. »Ja, das passiert manchen Menschen, dann können sie gar nicht mehr anders. Eigentlich hat jeder von uns eine Aufgabe auf diesem Planeten zu erfüllen, aber nur die wenigsten Menschen wissen das. Die meisten glauben, wir seien nur auf dieser Welt, um so schnell wie möglich viel Kohle zu machen und auf der Sunny Side of the Street zu wandeln. Was Christina macht, ist sicher nicht einfach, aber bewundernswert. Woher kommen die Gelder für die Projektarbeit?«

Ich war immer wieder erstaunt, wie George in die Tiefe einer Materie einstieg, wenn er sich für etwas interessierte. Ich erzählte ihm von den augenblicklichen Schwierigkeiten, genügend Gelder aufzutreiben, und dass Christina vier Wochen später mit einem Expertenteam in die Reservate fahren wollte, um ein weiteres Gebäude im Reservat für Jugendliche zu errichten. Ich erzählte ihm, dass die Indianer Hanf anbauten.

George schmunzelte. »Du meinst doch wohl nicht den zum Rauchen?«

Er wusste genau, dass ich Nutzhanf meinte. Wir sprachen darüber, wie viel man mit diesem umweltfreundlichen Material machen kann: Bekleidung, Baumaterial, Papier. Als ich ihm die Geschichte erzählte, wie das FBI im Sommer zuvor den Indianern die Hanffelder wenige Tage vor der Ernte abgemäht hatte, konnte er sich nicht mehr einkriegen. »Mann, das gibt es doch nicht. Ich denke, die indianischen Reservate sind souverän? Da hat doch die DEA und das FBI gar nichts abzumähen?« Ungerechtigkeit konnte ihn auf die Palme bringen.

»Ja, und deshalb möchten sie dieses Jugendzentrum mit Hanf isolieren. Es gibt da in Deutschland bei Karlsruhe eine Firma, die fertige Hanfmatten herstellt. Die würden das gesamte Material spenden, aber der Hilfsorganisation fehlt das Geld für den Transport.«

»Wie viel?«, fragte George.

»Wir haben ein Angebot von einer Speditionsfirma. So um die fünftausend Dollar. Das ist eine Menge Geld, aber es hätte diesen symbolischen Wert für die Indianer, zu zeigen, was möglich wäre, wenn man ihnen die Hanffelder lassen würde.«

»Ruf Christina an. Sie soll mir das Angebot faxen. Ich habe hier ein paar gute Kontakte zu englischen Speditionen. Vielleicht kann ich euch helfen und ein besseres Angebot einholen.«

Ich rief Christina sofort an und sie freute sich natürlich ungemein. Jedes billigere Angebot war mehr als willkommen.

Zu Hause angekommen, empfing mich Christina bereits mit strahlendem Gesicht. Was war passiert? Christina hatte wie vereinbart das Angebot an Georg gefaxt. Bereits zwei Stunden später meldete sich seine Assistentin mit der Bitte, doch die Kontonummer von Christinas Hilfswerk Lakota Village Fund zu schicken.

»George wants to pay for the shipping costs.«

»Aber er wollte doch nur eine günstigere Spedition für uns auftreiben?« Christina war sprachlos.

»Davon weiß ich nichts. Er hat mich eben beauftragt, das Geld für die Transportkosten sofort zu überweisen. Good luck, Christina.«

**Tja, so war George.** Und nicht nur er, so waren alle vier Beatles-Mitglieder immer schon gewesen. Sie helfen und setzen sich für Dinge ein, von denen die Öffentlichkeit keine Ahnung hat.

Nur wenige Wochen später meldete sich George wieder. Er hielt sich in Going auf, doch diesmal nicht im Hotel, sondern im Haus seines Freundes Gerhard Berger. Ich hatte mir große Sorgen gemacht, denn zwischenzeitlich geisterten bereits viele Berichte über seinen schlechten Gesundheitszustand durch die Medien. Ich wusste, dass er sich öfter in der Schweiz bei einem Spezialisten aufhielt, aber wie es tatsächlich um meinen Freund stand, konnte mir keiner richtig erklären. Sein Anruf erleichterte mich, denn es war die gute alte Stimme, gespickt mit seinen typischen, trocken-humorvollen Bemerkungen. Ich fuhr also wieder nach Österreich, diesmal aber mit einem mulmigen Gefühl in der Magengegend. Was würde mich erwarten? In Going ging es eine ganze Weile eine schmale Bergstraße hoch, bis ich vor einem dieser typischen Wohnhäuser im Pseudo-Almhaus-Stil ankam. Ich wurde von einem Angestellten ins Haus gebracht. Olivia arbeitete am Computer. Als sie mich sah, kam sie auf mich zu. Sie wirkte bedrückt und bat mich, ihr auf die Terrasse zu folgen. Es war ein wunderbarer, sonnig-warmer Tag, und wir hatten einen traumhaften Blick auf das Massiv des Wilden Kaisers, das sich unmittelbar vor unseren Augen aufbaute. Olivia versuchte mich schonend auf alles vorzubereiten. Wir warteten mehr als eine Stunde auf George. Er kam aus dem Haus und hatte eine Mütze auf dem Kopf. Gesicht und Körper wirkten aufgedunsen. Das Ergebnis der vielen Therapien. Sein offenes Lachen und die strahlenden Augen ließen nicht einen schwer kranken Mann vermuten. Er setzte sich neben mich, und ich vermied es, die übliche Floskel »How are you« über meine Lippen zu bringen. Es war auch nicht notwendig, ihn danach zu fragen. Er fing von ganz allein an, über seinen Gesundheitszustand zu sprechen.

»**Alles halb so schlimm, Klaus.** Ich bin o.k. Die Ärzte haben alles erwischt, jetzt geht es wieder aufwärts. Glaub mir. Nur den Friseur sollte ich langsam wechseln.«

Lachend nahm er die Mütze ab und zeigte seinen Kopf, der lediglich ein paar Haarbüschel in unterschiedlicher Länge vorzuweisen hatte.

»Was hast du da für eine Kamera, ich glaube, ich hab die gleiche. Zeig mal her.«

Als ob er meine Fassungslosigkeit überhaupt nicht registriert hätte, redete George weiter und nahm mir die Digitalkamera aus der Hand, die ich vor wenigen Wochen in London erstanden hatte. Wir unterhielten uns eine Weile darüber und George zeigte mir einige Tricks, was man damit alles machen konnte.

George war nicht nur ein hervorragender Autofahrer, sondern auch ein großer Anhänger des Rennsports. Er hatte viele Freunde in der Szene. Allerdings konnte er Michael Schumacher nicht ausstehen. Was hat er immer in die Glotze hineingeschimpft, wenn Schumacher ein Rennen fuhr. Auch an diesem Tag in Gerhard Bergers Haus, wo wir die Liveübertragung eines Formel-1-Rennens verfolgten.

»Kick him off the road!«, brüllte er jedes Mal, wenn Schumacher einen seiner Kollegen überholen. Ich konnte mich jedes Mal darüber amüsieren. George, der sonst so Ruhige und Besonnene, bei der Formel 1 und besonders bei Schumacher geriet er immer in Rage. Da konnte ihn nichts vom Bildschirm wegbringen. Er blickte kaum auf, als ich versehentlich eine übergroße Blumenvase umwarf und Gerhard Bergers Wohnzimmer unter Wasser setzte.

Je länger ich an diesem Nachmittag mit George zusammensaß, umso mehr überzeugte er mich, dass er auf dem besten Weg der Genesung war. Er hatte große Pläne, wollte auch endlich bei Apple zeitgemäße Veränderungen durchsetzen.

»Es nervt mich zu sehen, dass die ganze Welt von unseren Köpfen profitiert, und wir selbst schaffen es nicht, endlich ein vernünftiges Merchandising-Konzept umzusetzen.«

Ich wusste, was er meinte. Das Thema Merchandising ist seit Brian Epstein ein Problemthema. Der hatte das damals schon unterschätzt. Nach ein paar Stunden hatten wir beide Lust auf einen gemütlichen Spaziergang. Wir wanderten über die Wiesen der weichen Almberge, doch George konnte nur langsam gehen. Wir mussten mehrmals anhalten. Sein keuchender Atem verriet, dass er eigentlich zu schwach war, aber er wollte weiter. Oder hat er das alles nur gespielt, den energiegeladenen Mann?

Seine Einladung war sein heimlicher Abschied von mir. Er wollte noch einmal schöne Stunden mit mir erleben, lachen, Pläne schmieden und mir Ratschläge für die Zukunft geben.

»Wann schreibst du endlich einmal dein eigenes Buch? Du hast doch so viel erlebt. Jeder Hansel, der uns nur mal die Hand geschüttelt hat, fühlte sich berufen, ein Buch über uns zu schreiben. Warum nicht du, Klaus?«

»Weil es eben jeder Hansel macht. Mir käme das wie Verrat vor. Alle werden sagen: Na klar, jetzt kommt auch noch der Voormann.«

George guckte mich ungläubig an. »Erzähl keinen bullshit, Klaus. Du musst ja nicht gleich schreiben, wie groß mein Schwanz ist. Außerdem, was glaubst du, was wir selbst machen? Oder die ganzen Leute bei Apple. Neil zum Beispiel. Es gibt so viele Menschen, die vom Mythos Beatles profitieren. Deshalb ärgert es mich auch so, dass wir das mit dem Merchandising-Konzept nicht endlich in den Griff bekommen.«

George schnaufte wie eine Lokomotive, und wir mussten uns

wieder in die Wiese setzen, damit er sich etwas ausruhen konnte. Wir lagen beide im Gras und betrachteten den Himmel.

»Weißt du, der Tod ist überhaupt nichts Besonderes, auch nicht schön oder schlimm. Er ist lediglich ein Vehikel, uns auf die nächste Stufe oder in die nächste Ebene zu bringen.«

**Er sprach vom Sterben** wie andere Menschen vom Essen und Trinken.

»Ich bin sowieso schon lange genug hier. Was will ich denn noch mehr. Ich habe ein privilegiertes Leben bekommen. Ich habe so ziemlich alles erlebt, was man erleben kann. Wenn ich jetzt abberufen werde, dann ist die Zeit auch richtig. Glaub mir, ich hab keine Angst.« Und während er so sinnierte, betrachteten wir beide die langsam dahinziehenden Wölkchen am blauen Himmel. Und die Stimmung war friedlich und auch ein bisschen fröhlich. Wir schlenderten langsam zurück, und er erzählte von seinem Immobilienkauf in der Schweiz und dem kleinen Studio, in dem er arbeiten konnte. Im Haus angekommen, freuten wir uns auf eine Tasse »good old English«.

»Komm«, sagte er nach einer Weile, »ich zeig dir meine neueste Videoproduktion.« Er steckte eine Videokassette in den Rekorder und grinste hinterhältig.

Es war unglaublich. George hatte sich selbst gefilmt. Schielend, mit Glatze und Zahnlücke sang und röhrte er in die Kamera.

»How does it feel to be one of the beautiful people.« Wir lachten Tränen. Wir hörten bis spät in die Nacht Songs von George Formby, und als wir zu später Stunde noch Hunger bekamen, gingen wir in die Küche, wo er Käsebrote und jedem eine Tasse Horlix machte.

Hätte ich gewusst, dass dies die letzten Augenblicke mit George sein würden, wäre ich nicht zu Bett gegangen, sondern hätte die ganze Nacht an seiner Seite verbracht. Aber George wollte nicht, dass ich es wusste. Er ließ mich wegfahren in dem Glauben, dass er geheilt war und große Dinge auf uns alle warteten.

Im Oktober hörte man über die Medien, dass er in eine Klinik eingeliefert worden sei, dass die Ärzte nur noch wenig Hoffnung hätten und so weiter. Ich wollte es nicht wahrhaben und beteuerte jedem Anrufer gegenüber, wie gut es George ging, schließlich hätte ich ihn ja erst vor einigen Wochen in guter Verfassung gesehen. Ich erzählte von seinen vielen Ideen und dass er an einer neuen LP arbeiten würde. Heute weiß ich, dass ich mir das alles selbst eingeredet habe. Ich wollte mit aller Gewalt verhindern, dass mein lieber Freund stirbt.

Anfang November versuchte ich Olivia zu erreichen und schickte eine E-Mail. Ihre Antwort bestätigte, dass George sich in einer Spezialklinik befand. Er wäre zwar sehr schwach, aber man würde die Hoffnung nicht aufgeben. Plötzlich bimmelte ständig das Telefon. Redakteure und Journalisten versuchten sicherzustellen, dass ich für ein Interview zur Verfügung stehen würde, falls George sterben würde. Dass alle daran glaubten, war deutlich zu erkennen. Ich fühlte mich elend und konnte diese Taktlosigkeit nicht verstehen. Da liegt mein kleiner George im Sterben und man versucht sich noch schnell die geeignetsten Gesprächspartner für den Nachruf zu reservieren.

Ich ging nicht mehr ans Telefon und verkroch mich im Keller, um stundenlang Klavier zu spielen. Christina wimmelte gekonnt alle ab.

Am 29. November geschah es dann. Ein ZDF-Redakteur rief uns an, nachdem er die Nachricht über den Ticker bekommen hatte. Für mich war das einer der schlimmsten Momente in meinem Leben. Johns Tod hatte mich sehr getroffen, aber George? Die Nachricht seines Todes schockierte mich. Ich wollte mit keinem Journalisten darüber sprechen, weder am Telefon noch in irgendeiner TV-Sendung. Tagelang hat man mich mit Anrufen bombardiert, doch ich konnte nichts sagen.

Nur wenige haben meine Gefühle respektiert und verstanden. Manche waren sehr taktlos, das hat wehgetan. Nicht wegen mir, sondern wegen George.

Mitte Dezember kam ein Päckchen aus Kalifornien an. Als Absender war Olivias Büroadresse vermerkt. Es war das letzte Weihnachtsgeschenk und die letzte Weihnachtskarte von George und Olivia. Selbst das hat er noch vor seinem Tod organisiert. Es zeigte einen Engel mit einer Lotosblüte in der Hand und den Worten Love und Peace.

**Den ersten Sommer** nach Georges Tod luden Dhani und Olivia enge Freunde zu einer kleinen Zeremonie ein, die für George abgehalten wurde. Es war ein sehr bewegendes Ereignis, sehr positiv und sehr zart, ganz ohne Presse und sonstigem Rummel. Da kam sie dann zusammen, die kleine »Gang«, die sich wie ein roter Faden durch Georges Leben gezogen hatte: Eric, Paul, George Martin, seine erste Frau Patty, Astrid, Bruder Harry, Neil Aspinall und die treue Joan, die schon auf Friar Park gearbeitet hatte, bevor George das Anwesen kaufte. Und wieder war diese Faszination des Parks zu spüren. Das Wetter ließ es zu, dass die Feierlichkeit im Garten stattfand. Kleine brennende Lichter schwammen auf dem Teich, und zum Abschluss spielte Dhani ein Stück vom Band mit Georges letzten Gitarrenklängen, seiner geplanten neuen LP. Es war ein Instrumentalstück, Georges Stimme fehlte und trotzdem war er da. Während Georges typisches Gitarrenspiel wie Klangnebel leise durch den Park zog, wanderten die Besucher fast meditativ umher. Jeder verabschiedete sich auf seine Art von ihm, keiner sprach und viele ließen ihren Tränen freien Lauf. Ich auch. O George, ich vermisse dich sehr!

Wie groß die Lücke war, die er hinterließ, bekamen viele anlässlich des Gedenkkonzerts in der Royal Albert Hall ein paar Monate später zu spüren. Ich erfuhr von dem Concert for George Ende Oktober 2002, als eine kleine goldene Karte ins Haus flatterte mit dem Hinweis, dass man Tickets zu dem und dem Preis vorbestellen könne. Ich erinnere mich noch genau, wie mich wenige Tage später Gary Wright anrief. Er ist langjähriger Freund von Willy Bogner, dem deutschen Filmemacher und Sportmoden-Hersteller. Anlässlich des siebzigjährigen Firmenbestehens des Hauses Bogner wurde auf dem Münchner Flughafengelände eine bombastische Show mit geladenen Gästen veranstaltet. Gary war einer der vielen Künstler, sein »Dreamweaver« war der Titelsong eines Bogner-Films gewesen und er lud uns ein. Christina und ich besuchten die Veranstaltung, in erster Linie um wieder einmal Gary und dessen Frau Rose zu sehen. Auch er gehörte eigentlich immer zu Georges Gang. Er spielte nicht nur auf diversen Harrison-Songs und -konzerten, sondern war auch eng mit George befreundet. Ich habe bereits erwähnt, dass Gary auch Mitglied der Kultband Spooky Tooth war.

Nach der Bogner-Show fand ein Gala-Diner im angrenzenden Kempinski-Hotel statt. Es war bereits weit nach Mitternacht, und der Arme hatte sich verpflichtet, warum weiß ich nicht, noch ein paar Songs mit einer Rolling-Stones-Revivalband zum Besten zu geben. Ich beneidete ihn nicht und dachte mir: Mensch, Gary, das ist auch nicht mehr die beste und einfachste Art, Geld verdienen zu müssen.

Wir beide unterhielten uns über das bevorstehende Gedenkkonzert, denn auch Gary hatte dieses kleine goldene Kärtchen bekommen. Auf meine Frage, ob er denn hinfahren werde, verneinte er. Er hätte so viel zu tun.

»Ich sag dir, was es ist«, meinte Christina hinterher, »es bedrückt ihn wahrscheinlich, dass man ihn nicht eingeladen hat mitzuspielen. Genau wie du müsste bei diesem Konzert auch Gary auf der Bühne in der Royal Albert Hall stehen. Ihr beide gehört ebenso wie Eric oder Billy zu Georges alter Crew. Und die Fans wollen die überlebenden Dinosaurier noch einmal zusammen sehen. Ein letztes Mal!«

Ich wollte Christina nicht sofort zustimmen, aber ich musste insgeheim zugeben, dass ich das auch so empfand. Und wohl auch Gary, auch wenn wir beide es nicht aussprachen.

In den darauf folgenden Tagen musste ich immer wieder an Christinas Worte denken. Es bedrückte mich, nicht dabei sein zu können. Dabei ging es mir nicht darum, bei einem großem Pop-Ereignis im Rampenlicht zu stehen oder mich in irgendwelchen Medien wiederzufinden. Es war etwas ganz anderes. Ich hatte das Gefühl, dass George es von mir wollte, und es meine Aufgabe wäre, dem Freund auf diesem Weg meinen Respekt und mein tiefes Gefühl ihm gegenüber zu demonstrieren. Dieses Bedürfnis war so stark in mir, dass es fast schmerzte.

Nach längerem Zögern beschloss ich, Olivia eine E-Mail zu senden. Ich erläuterte meine Empfindung und bot meine Mitwirkung am Konzert an. Ich wusste nicht, ob es bereits ein Konzept für den Ablauf des Abends gab. Mein Vorschlag war, ein kleines klassisches

Stück, ein Bach-Präludium, auf dem Klavier vorzutragen. Mein ganz persönlicher, musikalischer Abschiedsgruß.

Als ich auf seinem Anwesen wohnte, verbrachte ich meine Zeit oft in den Studioräumen im ersten Stock, um klassische Stücke auf dem Klavier zu üben. George stand dann häufig an der Tür und lauschte schweigend den Klängen. Er liebte klassische Musik und besonders besagtes Bach-Präludium hatte es ihm angetan. Ich bin mir sicher, dass ihn mein Klavierspiel zu manchen neuen Songs inspirierte. »Try Some Buy Some« ist ein Beispiel.

**Mein Beitrag zum Gedenkkonzert** für George sollte also etwas ganz Persönliches sein, das nur uns beide betraf: George und mich. Das Komische war, dass ich bereits Wochen, bevor ich von der Gedenkveranstaltung erfahren hatte, wie besessen immer wieder und wieder dieses Stück spielen musste. Manchmal stundenlang. Es war, als ob ich mich für eine bestimmte Sache fit machen wollte.

Es dauerte nicht lange, und ich erhielt ebenfalls per E-Mail Antwort von Olivia. Sie war vollkommen meiner Meinung und glaubte, dass es ebenso Georges Wunsch gewesen wäre, mich dabeizuhaben. Sie wollte das mit Eric Clapton besprechen, der für die Planung und Koordination der Veranstaltung verantwortlich war. Wenige Tage später ließ man mir mitteilen, dass Eric es zutiefst bedauern würde, mich vergessen zu haben, und man selbstverständlich meine Mitwirkung für erforderlich hielt. Allerdings nicht mit einem klassischen Stück am Klavier, sondern als Bassist. Über eine weitere E-Mail fragte man mich, ob ich nicht sofort kommen könnte. Die Proben hätten bereits begonnen.

Mittlerweile war es die erste Novemberwoche, also nur noch drei Wochen bis zum Konzert. Mich mal so von heute auf morgen für drei Wochen nach London zu verabschieden, konnte ich aber nicht. Ich war mittendrin, ein Cover für die norwegische Hardrock-Band Turbo Negro zu gestalten, und hatte verschiedene Termine, die nicht zu verschieben waren. Auch hielt ich drei Wochen Probezeit für übertrieben, wenn ich bei höchstens drei bis vier Titeln spielen sollte. Ich musste an das Bangla Desh-Konzert denken. Zwei Tage hatten wir dafür geprobt. Ich war gern bereit, eine oder auch eineinhalb Wochen zur Verfügung zu stehen. Zu diesem Zeitpunkt wusste auch keiner so recht Bescheid über Stücke, Besetzung und Reihenfolge. Eine ganze Weile hörte ich erst einmal nichts, und je näher der Veranstaltungstermin rückte, umso mulmiger wurde mir. Keiner konnte mir sagen, welche Songs ich auf dem Bass begleiten sollte, und so übte ich zu Hause einfach ins Blaue hinein die Titel, bei denen ich glaubte, dass meine Art zu spielen und mein Sound typisch für die Originale war: »Give Me Love«, »Wah-Wah«, »All Things Must Pass« und natürlich »My Sweet Lord«, wo ich nicht nur Bass, sondern auch eine der Rhythmusgitarren spielte. Ich stellte mich auf eine Woche Probezeit ein.

Doch irgendwann erhielt ich den Anruf, es würde genügen, wenn ich am Dienstag vor dem Konzert anreisen würde. Drei Tage Probezeit würden reichen.

**Heute denke ich,** dass es vielleicht ein Fehler war, nicht von Anfang an dabei gewesen zu sein.

Ich kam also am Dienstagnachmittag im Royal Garden Hotel an, das nicht weit von der Royal Albert Hall entfernt ist. Ich weiß nicht mehr genau, wie es geschah, aber irgendjemand schickte mich zu angeblichen Proben in die Royal Albert Hall, wo ich mich dann auch schön brav mit meiner alten Bassfidel einfand. Problemlos wurde ich auch eingelassen, bekam ein Musiker-Backstage-Ticket und marschierte schnurstracks auf die Bühne, wo Percussion, Verstärker, Instrumente aufgebaut waren, all das, was man für ein Konzert halt so braucht. Doch ich entpuppte mich sehr schnell als der falsche Musiker am falschen Ort zum falschen Zeitpunkt. Es war die Generalprobe eines Konzerts, das am selben Abend stattfand. Über einige Umwege erfuhr ich, dass ein Großteil der Musiker mit mir im Royal Garden Hotel untergebracht war und sie sich am nächsten Tag in der Hotellobby trafen, um dann gemeinsam mit einem Bus zum tatsächlichen

Probenort gebracht zu werden. Ich muss gestehen, dass ich doch aufgeregt war, als ich am nächsten Morgen mit dem Lift nach unten fuhr. Es war weniger die Tatsache, nach so langer Zeit wieder auf einer Konzertbühne zu stehen, sondern mehr die Vorfreude, meine alten Musikerfreunde wiederzusehen, das heißt, was noch davon übrig geblieben ist.

**Ich war ganz in Gedanken** versunken, als mich ein junger Mann im Aufzug ansprach.

»Are you Klaus Voormann?« Es handelte sich um einen gewissen Dave, Bassist, der bereits seit mehr als zwei Wochen mit Erics Truppe probte. Schnell waren wir in ein Gespräch verwickelt und er wollte wissen, wie ich denn das Intro bei Carly Simons »You're So Vain« hingekriegt hätte, und dass das ja gar nicht möglich sei und überhaupt und sowieso.

Ich erkannte in ihm sehr schnell einen ehrgeizigen, jungen Handwerker, der mit seiner Art so gar nicht in Georges damalige Riege gepasst hätte.

Ich erklärte ihm genau, wie ich das Unmögliche ganz einfach möglich gemacht habe. Ich habe ihm den Basslick später bei den Proben sogar gezeigt.

Dass dieser junge Mann nicht unbedingt zu Kooperation neigte, bewies er mir sehr schnell. Dave, der anscheinend regelmäßig von Eric eingesetzt wurde und wird, hatte den Basspart aller Titel während aller Proben übernommen und war nun nicht mehr bereit, meinem Wunsch, bei bestimmten Songs zu spielen, nachzukommen. Ich hatte es Paul zu verdanken, dass ich bei »All Things Must Pass« den Basspart übernehmen durfte. Bei »Give Me Love« hatte Jeff Lynne das Arrangement verändert, was dazu führte, dass nicht nur meine Person, sondern auch Jim Keltner, der Originalschlagzeuger auf Georges LP, von der Bühne geschickt wurde. Während ich »Wah-Wah« bei den Proben noch im Alleingang mit meinem Bass begleiten durfte, wurde mir über eine dritte Person mitgeteilt, dass ich während des Konzerts den Song mit dem Kollegen Dave zu teilen hätte. Bei

»My Sweet Lord«, was zwischen »All Things Must Pass« und »Wah-Wah« gespielt wurde, musste ich die Bühne verlassen. Auch das wurde mir durch einen Mitarbeiter kurz vor dem Konzert mitgeteilt. Ich weiß nicht, ob es richtig ist, darüber überhaupt zu schreiben, weil es doch nur meine Verletztheit widerspiegelt. Aber es ging nicht nur mir so, sondern auch anderen Musikern unser »Rock-'n'-Roll-Dinosaurier-Gang«. Ich frage mich oft, wie es wohl gewesen wäre, wenn George sein eigenes Gedenkkonzert arrangiert hätte. Ich fühlte mich hin und her gerissen. Einerseits hatte ich diesen innigen Wunsch, bei »My Sweet Lord« zu spielen, andererseits war es mir peinlich, zu glauben, dass dies von irgendeiner Bedeutung sein könnte. Als ich versuchte, mein Herz bei Astrid Kirchherr auszuschütten, meinte die nur, ich solle das alles nicht so tragisch nehmen.

**»Du bist hier für George.** Nur das zählt. Ob nun du oder ein junger Bursche namens Dave auf dem Titel rumzupft, ist doch egal. Nimm's nicht so schwer, Klaus.«

Ich hatte in London keinen Ansprechpartner, mit dem ich über die ganze Angelegenheit hätte sprechen können. Die Tatsache, dass es auch keiner von den Verantwortlichen wahrnahm, was sich zwischen dem »alten« und dem jungen Bassisten da abspielte, verwirrte mich zusätzlich. Sicher, dieser verschlossene junge Mann war zweifelsohne ein guter Musiker und Techniker, sonst würde Eric mit ihm ja auch nicht zusammenarbeiten. Aber hatte er wirklich das richtige Gefühl für Georges Songs, hätte George es wirklich so gewollt? Den Sound, die Art, wie er spielte? Ich schämte mich über die Anmaßung, zu glauben, dass ich bei den alten Songs der bessere oder der geeignetere Musiker sei. Vielleicht war ich wirklich zu egoistisch und bauschte die Sache nur grundlos auf. Es war nun mal nicht das Bangladesh-Konzert im Madison Square Garden und wir schrieben auch nicht das Jahr 1971, sondern 2002. Ich musste ja nur in den Spiegel gucken. Und was vor allen Dingen ganz anders war – George war nicht mehr hier.

**Ich vermisste meine Frau** Christina. Ich konnte ihr nur am Telefon schildern, was ablief. Vielleicht war es aber auch gut, dass sie nicht da war, denn ich kenne sie nur zu gut, meine Amazone. Sie gehört nicht zu den Musikerfrauen, die sich in den Vordergrund drängen und sie hat viel zu viel mit ihren eigenen Aktivitäten zu tun. Mir wäre es sogar mehr als lieb, wenn sie sich mehr um meine Belange kümmern würde. Oft hatten wir lange Diskussionen darüber, wie gut es meiner Meinung nach wäre, wenn sie mein Management übernehmen würde. In besagter Angelegenheit hätte sie sich allerdings todsicher eingemischt, nicht um sich wichtig zu machen oder weil sie glaubt, sie müsste als meine Sprecherin auftreten. Nein, Christina ist eine fast grenzenlose Gerechtigkeitsfanatikerin, und wenn ihr mal etwas über die Hutschnur geht, dann ist es besser, ganz schnell das Weite zu suchen. Ich weiß genau, was passiert wäre, wenn sie bei den Proben dabei gewesen wäre. Sie hätte sich Dave in aller Ruhe zur Seite geholt und hätte ihn gefragt: »Sag mal, was macht ihr hier eigentlich? Proben für Georges Gedenkkonzert ... Aha, interessant! Und was übt ihr denn gerade? Ach, ›My Sweet Lord‹? Schau mal an. Und wer hat auf dem Original den Bass gezupft? Was, Klaus Voormann? Ja, und auf der Bühne beim Konzert für Bangladesh? Ach nee, auch der Klaus. Ja, und warum spielst du dann jetzt und er schaut zu? Und für wen spielt ihr am Freitagabend? Für George und die vielen Freunde von George. Tja, mein lieber Dave, wen glaubst du, wollen die dann oben auf der Bühne sehen und vor allen Dingen hören, hmmm?« Also so hätte Christina reagiert.

»Hier geht es ums Ego«, sagte sie später, »aber nicht um deins.«

Dies alles liegt jetzt einige Monate zurück, und obwohl ich immer noch das Gefühl in mir verspüre, dass die Dinge in Bezug auf meine Mitwirkung nicht optimal waren, bin ich glücklich, viele lieb gewonnene Menschen noch einmal gesehen zu haben. Die meisten vielleicht zum letzten Mal. Freunde wie Jim Keltner, Ray Cooper, Ringo oder Paul werde ich immer in meinem Herzen bewahren. Besonders der Moment, als Paul »All Things Must Pass« sang und ich ihn auf dem Bass begleiten durfte. Dieser wunderbare Augenblick, hinter Paul zu stehen und noch einmal dieses unbeschreibliche Gefühl zu spüren, war es schon wert, nach London gekommen zu sein. Ich weiß nicht, ob jeder wirklich nachempfinden kann, wie Künstlern, also Musikern und Sängern, zumute ist, bevor sie auf die Bühne gehen. Es ist eine ganz bestimmte Verwandlung, der jeder unterworfen ist, der sich entschlossen hat, vor eine Menschenmenge zu treten, um irgendetwas vorzutragen. Diese Verwandlung hat vielleicht mit Magie zu tun, ja, oder mit Alchimie oder Zauberei, ich weiß nicht. Auf alle Fälle spielt sich da etwas ab, was mit Worten schwer zu erklären ist. Viele haben mit Lampenfieber zu kämpfen. Ich weiß noch, dass das bei Harry Nilsson so schlimm war, dass er deshalb nie einen Liveauftritt absolviert hat. Er konnte einfach nicht, die Angst war zu groß. Das ist wie beim Fliegen. Manche bekommen Schweißausbrüche und Herzflattern im Flugzeug, andere fallen schon kurz nach dem Start in friedliche Träume und wachen erst wieder auf, wenn der Pilot zur Landung ansetzt. So ist das auch mit der Arbeit vor Publikum. Viele haben dann diesen Adrenalinschub, der einen Künstler über sich selbst hinauswachsen lässt. Da spielt es dann auch keine Rolle mehr, ob man gerade neununddreißig Grad Fieber hat, sich auf dem Weg zur Bühne die Rippe gebrochen oder vielleicht den Daumen verstaucht hat. Man ist nicht mehr von dieser Welt und taucht ein in eine andere Welt, spielt eine Rolle mit nur einem Ziel, das Publikum zur Ekstase zu treiben. Ja, mit Sex hat das sicher auch zu tun. Und natürlich bei vielen auch mit Exhibitionismus und grenzenlosem Selbstdarstellungstrieb. Manche entwickeln auf der Bühne eine Aura, die wie ein Magnetfeld wirkt.

Mir ist das so richtig aufgefallen, als ich Paul beobachtete, wie er sich Minuten vor seinem Auftritt auf seine Performance vorbereitete. Wir standen alle hinter der Bühne und lauschten den letzten Takten vor seinem Einsatz. Ich konnte richtig erkennen, wie Paul im Kopf Stück für Stück den geplanten Auftritt zurechtrückte. Paul ist einer der professionellsten Künstler, die ich kenne. Trotzdem beherrscht er auch wie kein anderer das spontane Entertainment. Er stand mit uns hinter der Bühne und war trotzdem weit weg, voll konzentriert. Von Sekunde zu Sekunde wuchs diese Aura, diese mächtige Ausstrahlung, die Menschen, sogar Menschenmassen in Bann versetzen konnte.

**Dann kam Erics Ansage.** Paul sprang auf die Bühne, das Publikum tobte und diese Begeisterungswoge schwappte bis hinter die Bühne und hob meinen Magen mit einem Gefühl wie beim Achterbahnfahren nach oben. Paul! Es gibt Menschen, die betreten einen Raum oder in diesem Fall eine Bühne, und es stehen Dutzende andere da, wie eben auch bei diesem Konzert, und trotzdem, irgendwie stand da nur Paul. Die Menge tobt und die Kollegen schrumpfen. Das galt für alle Beatles-Mitglieder. Also doch Magie?

Paul sprach ein paar Worte und begann dann allein auf der Gitarre eine Harrison-Komposition anzustimmen. Danach folgte seine sehr spezielle Version von »Something«. Als letzten Song hatte er sich »All Things Must Pass« ausgesucht. Als er mich bei den Proben bat, ihn auf dem Bass zu begleiten, war ich sehr berührt. Ich ging also auf die Bühne, stöpselte meine Bassgitarre am Verstärker des anderen Bassisten ein. Vor mir, in drei Meter Entfernung, stand Paul am Mikro. Ich werde dieses Bild nie vergessen. Die Beine, wie immer etwas o-beinig im Gegenlicht, und ich wurde wie in einem Flashback in die Kaiserkeller-Zeit zurückgeschleudert. Es war wie in einer Zeitmaschine. Ich stand da und sah ganz deutlich den kleinen, jungen Pauli in seinen grauen Flanellhosen und mit der Elvis-Tolle im Kaiserkeller. Nichts hat sich verändert, mehr als vierzig Jahre sind vorbeigezogen, und nichts hat sich verändert. Paul stand vor mir, und es war dieses gleiche, einmalige, unbeschreibliche Gefühl wie damals. Ich wollte noch einmal in meinem Leben auf der Bühne stehen, um für meinen Freund George zu spielen. Noch einmal mit den Freunden die Bühnenbretter zum Wackeln bringen. Mein Glücksgefühl war so überwältigend, dass ich anfangs überhaupt nicht mitbekam, dass ich gar nichts von meinem Bassspiel hörte. Ich spielte, was das Zeug hielt, und groovte hin und her. Der reinste Jungbrunnen war dieser Augenblick. Mein alte Bassgitarre in der Hand. Die Gute hatte so viele Jahre verstaubt und vernachlässigt in ihrem Kasten gelegen, aber jetzt wollte ich zeigen, was für ein toller Sound in der guten alten Bassklampfe steckte. Nicht für mich, für Admiral von Hohenstein. My friend George is dead, long live my friend George!

**Nach »All Things Must Pass«** folgte »My Sweet Lord«. Paul setzte sich ans Klavier und ich ging brav von der Bühne, wie man es mir nahe gelegt hatte. Ich verfolgte das Geschehen vor mir und erinnerte mich, wie es damals im Studio war. Ich dachte an das Concert for Bangla Desh, als bei diesem Song das Publikum laut mitgesungen hatte und wir alle ergriffen hinter George in seinem weißen Anzug standen. Ich dachte an so vieles und große Wehmut überkam mich.

Kaum war der letzte Akkord verklungen, tobte das mittlerweile stehende Publikum und ich nahm mein Bassgitarre wieder in die Hand, um sie noch einmal in den Verstärker einzustöpseln. Beim darauf folgenden »Wah-Wah« durfte ich wieder mitspielen, allerdings zusammen mit dem anderen Bassisten. Ich hörte nichts von dem, was meine Finger zu greifen glaubten, und mein junger Kollege hatte auch nicht die geringste Absicht, mir behilflich zu sein. So zupfte ich also vor mich hin in der Hoffnung, die richtigen Töne zu finden. Im Nachhinein bin ich ziemlich sicher, dass auf den Bändern des Konzertmitschnitts nur ein Bass zu hören sein wird und sicherlich nicht der meine.

**Nach der Veranstaltung** gab es einen Umtrunk im Untergeschoss der Royal Albert Hall für die Beteiligten und geladene Gäste. Christina, die für das Konzert angereist war, empfing mich mit den Worten: »Na, wie fühlt man sich, wenn man von jungen Kollegen von der Bühne gemobbt wird?«

Sie war sehr aufgebracht und ich hatte Angst, dass sie hinter der Bühne den Verantwortlichen den Marsch blasen würde. Gott sei Dank kam Paul auf uns zu, und als er sie umarmte, war die Gute auch schon still. Der kleine Dhani wirkte sehr zerbrechlich, da täuschte auch sein offenes Lachen nicht darüber hinweg. Olivia wirkte gefasst und bewundernswert souverän. Eric habe ich nicht mehr zu Gesicht bekommen. Er war sehr beschäftigt.

Nach Wochen kam ein kleiner Brief, in dem er sich für das wunderbare Konzert und die großartige Mitwirkung bedankte. Unmittelbar danach fiel mir ein Bericht in die Hände, in dem Jeff Lynne über die Arbeit an Georges LP berichtete. Dass er die Stücke nicht ganz so fertig gestellt hätte, wie George das eigentlich wollte und sich ausgedacht hat, aber dass der »gute Freund da oben« ihm das sicher verzeihen würde.

Ja, der gute Freund da oben, der schon zu Lebzeiten oft verzieh und seine Musikerkollegen unterstützte, wann immer sie Hilfe benötigten. Selbst nach seinem Tod war er noch gnädig, wenn es darum ging, das Ego anderer zu streicheln.

**Albert Lee** (rechts) und ich beim *Concert for George* im November 2002; rechts die Schulter von Jim Keltner

Ich mit Paul-Maske

# 20. KAPITEL

## »Play it again, Paul!«

**Paul ist der einzige Beatle,** mit dem ich nicht im Studio war. Logisch. Warum sollte er einen Bassisten buchen? Seit Lindas Tod hat sich unsere Freundschaft vertieft. Wir telefonieren regelmäßig und treffen uns, so oft es geht. Hin und wieder flattert ein kleines Brieflein von ihm in unser Haus, und seine Weihnachtskarten stehen seit Jahren auf unserem Fenstersims. Unser letztes Treffen fand anlässlich seines Konzerts in München im Mai 2003 auf dem Königsplatz statt. Ich hatte das tiefe Bedürfnis, ihn zu sehen. Nach Georges Tod ist mir bewusst geworden, wie schnell sich nun unsere Riege ausdünnt. Man fragt sich: »Wer wird der Nächste sein?« Und man weiß, dass es in unserem Alter immer schneller einen Nächsten geben wird.

Ich rief seine Assistentin Lilian an, um anzuklopfen, ob es bei seinem Terminkalender irgendeine Chance gab, den alten Kumpel an die Brust zu drücken. Ein EMI-Mitarbeiter rief kurz vor dem Gastspiel an, um mir mitzuteilen, was eigentlich keiner wissen sollte: Paul würde in einem Hotel in Murnau für ein paar Tage zu Gast sein. Murnau? Das war gleich um die Ecke. Dann könnte man sich ja dort sehen oder er käme zu uns und Christina würde ihn mit vegetarischen Spezialitäten verwöhnen. Ich versuchte an Paul ranzukommen, schickte Faxe, hinterließ mehrere Nachrichten, aber keine Antwort.

Irgendwann teilte man uns mit, dass zwei Tickets für das erste Konzert am Samstag hinterlegt werden würden. Dann würde ich auch erfahren, wo und wann ich Paul treffen könne.

Wir machten uns also an besagtem Samstag auf den Weg nach München zum Königsplatz. Irgendwie hatte ich ein mulmiges Gefühl. Christina war äußerst skeptisch und murmelte immer wieder:

»Das klappt nie. Ich fühl das. Das kann nicht klappen ... Tickets hinterlegt, wenn ich das schon höre.«

Tausende von Menschen strömten von allen Seiten auf den Veranstaltungsort zu. Es fing an zu regnen, aber das konnte die gute Stimmung der Fans nicht trüben. Im Gegensatz zu unserer. Ich hatte natürlich keine Ahnung, wo unsere Tickets sein könnten. Wo hinterlegt man Tickets für alte Freunde? In solchen Angelegenheiten hatte ich immer schon Probleme.

Als ich dann auch noch eine scheinbar kilometerlange Schlange am Einlass sah, wurde mir ganz anders.

»Was, da sollen wir uns anstellen?«

»Quatsch, Klaus, die haben doch schon alle eine Eintrittskarte, die warten nur darauf, eingelassen zu werden. Ich mach mich auf die Suche. Da gibt es sicher eine Stelle mit einer Gästeliste.«

Sie verschwand und ich stand da im Regen. Ein paar Beatles-Fans erkannten mich und fingen Unterhaltungen an. Nach einer Weile kam Christina zurück. Ihrem Gesichtsausdruck nach zu urteilen schien wohl einiges schief gelaufen zu sein.

»Tut mir Leid. Weder bei der Stelle für die Gäste noch für die Presse liegen unsere Tickets. Dein Name ist nirgends verzeichnet und eine Nachricht von Paul liegt natürlich auch nicht vor.«

Wir standen im wahrsten Sinne des Wortes da wie begossene Pudel. Was sollten wir machen? Im Hotel anrufen und sagen: »Hallo, ich bin der Klaus Voormann. Kann ich mal den Paul sprechen?« Natürlich hatte ich auch mein Telefonverzeichnis vergessen mit der Handynummer von Pauls Assistenten. Wir beschlossen nach Hause zu fahren, um dann am nächsten Morgen John Hamill, besagten Assistenten, anzurufen. Auf halbem Weg machten wir in einem gemütlichen indischen Restaurant Halt und genossen unseren »kinderfreien Abend« auf diese Weise. Statt nostalgischer Gefühle bei »Hey Jude« und »All My Loving« tranken wir Rotwein zu Tandoori-Spezialitäten und ließen Paul hochleben. Und weil neben uns vor einem indischen Altar die Räucherstäbchen so schön qualmten, tranken wir auch noch ein Gläschen auf George.

**Am nächsten Morgen** rief ich John Hamill im Hotel an. Auch er konnte sich nicht erklären, wie das passieren konnte.

»Weißt du was, Klaus, Paul ist ab halb vier zum Soundcheck am Königsplatz, und er bleibt auch dort bis zum Konzert. Komm einfach vorbei, ich lass dir ganz sicher ein spezielles Backstage-Ticket hinterlegen, da kannst du problemlos in Pauls Wohnmobil. Er wartet auf dich und freut sich, dich zu sehen.«

Ich fuhr diesmal allein nach München. Als ich ankam, probte Paul bereits auf der Bühne. Ich schlenderte zwischen den aufgebauten Stuhlreihen hindurch und verfolgte schmunzelnd das Geschehen auf der Bühne. Paul stand am Mikro, bereit für den nächsten Song, als er plötzlich ins Mikrofon brüllte.

»Ah, here comes Klaus! Klaus Wormän!«

Der gute Paul hatte mich mit seinen Falkenaugen sofort erkannt.

»Hey Klaus, hör dir das mal an!« Er nahm seine Bassgitarre ab, drehte sich um und setzte sich ans Piano, um die Akkorde von »Don't Let the Sun Catch You Crying« anzustimmen. Pauls Gedächtnis hat mich immer schon fasziniert. Das Lied habe ich mir immer und immer wieder in den frühen Morgenstunden im Kaiserkeller von den damals jungen Beatles gewünscht. Und jetzt, dreiundvierzig Jahre später, spielte Paul es noch einmal, mit ziemlicher Sicherheit das letzte Mal für mich.

»Play it again, Paul! Play it again!«

Mittlerweile hatten mich auch John Hamill und Geoff Baker, Pauls Pressesprecher, entdeckt und kamen auf mich zu.

»Gut, dass es dieses Mal geklappt hat. Komm, wir gehen in Pauls Wohnmobil. Er muss nur zwischendurch zwei Interviews geben. Eines ist für einen russischen Fernsehsender, das andere für eine Filmcrew aus Irland.«

**Ich spazierte hinter die Bühne** und setzte mich auf einen Container. Ich kam mir etwas verloren vor zwischen den haushohen Türmen aufgestapelter Lautsprecherboxen und Kisten. Wie hat sich doch alles verändert. Wie sehr haben wir uns der

Technik verschrieben, um Perfektion zu erreichen. Ich musste zurückdenken an meine Bühnenzeit. Ein paar Verstärker, ein paar Boxen, das war es.

Es dauerte nicht lange, da kam Paul von der Bühne mit ausgebreiteten Armen auf mich zugeeilt.

»Komm her, Klaus!«, sagte er auf Deutsch und drückte mich fest an sich, und noch einmal und noch einmal. So ist das ab einem bestimmten Alter. Mit jeder Umarmung rollt ein Film ab, dessen Ende man noch nicht sehen will. Jedes Mal wenn einer von uns geht, hinterlässt er den noch Verbliebenen ein kleines Stück, das wiederum jeder Einzelne in sich weiterträgt. Und so fühle ich in Paul auch George und Ringo und sogar ein gutes Stück John.

»Komm, lass uns in mein Häuschen gehen.«

Wir stiegen über dicke Kabelstränge, um zum Wohnmobil zu gelangen, das Paul während der Tour als Heimersatz dienen sollte. Geblendet noch vom Sonnenlicht, konnte ich erst gar nichts erkennen. Aber es dauerte nur wenige Minuten, bis ich den gemütlichen Raum in beruhigenden Blau- und Grautönen wahrnehmen konnte. Dies hatte nichts mehr mit den vergammelten Buden der Hamburger Zeit zu tun. Keine übervollen Aschenbecher, keine leeren Bierflaschen am Boden. Im Gegenteil, es war ein Raum zum Wohlfühlen. In der Ecke befand sich sogar ein altarähnliches Tischlein mit Blumen und Kerzen, einem kleinen Keramikelefanten und allerlei Schnickschnack, dazwischen zwei große, blaue Sofas in L-Form.

Paul erzählte mir von den fünfhunderttausend Zuschauern, die sein Konzert in Rom verfolgt hatten.

»Das sind Momente, die vergisst man nie.«

Zwischendurch musste Paul immer wieder PR-Verpflichtungen nachkommen und Smalltalk mit geladenen Gästen absolvieren. Aber das kann Paul ja wie kein anderer. Danach setzte er sich immer wieder zu mir aufs Sofa.

»Ja, wir wären beinahe nach Murnau gefahren. Heather wollte sich da mit Ärzten treffen, wegen eines ihrer Projekte. Wo ist das überhaupt, dieses Murnau?«

**Paul will immer alles genau wissen.**
Er hat eben eine sehr verbindliche Art, aber er will tatsächlich auch vieles wissen, weil ihn ganz einfach viele Dinge interessieren. Wir sprachen über seine Kinder, über meine Kinder, über Heather, über Astrid und Stuart und vor allen Dingen über George und die letzte Zeit, die jeder von uns auf seine Weise mit ihm verbrachte.

Ein Mann im schwarzen Anzug betrat den Raum. »Sorry Paul, but the Russian TV is waiting for you.«

Paul erhob sich und verschwand in einem anderen Trailer.

Ich beschloss, draußen auf ihn zu warten. Ich unterhielt mich mit seiner Band, keine Stars, sondern talentierte junge Musiker.

Als Paul zurückkam, hatte er nicht mehr viel Zeit, so beschloss ich, mich zu verabschieden. Als ich ihn fest an mich drückte, dachte ich: »Hoffentlich ist das nicht das letzte Mal, Paul. Ich will dich noch oft drücken!« Ich wanderte auf den für mich vorgesehenen Sitzplatz zu. Er befand sich in einem kleinen, zeltähnlichen Aufbau, wo auch das Mischpult, Monitore und die gesamte Technik standen. Ich saß also direkt neben den Technikern.

Als Paul auf die Bühne stürmte, dachte ich, der Königsplatz stürzt ein. Das Publikum empfing ihn mit tosender Begeisterung.

In der Mitte des Konzerts kündigte er das Lied an, das er für John nach dessen Tod geschrieben hatte. Er sagte dem Publikum, wie sehr er es bedauerte, dass er John nie mehr die Dinge sagen konnte, die er ihm sagen wollte. Plötzlich hielt er inne und ergänzte: »Und ich möchte diesen Song auch meinem guten alten Freund Klaus Voormann widmen, der viel Zeit mit John verbrachte und heute Abend auch hier ist. Here is to you, Klaus!«

Das hatte ich nun nicht erwartet. Ich war zutiefst gerührt. Als Paul anfing zu singen, da bahnten sich dann doch kleine Tränen einen Weg durch meinen weißgrauen Bart und mir fiel ein: Ich wollte dir doch auch noch so viel erzählen, Paul, dich so vieles fragen. Wann sehe ich dich wieder? Sehe ich dich wieder?

**R** »Remember« the Beatles and friends

# NACHWORT

**Ich habe also den Lebensweg** aller vier Beatles-Mitglieder, angefangen von ihren Auftritten in Hamburg bis hin zum heutigen Tage, über lange Strecken hautnah mitverfolgt. Bei George, John und Ringo war ich zeitweise fest eingebunden in den jeweiligen Ablauf des Geschehens. Ich habe sie kennen gelernt, als die vier Jungs voller Lebensfreude einen ganzen Stadtteil Hamburgs umkrempelten. Ich konnte den Werdegang von den unbedarften Liverpooler Lausejungs bis hin zu den Mega-Stars des 20. Jahrhunderts aus nächster Nähe beobachten. Jeder Einzelne von ihnen hat meinen Lebensweg auf seine besondere Weise geprägt. Umgekehrt habe vielleicht auch ich bestimmte Ereignisse im Leben dieser vier außergewöhnlichen Menschen mitgeformt.

Mir fiel auf, dass ab einem gewissen Zeitpunkt alle vier ein tiefes Nachholbedürfnis für die kleinen Dinge im Leben entwickelten. Ich bemerkte besonders bei George, wie er in reifen Jahren anfing, den ganze normalen Alltag als etwas wirklich Wichtiges zu empfinden. Bei näherer Betrachtung hat sich diese Entwicklung bei allen Beatles-Mitgliedern vollzogen. Wie kam das?

Ich denke, einer der wichtigsten Gründe ist sicher die Tatsache, dass John, Paul, George und Ringo über viele Jahre hinweg kaum noch als Menschen, sondern vielmehr als Halbgötter gesehen wurden. Man kann sich überhaupt nicht vorstellen, was es bedeutet, zu derartiger Berühmtheit zu gelangen. Der Preis ist hoch, viel zu hoch. Wer in diesen Sphären gelandet ist, der hat kaum noch die Hoffnung auf ein einigermaßen normales Leben. Was ist ein normales Leben? Ich würde sagen, ein Leben mit Zeit für Familie, Freunde, ja für sich selbst. Ein Leben, in dem man Hobbys pflegen, in den Urlaub fahren, ins Kino gehen, ganz einfache Dinge wie Rasen mähen, die Dachrinne reparieren, am Wochenende ausschlafen und am Montagmorgen griesgrämig ins Büro fahren kann. Und das alles ohne kreischende Fans vor der Haustür, die nur darauf lauern, dich anfassen oder dir eine Haarlocke abschneiden zu können. Ohne Presse und sonstige Medienleute, die alles, was du sagst und tust, sofort aufs Titelblatt klatschen und meist auch noch verdreht und verfälscht. Ohne Manager und Produzenten, die zu wissen glauben, wie du zu funktionieren hast und wer du bist. Wenn man solchen Zwängen unterliegt, fängt man an, sich Gedanken zu machen.

George und John haben bereits in jungen Jahren viel Zeit damit verbracht, sich tiefen philosophischen Betrachtungen zu widmen. Was ist der Sinn des Lebens? Warum bin ich hier? Was ist meine Aufgabe? Was ist Gott?

Und alle vier bekamen irgendwann ein Gefühl dafür, welche Wichtigkeit in den ganz kleinen, alltäglichen, banalen Dingen liegt. Und irgendwann fingen sie an, diese kleinen, alltäglichen, banalen Dinge wie Rituale zu pflegen.

**Paul, das Olivenöl und die Teufelsmaske.** Nach Lindas Tod gab es eine Zeit, in der Paul und ich oft telefonierten. Ich hatte das Gefühl, dass er in der Vergangenheit Trost suchte, und so plauderten wir oft und gern über alte Tage. Es kam daher nicht von ungefähr, dass er mir anbot, für sein damals geplantes neues Album *Run Devil Run* Vorschläge für das Cover zu machen. Das Album bestand schließlich aus Cover-Versionen alter Rock-'n'-Roll-Songs. Ich hatte die Idee, eine Maske aus Gips zu formen, die Pauls Gesicht zeigen sollte, wie er aus vollem Hals »Long Tall Sally« oder was auch immer herausschreit. Ich wollte die Maske blau und rot anmalen, um Paul das Image eines Rockteufels zu geben (siehe S. 300). Ich stöberte in Büchern und wühlte Fotokisten durch, doch nichts eignete sich als Vorlage. Also rief ich Paul an und fragte ihn, ob es nicht möglich wäre, dass er ein paar Takte in eine Videokamera brüllt, damit ich mir dann über Videoprints die passende Vorlage heraussuchen konnte. Das machte er auch sofort. Es dauerte keine

Woche, da brachte ein Bote eine Videokassette mit Pauls A-cappella-Gesang. Zwei Minuten lang schrie er in den höchsten Tönen, gefilmt von John Hamill, seinem Personal Manager. Er zeigte sich von rechts, er zeigte sich von links, von hinten, von unter. Er kniff die Augen zusammen, um sie dann sofort wieder weit und kugelrund aufzureißen. Er machte Blödsinn und man konnte sehen, was er für eine kindliche Freude daran hatte. Christina und ich mussten uns immer wieder das Video angucken und konnte uns vor Lachen kaum einkriegen. Als plötzlich das Telefon klingelte, hob Christina ab.

»Es ist Paul«, flüsterte sie mir zu. Es dauerte dann eine Ewigkeit, bis sie den Hörer an mich weiterreichen konnte. Ich hörte nur immer wieder dazwischen das Wort »Olivenöl« und wusste zumindest, dass dies nichts mit dem neuen Cover zu tun haben konnte. Aber was war in Gottes Namen so viel wichtiger?

Als Paul Christina fragte, wie es ihr gehe und was sie denn gerade so mache, beging sie den Fehler, ihm zu erzählen, dass sie in der Küche das Abendessen vorbereiten würde. Glücklicherweise hatte sie etwas Vegetarisches im Programm. Hätte sie gesagt, Schweinebraten mit Knödel, hätte er wahrscheinlich sofort den Hörer auf die Gabel geknallt. Man wird es nicht für möglich halten, aber Paul wollte genau wissen, was sie denn wie zu kochen beabsichtige. Irgendwann waren die beiden völlig vertieft in das Thema Kochen: Welche Gemüsesorten sie bevorzugten, wie lange diese in der Pfanne gedünstet werden sollten, welcher Schäler besser für Kartoffeln und welcher besser für Karotten geeignet ist, und als Christina ihm verriet, dass sie nur Öle verwendete und an diesem Abend mit biologischem, kaltgepresstem Olivenöl aus einer kleinen toskanischen Ölmühle kochen würde, da war er ganz aus dem Häuschen. Auch er stand nämlich zum Zeitpunkt des Telefongesprächs in der Küche und war gerade dabei, drei verschiedene Olivenöle auszuprobieren, die er von einem Freund bekommen hatte, der Besitzer einer kleinen griechischen Oliven-Plantage war. Er beschrieb genau, welche Farbe die einzelnen Öle hatten, dass eins besonders dickflüssig und der Geruch des anderen mehr als gewöhnungsbedürftig wäre.

Nicht zu fassen. Ich wollte über das Cover reden und die beiden unterhielten sich geschlagene zwanzig Minuten über Olivenöl. Aber Paul war das wichtig.

### Johns Einführung in das große Geheimnis des Reiskochens.
John öffnete die Tür.

»Hello Mister Worman, come on in. Pleased to see you.« Er näselte wie ein adeliger Großneffe der englischen Königin. Cynthia, meine damalige Lebensgefährtin, und ich traten ein.

»Hey, that's Otto?« Cynthia hob unseren kleinen Sohn hoch, damit John ihn besser sehen konnte.

»Ah, das ist aber ein hübsches Kerlchen, fast so hübsch wie unserer.« Er zwinkerte uns scherzhaft zu. Aber ich kannte meinen Freund gut genug, um zu wissen, dass der kleine Sean für ihn das hübscheste und intelligenteste Kind auf dem ganzen Erdball war. So denken wohl die meisten stolzen Mütter und Väter über ihre eigenen Kinder.

John hatte sein Haar zu einem Pferdeschwanz gebunden. Er trug weiße, weite, sehr bequem wirkende Hosen und ein kimonoähnliches Oberteil. Er wirkte entspannt und ruhig, fast wie ein Zenmeister, was durch die Optik noch unterstrichen wurde. Es war später Vormittag und Yoko bereitete gerade frische Sushis am Küchentisch für uns alle vor. John bot uns köstlichen japanischen Grüntee an. Während die beiden Frauen sich mit den Kindern auf den Küchenboden setzten, überprüfte John sein selbst gebackenes Brot, das bereits knusprig braun durch das Backofenfenster lugte. Die Küche war bestimmt an die fünfunddreißig Quadratmeter groß. Großzügig geschnitten, wie eben früher alte Küchen gebaut wurden, und das Dakota House ist ein altes Gebäude. Wie schon früher in Tittenhurst dominierte die Farbe Weiß in der Lennon-Wohnung. Die Küche war schlicht und nur mit dem Nötigsten eingerichtet. Ein großes Sofa an der Wand ließ den Raum gemütlicher wirken. Durch das Fenster konnte man in den Innenhof blicken, davor befand sich ein Tisch mit mehreren einfachen Stühlen. Wir hielten uns die meiste Zeit in diesen Raum auf.

An unseren Gesprächen konnte man sehen, wie viel sich in den Jahren verändert hatte. Wir unterhielten uns über den Verlauf der Schwangerschaften unserer beiden Frauen, über den Moment, zum ersten Mal so ein kleines Wesen in den Händen zu halten. Ich erzählte ihm von unserer Nachbarin, die, als sie Otto zum ersten Mal sah, die Hände über den Kopf zusammengeschlagen und gerufen hatte: »Mein Gott, der sieht ja aus wie eine Krabbe.« Das war natürlich nicht gerade schmeichelhaft für einen frisch gebackenen Papa, wie ich es war, aber John konnte darüber lachen. Er wusste, dass unser Baby zu früh zur Welt gekommen war. Wir unterhielten uns darüber, wie man verhindern konnte, dass die kleinen Babypopos unserer Söhne wund wurden.

»Sean hatte bis heute nicht einmal einen wunden Hintern.« John sah mich an, als ob er mir gerade ein hochgeheimes wissenschaftliches Forschungsergebnis verraten würde. »Ich achte streng darauf, dass er nicht zu viel Säfte oder sonstiges säurehaltiges Zeugs bekommt. Und dann schmier ich ihn mit so einer entzündungshemmenden Salbe ein. Wie heißt das doch gleich wieder? Ach ja: Ringelblume. Kennst du diese Pflanze?« Ich lauschte gespannt Johns Worten, lag mir doch der kleine Krabbenpopo meines Otto ebenfalls sehr am Herzen.

Nach einer Weile wechselten wir dann doch das Thema und kamen auf alte gemeinsame Kumpels zu sprechen.

»Hast du mal wieder etwas von Harry gehört?«, fragte mich John. Ich verneinte. »Ich schon«, fuhr er mit viel sagender Miene fort. »Er war hier. Ist noch gar nicht so lange her. Er war zu bis zum Scheitel. Er muss sich wohl ein halbes Jahr nicht mehr gewaschen haben, zumindest roch er so.« Johns Augenbrauen wölbten sich nach oben. Er blickte zum Fenster hinaus, und ich konnte an seinen Augen erkennen, dass er an vergangene Zeiten dachte.

»Ob es wohl Menschen gab, die über mich auch so gesprochen haben?« John sah mich fragend an.

»Warst du denn schon jemals besoffen?«, fragte ich lachend zurück.

Yoko mit Sean und
Cynthia mit Otto in der
Küche des Dakota

John lachte ebenfalls, zumindest versuchte er es. Aber es klang eher gequält. Ich erkannte, dass er sich unbehaglich fühlte, wenn er an seine exzessive Zeit erinnert wurde.

Er sprang auf. »Komm, ich zeig dir jetzt, wie man richtig Reis kocht.« John packte mich am Arm und schob mich zum Herd hin.

Es war seine makrobiotische Phase. Er lebte sehr gesund, fast schon asketisch. »Der Mensch ist, was er isst. Ein alter indischer Spruch. Wusstest du das? Nein?« Er schaute mich prüfend über den Rand seiner Brille hinweg an.

»Nein«, antwortete ich ganz schuldbewusst, »aber klingt irgendwie vernünftig.« Dabei hatte auch ich mich seit Jahren bewusster mit dem Thema Ernährung befasst. Nicht zuletzt beeinflusst von George und Patty und ihren hervorragenden indischen Kochkünsten.

John holte einen großen Topf aus einem der Unterschränke, dann schüttete ein paar Hände voll Naturreis hinein.

»Und jetzt kommt der wichtige Teil.« Johns Miene war ernst, als er mir das große Geheimnis des Reiskochens verriet. »Jetzt musst du deine Hand auf den Reis legen – so, siehst du?« Er rückte etwas zur Seite, damit ich besser in den Topf und somit auf Johns Hand gucken konnte, die den Reis fest auf den Boden drückte. »Jetzt gießt du das Wasser über deine Hand. Aber bitte vorher waschen, ja?«

»Meinst du den Reis oder die Hand?«

»Klaus, ich bitte dich. Natürlich die Hand. Also bitte nicht mit schmutzigen Händen auf den Reis fassen.« Er nahm ein Kanne Wasser und goss den Inhalt in den Topf. »Du gießt nur so viel Wasser in den Topf, bis dein Handrücken bedeckt ist. Schau mir genau zu, also sooo...« Langsam ließ er das Wasser über die linke Hand fließen.

»Ich entnehme deinem Gesicht, dass es sich um kaltes und nicht um kochendes Wasser handelt.«

John räusperte sich laut, um zu verdeutlichen, dass das wohl selbstverständlich sei und ich mir derartige Witze verkneifen sollte. »Und jetzt gibst du noch etwas Salz dazu und lässt das Ganze leicht köcheln, bis das Wasser verdampft und der Reis gar ist.«

»Wie lange?«

»Das kommt auf den Reis an. Naturreis braucht wesentlich länger, als dieser gebleichte Fraß, und Basmatireis geht in der Regel sehr schnell. Du glaubst ja gar nicht, mit was für Gift die den Reis behandeln, bevor sie ihn durch den Zoll lassen.« Johns Augen funkelten empört durch die Brillengläser. »Und übrigens! Wusstest du, dass man von gebleichtem Zucker Depressionen bekommen kann? Nein? Also ich geb dir ein Buch mit, das musst du lesen. *Sugar Blues* heißt es. Ich schwöre dir, wenn du das liest, rührst du kein Stückchen Zucker mehr an. Dieses Buch müsste Pflichtlektüre in allen Schulen werden. Ehrlich. Die versuchen uns alle zu manipulieren und krank zu machen, zur Abwechslung mal auf die süße Art.«

Ich ging dann zu einem anderen Thema über und versuchte zur Abwechslung einmal über Musik zu sprechen.

»Ach weißt du, Klaus, es ist doch alles nicht mehr so wie früher. Irgendwie haben sie alle keine Eier mehr. Hör dir doch mal Bob Dylan an. Der macht nur noch Liebeslieder. Liebeslieder! Wo bleibt die Message? Wo bleibt die Revolution? Wir haben doch eine Aufgabe!« John fuchtelte aufgeregt mit dem Kochlöffel herum.

»Musst du nicht mal umrühren?«, fragte ich.

John stoppte seinen Redeschwall, guckte kurz auf den Topf, um dann sofort weiterzureden. »Nein, nein. Sagte ich doch. Wenn du das Wasser handbedeckt in den Topf gießt, dann kann überhaupt nichts anbrennen.« Er legte den Kochlöffel zur Seite, um sein selbst gebackenes Brot aus dem Ofen zu nehmen. Dazu benutzte er zwei saubere Küchentücher. Er legte das Brot auf ein Brett und es duftete wirklich köstlich.

»Hör dir mal genau Bobs Stimme auf den neuen Platten an. Der klingt auch plötzlich ganz anders. So sanft, so lieb, da ist überhaupt kein Biss mehr. Ich sage dir, es ist alles nicht mehr so wie früher.« Er hob den Topfdeckel und mit zufriedene Miene verkündete er: »Ich glaube, wir können jetzt essen, der Reis ist fertig.«

**Ringo, der Gourmet.** Ringo und Ernährung: Das war lange Zeit ein heikles Thema. Ringo und Ernährung überhaupt. Er war in dieser Hinsicht wohl einer der größten Banausen, die man sich vorstellen kann. Fish and Chips, Hamburger und Steaks, das war es dann auch schon. Er war sehr wählerisch, wenn es um Einladungen ging. Er überprüfte im Vorfeld, was es zu essen gab. Nur wenn Chips und Steaks auf dem Speiseplan standen, konnte man mit ihm rechnen. Wir haben es nie geschafft, ihn zum Essen bei uns zu haben, weil er immer Angst hatte, wir könnten ihm etwas vor die Nase setzen, was ihm nicht schmeckte. Außer Salz und Pfeffer waren ihm Gewürze ein Gräuel und Zwiebeln lösten bei ihm Übelkeit und Allergien aus. Tourneen in fremde Ländern, vor allen Dingen asiatische, waren für ihn eine Tortur. So erging es ihm auch, als die Beatles mit ihren Frauen über mehrere Wochen bei Maharishi Mahesh Yogi in dessen indischen Ashram eingeladen waren. Ich frage mich noch heute, wie Ringo sich damals ernährt hat. Wahrscheinlich hat er heimlich eine Kuh geschlachtet.

Wie erstaunt war ich deshalb, als ich ihn vor ein paar Jahren in London traf. Ich hatte Paul und Ringo gebeten, mir die genauen Ereignisse ihres Treffens im August 1965 mit Elvis Presley zu schildern. Nach dem Gespräch mit Ringo und Paul, das auch von meinem Freund Fryderyk gefilmt wurde, wollten wir noch zusammen essen gehen. Wir spazierten zu Fuß vom Apple-Büro in ein vegetarisches Restaurant, das Paul Ringo unbedingt zeigen wollte.

Ringo und vegetarisches Essen? Das konnte ich mir beim besten Willen nicht vorstellen. Wir wurden an einen runden Tisch platziert, an dem man uns in verschiedenen Schalen eine Vielzahl fleischloser Leckereien servierte. Ich dachte: O Gott, keine Steaks für Ringo. Wenn das mal gut geht. Aber ich sollte bald eines Besseren belehrt werden. Spätestens, als Ringo sich als vegetarischer Gourmet outete. Er konnte sich überhaupt nicht mehr einkriegen. Kostete von allen Schälchen, nicht ohne nach jedem Bissen Begeisterungsjuchzer von sich zu geben. Zusammen mit Paul analysierte er jedes Lauchstäbchen, jede neue Soße, jedes eingelegte Böhnchen. Immer wieder bat

**R**ingo und seine vormalige Lieblingsspeise: Fish and Chips

er den Kellner, ihm doch zu erklären, wie das eine oder andere Gericht gekocht wurde.

»Kommt die braune Farbe jetzt vom Teriyaki oder vom Tamari?«

»Weder noch, das Gemüse wird in Balsamico und Birkensirup mariniert.«

»Mmmm, das ist ja köstlich.« Ringos Augen glichen denen eines kleinen Kindes unterm üppig geschmückten Weihnachtsbaum. Wir saßen bestimmt mehr als drei Stunden im Restaurant. Niemand am Tisch trank Alkohol, nur Tee und Säfte. Keiner rauchte, bis auf meinen Freund Fryderyk, der sich manchmal davonschlich, um sich vor der Tür heimlich eine Zigarette anzuzünden. Als es ans Bezahlen ging, winkte Paul großzügig ab.

»Das übernehme selbstverständlich ich. War ja schließlich auch meine Idee hierherzukommen.«

Ringo grinste. »Spart euch eure Dankesreden, Freunde. Wie ich Paul kenne, wird er die Rechnung sowieso morgen früh Neil Aspinall von Apple vorlegen.«

Paul gab ihm einen Klaps auf den Rücken, während Ringo so tat, als wolle er sich unter dem Tisch verstecken.

**George, der spirituelle Gärtner.** Manchmal hatte ich bei George den Verdacht, seine Liebe zu Friar Park hatte weniger mit dem Schloss als vielmehr mit diesem großen, verwunschen anmutenden Park zu tun. Georges Liebe zur Natur zeigte sich schon, als er sich wie ein großer Gartenzwerg inmitten der vielen kleinen Zwerge für das Cover zu *All Things Must Pass* ablichten ließ. Mit zunehmendem Alter wurde seine Zuneigung zu allem, was mit Erde und Pflanzen zu tun hatte, zur Passion. George gehörte zu den Menschen, die begriffen, wie groß die Verantwortung des Menschen für die Schöpfung ist und dass die meisten sich eben dessen nicht bewusst waren oder diese Verantwortung nicht akzeptierten. Nicht dass er der Typ gewesen wäre, der ständig mit dem erhobenen Zeigefinger und einem strengen »du, du, du« darauf aufmerksam gemacht hätte. Nein, George machte das mit seinen Mitteln subtiler.

Vergleicht man zum Beispiel das Original-Cover von *All Things Must Pass* mit der CD-Veröffentlichung im Herbst 2001, dann entdeckt man auf der beiliegenden Karte eine Veränderung. Auf dieser Karte, die George für die CD-Box entwerfen ließ, sieht man das alte Motiv mit Gärtner George, seinen Gartenzwergen und den vielen Bäumen im Hintergrund. Bewegt man aber die Karte, dann verschwinden die Bäume und stattdessen sind Hochhäuser, Atomkraftwerke und Autobahnbrücken zu erkennen. Sie verdrängen nach und nach alles Grüne, alles Natürliche.

Georges Liebe zu Pflanzen wuchs, je älter er wurde. In Hawaii begann er sogar, auf seinem Anwesen Orchideen zu züchten, und wann immer es der Terminkalender zuließ, pflanzte er Bäume, Sträucher und Stauden im englischen Friar Park.

Als ich George im Frühjahr 2001 dort besuchte, war er bereits von seiner Krankheit gezeichnet. Trotzdem musste er mir unbedingt die Veränderungen im Park zeigen. Ich habe dies schon in einem früheren Kapitel erwähnt. Da er nicht mehr so gut zu Fuß war, benutzten wir einen kleinen Golfwagen. Wir kutschierten gemächlich über die verschlungenen Wege, und ich lauschte mit großem Interesse seinem leidenschaftlichen Vortrag über Kanadische Goldruten, einheimische Rhododendrenbüsche oder über das kleine Bambuswäldchen, das den Besucher für Momente in einen japanischen Zen-Garten entführte. Es war wie eine botanische Führung. Er kannte jeden Zentimeter auf seinem Anwesen, und nicht wenige davon sind von ihm und Olivia persönlich bepflanzt und gepflegt worden. Hilfreich zur Seite stand am Anfang sein Gärtner Morris, zu dem George als verkappter Gärtner eine innige Beziehung pflegte. Nach dessen Pensionierung übernahm eine Gärtnerei den Job. George registrierte sofort, wenn ein Blumentopf sich nicht genau an der richtigen Stelle befand oder wenn sich bei einem Strauch an einzelnen Blättern Pilzbefall bemerkbar machte.

Nach einer Weile kamen wir zu einer Stelle, an der verschiedenste Gräser wuchsen, die ich zuvor noch nie gesehen hatte. George stoppte den Wagen und schaute lange auf das sich weich im Wind wiegende Gras. Nach einer Weile drehte er sich zur mir um.

GOOD EVENING

CHRIS + KLAUS

WELCOME FROM THE

GROSSERHAFENRUNDSTÜCKWARNFAHRT.

GEÖRGE

sein Freund J.

»Weißt du, dass es viele, viele Jahre gedauert hat, bis ich begriff, dass diese weichen Gräser für mich eine besondere Bedeutung haben. Irgendwie fühle ich mich ihnen verwandt. Wenn ich also nicht mehr bin, dann musst du dich nur in ein wogendes Grasmeer stellen, dann bin ich ganz nahe bei dir.«

Ich muss ihn etwas ratlos angesehen haben. Zum einen war mir neu, dass er eine besondere Beziehung zu Gräsern hatte, zum anderen gefiel mir der Gedanke ganz und gar nicht, dass George vielleicht bald nicht mehr unter uns weilen würde.

George schien meine Gedanken zu erraten. »Gras ist nicht nur Gras. Es gibt Tausende von verschiedenen Arten, weiche, harte, lange, kurze. Ich liebe diese großen Wiesen mit dem langen, weichen Gras, dieses Wogen, wenn der Wind durchfährt. Wie viel einfacher könnte unser Leben sein, wenn wir von diesen Beobachtungen lernen würden. Sich einfach dem Lebenswind hingeben und sich nicht immer dagegen sträuben. Verstehst du, was ich meine?« George lachte mich verschmitzt an.

Ich verstand sehr wohl, was der weise, schwer atmende Philosoph George mir versuchte mit auf den Weg zu geben. Wir fuhren bereits eine ganze Weile mit dem Golf-Cart, den George selbst steuerte, als er wieder abrupt anhielt.

»Jetzt schau dir das mal an. Alles muss man selbst machen.«

Ich wusste erst gar nicht, was George meinte. Der Garten wirkte tipptopp.

«Der kleine Baum dort. Liegt einfach nur herum und sollte schon längst in der Erde sein. Die haben doch tatsächlich diese Birke vergessen. Die geht doch ein.« Während er vor sich hin brummelte, krabbelte er aus dem Vehikel, um sich den kleinen Baum näher anzusehen. »Warte hier einen Moment, Klaus, bin gleich wieder zurück.« Er schlurfte um die Ecke, und es dauerte nicht lange, da vernahm ich ein nahendes Motorengeräusch. Aha, dachte ich, George hat einen Angestellten gefunden, der das jetzt für ihn erledigt. Aber als das Gefährt um die Ecke bog, saß der gute alte George selbst am Steuer eines kleinen Baggers.

»Hol doch da drüben mal einen großen Eimer Wasser«, rief er mir zu, »der war mir jetzt zu schwer, um ihn auf den Bagger zu hieven.« Er gab mir Anweisungen, wohin ich zu gehen hatte.

Als ich den Eimer Wasser brachte, hatte George bereits ein größeres Loch ausgebuddelt. Er grinste zufrieden von seinem Minibagger auf mich herab.

»Kannst du mal bitte die Hälfte des Wassers in das Loch schütten?« Sein Atem ging schwer, und ich bemerkte kleine Schweißperlen auf seiner Stirn.

»George lass das, ich mach das schon.«

»Nein, nein, Klaus, lass mich nur. Ich bin o.k.« George hob vorsichtig mit der Baggerschaufel die Birke hoch und schwenkte nach rechts, um über dem Erdloch anzuhalten. »Der muss eingepflanzt werden, sonst vertrocknet er, und die Gartentruppe ist erst in zwei Tagen wieder da. Kannst du die Birke jetzt vorsichtig nach unten kippen, sodass sie mit dem Wurzelballen in der Grube steht? Oder halt, lass mich das machen, ich weiß, wie das geht.« Er stieg langsam aus dem Minibagger heraus, um danach liebevoll den jungen Baum in das für ihn vorgesehene Erdloch zu stellen.

»Jetzt kannst du die Erde wieder dazugeben, sodass er fest steht. Du musst sie kreisförmig draufgeben.«

Ich schaufelte die Erde langsam um den Baum herum.

George nahm nun den Eimer, der nur noch halb voll und somit auch nicht mehr sehr schwer war. Langsam begoss er das kleine Sorgenkind von allen Seiten. »So, jetzt ist es genug.« Dann tätschelte er den Stamm der Birke und lächelte. »Good boy, jetzt geht es uns beiden wieder besser.«

# DANKSAGUNG

*Ich möchte es nicht versäumen, einigen Menschen zu danken, die mir bei der Umsetzung dieses Buches geholfen haben.*

*An erster Stelle meiner Frau Christina, die es geschafft hat, meine Gedanken zu sortieren, und das Manuskript geschrieben hat.*

*Außerdem standen mir sehr hilfreich zur Seite: Barry Feinstein, Holly Deardon, Bob Gruen, Fryderyk Gabowicz, Olivia Harrison, Astrid Kirchherr, Ulf und Sonny Krüger, Paul McCartney, Rainer Moers, May Pang, Robert Sgrai, Jürgen Vollmer, Robert Whitaker.*

*Mein besonderer Dank gilt auch den Freunden und Kollegen, die mir spontan Unterstützung zusagten: Wigald Boning, Carl Carlton, Julian Dawson, Fritz Egner, Tommy Engel, Frank Laufenberg, Wolfgang Niedecken, Sabine Sauer.*

*Ganz besonderen Dank auch dem Heyne Verlag und seinen Mitarbeitern, die mit großem Engagement mitgeholfen haben, dieses Buch zu verwirklichen, allen voran Tilo Eckardt.*

# ANHANG

## Diskographie

Chronologische Liste der Produktionen, an denen Klaus Voormann als Musiker oder Graphiker mitgewirkt hat

### 1966
| | | |
|---|---|---|
| The Beatles | *Revolver* (LP) | Cover-Konzept und -Design |
| Manfred Mann | *As Is* (LP) | Bass |
| Manfred Mann | *Just Like A Woman/Wanna Be Rich* (Single) | Bass |
| Manfred Mann | *Semi-Detached, Suburban Mr. James/ Morning After The Party* (Single) | Bass, Flöte |

### 1967
| | | |
|---|---|---|
| Manfred Mann | *Ha! Ha! Said The Clown/ Feeling So Good* (Single) | Bass, Flöte |
| Manfred Mann | *Sweet Pea/One Way* (Single) | Bass |
| Manfred Mann | *So Long, Dad/Funniest Gig* (Single) | Bass |

### 1968
| | | |
|---|---|---|
| The Bee Gees | *Idea* (LP) | Cover-Konzept und -Design |
| Manfred Mann | *One Way* (LP) | Bass |
| Manfred Mann | *Up The Junction/Sleepy Hollow* (Single) | Bass |
| Manfred Mann | *Mighty Quinn/By Request* (Single) | Bass, Flöte |
| Manfred Mann | *My Name Is Jack/There Is A Man* (Single) | Bass, Flöte |
| Manfred Mann | *Fox On The Run/Too Many People* (Single) | Bass |

### 1969
| | | |
|---|---|---|
| Plastic Ono Band | *Live Peace in Toronto* (LP) | Bass, Gitarre |
| John Lennon | *Cold Turkey* (Single) | Bass |
| John Lennon | *Instant Karma* (Single) | Bass |
| John Lennon & Yoko Ono | *Wedding Album* (LP) | Gitarre |
| Jackie Lomax | *Is This What You Want* (LP) | Bass |
| Manfred Mann | *Ragamuffin Man/A 'B' Side* (Single) | Bass |
| Billy Preston | *That's the Way God Planned It* (LP) | Bass |

### 1970
| | | |
|---|---|---|
| George Harrison | *All Things Must Pass* (LP) | Bass, Gitarre |
| John Lennon | *John Lennon/Plastic Ono Band* (LP) | Bass |

| | | |
|---|---|---|
| Leon Russell | *Leon Russell* (LP) | Bass |
| Ringo Starr | *Sentimental Journey* (LP) | Arrangeur |
| Doris Troy | *Doris Troy* (LP) | Songwriter |

## 1971

| | | |
|---|---|---|
| B.B. King | *In London* (LP) | Bass |
| John Lennon | *Imagine* (LP) | Bass, Kontrabass |
| Yoko Ono | *Fly* (LP) | Bass, Gitarre, Percussion, Gesang |
| George Harrison | *Concert for Bangladesh* (LP) | Bass |
| Howlin' Wolf | *London Howlin' Wolf Sessions* (LP) | Bass |
| Harry Nilsson | *Nilsson Schmilsson* (LP) | Gitarre, Bass |
| Jim Price | *Kids Nowadays Ain't Got No Shame* (LP) | Bass |
| Gary Wright | *Extraction* (LP) | Bass, Cover-Konzept und -Design |

## 1972

| | | |
|---|---|---|
| Electric Sandwich | *Electric Sandwich* (LP) | Bass |
| Peter Frampton | *Wind of Change* (LP) | Bass, Gitarre |
| Bobby Keys | *Bobby Keys* (LP) | Bass |
| John Lennon | *Sometime in New York City/Live Jam* (LP) | Bass |
| Harry Nilsson | *Son of Schmilsson* (LP) | Bass, Gitarre, Horn, Percussion |
| Lou Reed | *Transformer* (LP) | Bass |
| Carly Simon | *No Secrets* (LP) | Bass |
| Gary Wright | *Footprint* (LP) | Bass |

## 1973

| | | |
|---|---|---|
| Chi Coltrane | *Let It Ride* (LP) | Bass |
| George Harrison | *Living in the Material World* (LP) | Bass |
| Nicky Hopkins | *Tin Man Was a Dreamer* (LP) | Bass |
| Jerry Lee Lewis | *Sometimes a Memory Ain't Enough* (LP) | Bass |
| Spooky Tooth | *You Broke My Heart, So I Busted your Jaw* (LP) | Cover-Illustration Innenteil |
| Ringo Starr | *Ringo* (LP) | Bass, Kontrabass, Gesang, Lithographien für Booklet |
| Lon & Derrek VanEaton | *Brother* (LP) | Bass |

## 1974

| | | |
|---|---|---|
| Patti Dahlstrom | *Your Place or Mine* (LP) | Bass |
| George Harrison | *Dark Horse* (LP) | Bass |
| Bert Jansch | *L.A. Turnaround* (LP) | Bass |
| John Lennon | *Walls and Bridges* (LP) | Bass |

| | | |
|---|---|---|
| Maria Muldaur | *Maria Muldaur* (LP) | Bass |
| Harry Nilsson | *Son of Dracula* (LP) | Bass |
| Nilsson | *Pussy Cats* (LP) | Bass |
| Don Nix | *Hobos, Heroes & Street Corner Clowns* (LP) | Bass |
| Martha Reeves | *Martha Reeves* (LP) | Bass |
| Ravi Shankar | *Shankar Family & Friends* | Bass |
| Carly Simon | *Hotcakes* (LP) | Bass |
| Splinter | *Place I Love* (LP) | Bass |
| Ringo Starr | *Goodnight Vienna* (LP) | Bass, Gitarre, Gesang, Produzent |

## 1975

| | | |
|---|---|---|
| The Cate Brothers | *Cate Brothers* (LP) | Bass |
| Dion | *Born to Be With You* (LP) | Bass |
| Art Garfunkel | *Breakaway* (LP) | Bass |
| George Harrison | *Extra Texture* (LP) | Bass |
| Jackie Lomax | *Did You Ever Have That Feeling* (LP) | Cover-Konzept und Illustration |
| John Lennon | *Rock 'n' Roll* (LP) | Bass, Percussion |
| Eric Mercury | *Eric Mercury* (LP) | Bass |
| Keith Moon | *Two Sides of the Moon* (LP) | Bass |
| Harry Nilsson | *Knnillssonn* (LP) | Cover-Konzept und -Design |
| Harry Nilsson | *Duit on Mon Dei* (LP) | Bass |
| Carly Simon | *Playing Possum* (LP) | Bass |
| Valdy | *Valdy* (LP) | Bass |
| Lon & Derrek VanEaton | *Who Do You Out Do* (LP) | Bass |
| Loudon Wainwright III | *Unrequited* (LP) | Bass |

## 1976

| | | |
|---|---|---|
| Hoyt Axton | *Fearless* (LP) | Bass |
| Dion | *Streetheart* (LP) | Bass |
| Donovan | *Slow Down World* (LP) | Bass |
| Geoff Muldaur | *Motion* (LP) | Bass |
| Harry Nilsson | *That's the Way It Is* (LP) | Bass |
| Van Dyke Parks | *Clang of the Yankee Reaper* (LP) | Bass |
| Carly Simon | *Another Passenger* (LP) | Bass, Kontrabass, Gitarre |
| Ringo Starr | *Ringo's Rotogravure* (LP) | Bass |

## 1977

| | | |
|---|---|---|
| Long John Baldry | *Welcome to the Club* (LP) | Bass |
| Lonnie Donegan | *Puttin' on the Style* (LP) | Bass |
| Randy Newman | *Little Criminals* (LP) | Bass |

**1978**
| | | |
|---|---|---|
| Nicolette Larson | *Nicolette* (LP) | Bass |
| Tony Shreidan | *Worlds Apart* LP) | Bass |
| Lorna Wright | *Circle of Love* (LP) | Bass |

**1979**
| | | |
|---|---|---|
| Lee Clayton | *Naked Child* (LP) | Bass |

**1980**
| | | |
|---|---|---|
| Nicolette Larson | *Radioland* (LP) | Bass |

**1981**
| | | |
|---|---|---|
| Heinz Rudolf Kunze | *Reine Nervensache* (LP) | Bass, Cover-Design |
| Passport | *Blue Tattoo* (LP) | Cover Design |
| Marius Müller-Westernhagen | *Stinker* (LP) | Bass, Cover-Konzept und -Design |
| Trio | *Trio* (LP) | Produzent |

**1982**
| | | |
|---|---|---|
| Screaming Lord Sutch | *Alive & Well* (LP) | Bass |

**1983**
| | | |
|---|---|---|
| Trio | *Bye Bye* (LP) | Produzent |

**1984**
| | | |
|---|---|---|
| Joachim Witt | *Mit Rucksack und Harpune* (LP) | Produzent |

**1985**
| | | |
|---|---|---|
| Trio | *What's The Password* (LP) | Bass |

**1986**
| | | |
|---|---|---|
| John Lennon | *Menlove Ave.* (LP) | Bass |
| Stephan Remmler | *Stephan Remmler* (LP) | Bass, Co-Produzent |
| Trio | *1981-1985: 5 Jahre Zuviel* (LP) | Produzent |
| Bremen mit Wigald Boning | *Bremen* (LP) | Produzent |
| Stephan Remmler | *Lotto* (LP) | Bass |

**1990**
| | | |
|---|---|---|
| Bläck Flööss | *Et es 20 Jahr jenau jetz her* (LP) | Produzent |

**1992**
| | | |
|---|---|---|
| Yoko Ono | *Onobox* (LP) | Bass, Gitarre |
| Yoko Ono | *Walking on Thin Ice* (LP) | Orgel, Bass, Gitarre, Piano, Percussion |

**1994**

| | | |
|---|---|---|
| Various Artists | *Hardest Hits, Vol. 2* (LP) | Produzent |

**1995**

| | | |
|---|---|---|
| The Beatles | *Anthology 1* (LP) | Cover-Konzept und Design (mit Alfons Kiefer) |

**1996**

| | | |
|---|---|---|
| Various Artists | *A Tribute to Carl Perkins* (LP) | Bass |
| The Beatles | *Anthology 2* (LP) | Cover-Konzept und -Design (mit Alfons Kiefer) |
| The Beatles | *Anthology 3* (LP) | Cover-Konzept und -Design (mit Alfons Kiefer) |

**1998**

| | | |
|---|---|---|
| John Lennon | *Anthology* (LP) | Bass |
| John Lennon | *Wonsaponatime* (LP) | Bass |
| Various Artists | *Essential 12'': The 80's* (LP) | Produzent |

**1999**

| | | |
|---|---|---|
| Paul McCartney | *Run Devil Run* (LP) | Illustration |
| Various Artists | *Electronic Eighties, Vol. 2* (LP) | Produzent |
| Various Artists | Now 1982 (LP) | Produzent |

**2001**

| | | |
|---|---|---|
| Klaus Doldinger | *Works & Passion* (LP) | Bass |

**2002**

| | | |
|---|---|---|
| Cheech & Chong | *Where There's Smoke There's Cheech* (LP) | Bass |
| Harry Nilsson | *That's the Way It Is [Expanded]* (LP) | Cover-Design |
| Nilsson | *Duit on Mon Dei/Sandman* (LP) | Design |
| Various Artists | *Like, Omigod! The '80s Pop Culture* (LP) | Produzent |

**2003**

| | | |
|---|---|---|
| Eric Clapton, Paul McCartney, Ringo Starr u.a. | *Concert For George 2002* (DVD) | Bass |
| Turbo Negro | *Scandinavian Leather* (LP) | Cover-Design |

# Bildnachweis

Sollte es dem Verlag nicht gelungen sein, alle Rechteinhaber ausfindig zu machen, bitten wir um Mitteilung an: Ullstein Heyne List GmbH & Co KG, Bayerstraße 71 - 73, 80335 München.

Beat Publication: Seiten 193, 197
Ute Brachwitz: Seite 100
Corbis: Seiten 94, 102/103, 114/115, 214/215, 218, 232, 235
Barry Feinstein: Seite 240
Fryderyk Gabowicz: Seite 62, 300
Gruner & Jahr: Seite 316
Astrid Kirchherr: 53
London Features International: Seite 147
Pictorial Press: Seite 170, 184
Terence Spencer: Seite 108/109
Jürgen Vollmer: Seiten 10, 38, 118, 126/127
Klaus Voormann: Seiten 8, 16, 22, 27, 30, 33, 47, 60, 66, 69, 72/73, 75, 78, 80, 83, 99, 120, 138, 177, 201, 210, 222, 224, 228, 242, 246, 264, 270, 273, 280, 306, 312
Klaus Voormann Privatarchiv: Seiten 45, 85, 90, 92/93, 117, 134, 154, 161, 188, 199, 204, 213, 221, 250, 253, 254/255, 258, 266, 269, 319
Robert Whitaker: Seiten 131, 152, 164, 167, 169, 178

Umschlagcollage: Beat Publication, Corbis, London Features International, Jürgen Vollmer,
Klaus Voormann Privatarchiv, Bob Whitaker

In diesem Buch enthaltene Gemälde und Illustrationen von Klaus Voormann können als Kunstdrucke erworben werden. Information und Kontakt über www.voormann.com